叢書・ウニベルシタス　993

哲学の犯罪計画

ヘーゲル『精神現象学』を読む

ジャン゠クレ・マルタン
信友建志 訳

法政大学出版局

Jean-Clet Martin
UNE INTRIGUE CRIMINELLE DE LA PHILOSOPHIE
Lire la *Phénoménologie de l'Esprit* de Hegel

哲学の犯罪計画——ヘーゲル『精神現象学』を読む　目次

第三場　「精神は骨ではない」

第四場　社会的創造

第五場　芸術宗教と永遠性

凡例

一、本書は Jean-Clet MARTIN, *Une Intrigue Criminelle De La Philosophie : Lire* La Phénoménologie De L'esprit *De Hegel* (La Decourverte, 2009) の全訳である。

二、原文でイタリックとなっている箇所は傍点で強調する。書名の場合は『 』とする。なお、太字でイタリックとなっている場合は、《 》に入れ傍点を付けた。

三、原文の〝 〟は「 」とする。原文の［ ］は本訳書でも［ ］とした。また、原文で大文字で記されているものなどは適宜《 》を付けた。なお、〔 〕は訳者が読者の便宜を考慮して新たに挿入したものである。

四、原書の原注は頁ごとの脚注となっているが、本訳書では章ごとに通し番号をつけて、各章の終わりにまとめた。原注を（ ）、訳注を〔 〕とする。

五、原書ではヘーゲルの著作からの引用は仏訳からなされている。また仏訳でも翻訳が異なる場合があり、原著者がそれぞれの仏訳を改変するなどしている場合は、原書にその旨が記載されている。本訳書では原著者がどの訳を参照したのかわかるように原書の通りに記した。また、（一部改訳）とあるのは、原著者マルタンが引用の際にヘーゲルの仏訳を改訳したことを示している。

六、本訳書では、ヘーゲルの著作からの引用を含め、邦訳があるものはそれを参考にしつつも、原著者マルタンの引用に従って訳者があらためて訳し直した。その際、邦訳からの改変の旨は記さず、参照した邦訳の文献と頁数を示すに留めた。

七、ヘーゲルの著作を示す略号は原書のものに従い、邦訳については新たに付けた。なお、引用箇所には邦訳では仏訳版との異同のために未収録の場合がある。いずれも〔 〕に記した。

Pour Jean-Gauthier

わたしには、老いたヘーゲルのポートレートから消耗そして事物の奥底にある存在の恐怖が見て取れるように思えた。——神であること、狂ったヘーゲル〔…〕かれのおそろしいばかりの疲労はわたしの目には、盲目的な作業への恐れと関係しているようにも見える。〔…〕夜の方がわたしを探究しに来ているのだ。

ジョルジュ・バタイユ『内的体験』

思惟によって〔…〕わたしは無制限の意識となり、同時に有限の〔…〕意識となる〔…〕。この両面が互いを求め合い、同時に互いを避け合う。わたしは存在する。そして即自的にも対自的にも、この相互葛藤と統一性が存在している。わたしとは闘いである。わたしがどちらか一方の戦士である、ということではない。逆に、わたしは二人の闘士であり、かつ闘いそのものなのだ。

ヘーゲル『宗教哲学』

前口上

ヘーゲルの学説は、ヘラクレイトスの学説を甦らせたかのように難解であると評されている。かれの学説の展開の様式は、絶対確実な証明のような様式というよりは、一つの犯罪計画のように構築されることを必要とするたぐいのものだ。『精神現象学』については、たいへん明解な研究がいくつもあるが、あまりにも解説役に徹しすぎてしまったために、かえってこの本の言葉遣いや、そこで語られることの複雑さをゆがめてしまっている。つまるところヘーゲルの哲学は、体系的であろうと欲しながらも、同時にこの体系なるものを波瀾に富むものとして描き出している、ということだ。この哲学は「語られた歴史」に沿って進むものであり、これは概念の冒険を理解しない証明的思考とはきわめて異なっている。

スピノザの哲学（ヘーゲルはそのドイツ語訳に貢献している）は、思惟を体系と関係づける最初の企てを実行した。それが提供したのは方法論的な手順であり、幾何学的に綿密な説明であった。しかしそれも、定理と証明を連ねるという慎ましい性格のゆえに、物語が持つ生き生きとした連関性を失い、結局は連続性を失ってしまう。ヘーゲルはまったく異なった説明形式を採用した。それはよりドラマティックで連続的、ダイナミックである。そのためにかれは、まずプラトンが「対話篇」のためにはじめて用いた方法を作り直し、それを弁証法と名付ける。ヘーゲルは存在のなかに生成を持ち込み、あらゆる思惟に息もつかせぬ緩急を織り込んだ、最初の一人となる。それはまるで、犯罪計画の筋書――たとえば主人と奴隷に、あるいは意識を不幸な意識に対立させる計画――にしたがっているかのようである。こうして思惟には《歴史》という意味が付与されることになる。この《歴史》のなかに、さまざまな英雄が、さまざまなシーンが、それもしばしば殺人というシーンが現れることを、ひとは見ることになるだろう。[*1]

『精神現象学』に収められている諸章は、実際のエピソードや重要な経験にたとえることもできる。それらがこの著作を導いて、激動の契機や人物像を通じて、世界史の諸時代に区切りを入れていくのだ。架空の探求と呼ぶ人もいるかもしれない。この探求の過程で、思惟は躍動する図像の中に自らの姿を少しずつ浮かび上がらせるのだ。「すべてが精神の豊かさに彩られたイメージのギャラリー」[*2]。われわれの研究が取り上げるのもこうした、時として禍々しいイメージだ。動物の攻撃性、主人の暴力、アブラハムの振る舞い、アンティゴネーの死、王の死、神の殺害、人間の死等々。非常に限定されているが、そのどれもが一つのブロックをなしている。思索の泡沫と言ってもいい。だが読解を通じて、あるいはアーサー王の聖杯伝説風の比喩を用いれば聖杯の縁からあふれ出る泡のようなきらきらとはぜる体系の中に置き直すことで、その泡沫に再び命が吹き込まれる。サイフォンのようなものだと言ってもいい。『現象学』はこのサイフォンによって世界の《歴史》を吸収しそれを別の平面に、つまり時間の流れの外にある記憶という平面に溢れ出させることで完成するのである。

　こういった精神の冒険を描く絵画があるという事実からしても、エピソードによる分析がことのほか適任だということになろう。だからこそヘーゲル自身も（本人が述べるように）こうした観念を円環からなる円環として展開することを決意したのであった。それゆえこの本のどの章も、イメージの上に静止したような姿をとっている。それは自分自身に向かって閉じた円環であるが、しかしその中心には一筋の思惟の道筋が開いていて、この道筋が物語に沿って別の円環へと延びていく。この物語、あるいはシナリオは、ヘーゲルがいわば一気呵成に書き上げたこの『精神現象学』に取り入れられた「犯罪計画立案」の錯綜する筋立てに沿ったものだ。

ここで展開されるそれぞれの場面配置の一覧は、まずはこの冒険の曲がりくねった脈絡を、つまりバッカス的な泡のようなものとされるそれぞれの概念の回りくどい運動を尊重したものでなければなるまい。その運動は叙情詩的であると同時に律動的な結末を求めている。ではこの犯罪計画を人工的にぶった切ってしまうことなくアプローチするには、どこから始めればいいのか？　わたしはあえてこう提案したい。この現象学小説を、《抽象》という語を手がかりに読み始めるのである。これについてヘーゲルはある雑誌の記事で、怒りを込めていささかあらっぽくおのれの立場を説明したことがある。そのときヘーゲルは、一人の犯罪者を擁護することから始めて、哲学とは理解不可能な抽象とは正反対の、非常に具体的な思惟であり続けると示したのだった。抽象や性急さは大衆の意見や群衆の判断の側にある。かれらは、ある社会が警戒するイメージをあまりにあからさまに示してしまうものを、すぐさま排除しようとするものなのだから。

原注

＊1——ヘーゲルは『精神現象学』において、しばしば上演や場面転換という言葉を用いている（Georg Wilhelm

Friedrich Hegel, *Phénoménologie de l'Esprit*, trad. Jean-Pierre Lefebvre, Aubier, Paris, 1991, p. 90, p. 435)〔邦訳『精神現象学』樫山欽四郎訳、平凡社ライブラリー、一九九七、上巻一一九頁、下巻二六二頁。以降同書邦訳に関しては「邦訳上巻」「邦訳下巻」と表記〕。いくつかの例外を除いて、本書ではこの仏訳を用いる。以降同書はPH. E. と表記。

＊2――PH. E., p. 523〔邦訳下巻四〇六頁〕. (ここでは下記の訳を用いている。Georg Wilhelm Friedrich Hegel, *Phénoménologie de l'Esprit*, trad. Jean Hyppolite, t. II, Aubier, Paris, 1941, p. 312.)

第一場

意識の円環

哲学者は犯罪者を幇助するものであり、哲学は脱－道徳的意味で理解されるものだということが、ここで学ばれる。理念、あるいは「かくあるべきだった」ものは、なにもかもが目で見て取れるものとなった世界に対する戦いにおいて出る幕はない。このとき哲学者は、物事はかぎりなく単純に、その見せかけだけを取り上げるようわれわれに訓育をほどこす。その見せかけは《現象》と呼ばれる。ここで、読者は運動とその否定が《存在》のなかに刻まれた酷い傷であることに気づくであろう。哲学することで、いまここにあるものの不穏さに気づくこと。格言である！　そして最後に、概念は食虫花のようなものであること、どんな形而上学的瞑想よりも一片の塩が溶けるときの方が、意識について多くのことを教えてくれること、などが理解される。かくしてわれわれは、自己意識にアプローチする前に今一度、まずは感覚の持つ確実さから始めねばならないのである。

抽象の裏をかく

『精神現象学』には、抽象への憎しみと、その抽象こそあらゆる思惟にとっての真の敵だと見なすほどの警戒心とが見られる。抽象とはまず分離であり、われわれの知性の「分析的」な使用である。それはいっさいを解体してものごとをほかとは別個に措定するものであり、そのやり方はしばしば手荒であまりに断定的だ。まるで裁断機でばっさりと切り落とした断面のようである。このように個別化されたものの生、私的空間と言ってもいいが、それはどの扉の後ろにもまた別の扉が開いているような感覚を、あるいは閉じた瓶ないし区切られた部屋や廊下のなかに現実が細切れにされたような感覚を残すことになる。「香料店に並ぶラベルで飾り立てられた封のされたたくさんの箱のように、そちらとこちらの違いがくっきり区切られた表」[*1]に似ているとも言える。抽象の一撃は、個人と社会、質料と精神、世の流れと、他の世界に向けられる信仰心とのあいだを分離させてしまう、そういうやっかいごとを引き起こすのだ。抽象は、悟性によるこの区分によってがっちり固定されたそれぞれの項目のあいだにスペースを作る。このスペースを超えて動くことは不可能である。それはすべてが孤立しているせいで横断することが困難な「悪無限」なのだ。抽象は見た目には体系という形式を採るかもしれない。つまり、整然と並ぶ引出の集合だ。それを構成するのはかっちりと縛られた構成要素であり、明確な諸命題である。スピノザが幾何学的なあざやかさで展開した方法のようなものである。スピノザがいかにそれらを美しく連ねて展開したとはいえ、人工的な構築物であることにかわりはないのだ！[*2]

ここでは思惟はあまりに断片化されており、それゆえその歩みはたどたどしいものになる。スピノザはこの意味でヘーゲルの《他者》である。二人がともに同じただ一つの世界、彼岸なき、超越性なき世界について語ろうとしていたとしても、だ。統一性を考えるには、陰影線の一本一本を平行に描き込むように事物を一つまた一つと横並びに並べていくよりももっと良いやり方がある、ヘーゲルの目にはそう映ったのだ。そのようなやり方はヘーゲルが『現象学』の「力と悟性」の章で非難したカタログ式のやり方でしかないのだから。そしてこの新しい方法――その論理――が『現象学』の核心をなしている。その名も無限性。無限は先に述べた、陰影線で描かれたような有限とは逆に、一つのものを二つに切断分離し破砕するだけでは飽き足らない。無限が描き出すのは円環だ。そこでは、始まりが終わりに位置する。世界を一つの全体性に統一する緊張関係、無際限の力と言ってもいい。だが問題になるのはきわめて特殊な全体性ということになろう。それはつねにどこかで開かれている。どこもかしこも念入りに閉じられているということもなければ、完全に完結しているということもない。完結地点はつねにどこかずれてしまっていて、しばしば目に見えぬほどのわずかな違いが刻み込まれているのだ。ヘーゲルの創造した方法は、このように具体的であろうと欲する。それはつまり、ものごとを包括的に把握することであり、諸要素を固定した統一体に還元することなく「具体化」あるいは「癒合」させることである。こうした全体化についていき思考することは明らかに容易ではないことを思えば、おそらくそれを把握するには一編の小説が必要だったのかもしれない。古典時代の「幾何学体系」に取って代わるのが小説であるかのように。困難であることが明らかであることを語るというのは、しかしながら、抽象的作品を作るためではない。

抽象は早急な判断の産物である。それを導いたのは哲学者ではない。プラトンの小話では、安易な偏見にとらわれたトラキアの召使い女たちがそうやって哲学者を笑ったとされているが、その小話で痛烈に批判されているのは、この哲学者のうっかり具合をからかった民衆の笑いやら世評やらの方である。実のところ、抽象にとどまっているのは概念ではなく、どう見ても憶見の方なのだ！　ヘーゲルが一八〇七年頃――『精神現象学』刊行年だ――にある日刊紙に投稿した「抽象的に考えるのはだれか」と題された論文では、常識は、いささか性急に哲学者を嘲笑する世論やサロンの話題と同列に批判されている。ヘーゲルはその主張を理解してもらうために、この著作の中でくり返し一つの例、すなわち、犯罪者と目された人間に対する新聞報道の性急な判断という例をあげている。ほかの誰より抽象的な判断を下しているのはいったい誰なのか？　自分の行動もまた同じ因果の網のなかに、つまり犯罪者を生み出す社会環境のなかに同列に組み込もうとする哲学者の方なのか、あるいは犯罪者を非難したいあまりに恐ろしいほど抽象的な短絡的思考に流される世論の方なのか？　たしかにその環境のなかでは殺人、犯罪は非難されるものなのだろうし、またそうすることでおのれのやましさを振り払うこともできるのだろうが、しかし殺人、犯罪はそれを不可避のものとした環境の発露なのではなかろうか？「ここに抽象的思考の一例がある。殺人者のなかにただ殺人者の抽象しか見ないのだ。そしてこのただ一つの特性を振りかざして、かれが人間として持っているそのほかすべての性格を消し去るのである」。こうした社会的制裁、判断の単純な抽象化、了解ないし共通理解のゆえに、キリストというこれまた高名な犯罪者が死んだのである。そのずっとのちになってから、ひとは十字架を尊敬すべきお守りとして位置づけ、あまりにも芳しからぬ事実を抽象化するわけだ。あのとき十字架はありふれた拷問用具であって、敬うべき対象、その栄誉を傷つけることなどあってはならない対象ではなかったはずなのだ。ひとは事態の性格、そのぞっとするような死をもたらす役割を忘れている。

抽象が切り出すのは運動のなかのほんの微細な事実だが、しかしその運動こそがこれらの事実を基礎づけている。さて、それが切り出される、そうすると、諸々の断片化された意味が得られる。哲学はそれらの意味の系譜学に着手する義務がある。これこそ、『精神現象学』がカントの形式主義を、カントがおのれの判断力を委ねた抽象的な『批判』を乗り越えてもたらしたラディカルな方法なのである。犯罪者はおそらく、道徳より重要である。ヘーゲルは道徳の方こそ病理的な症状であると名指し、だからこそ非難すべきとつねに構えていた。カントが行ったように、道徳を自由の表現と認めてしまうのではなく、むしろ抽象的道徳を、善悪をあまりにお手軽に判断してしまう社会が押しつける短絡性のなかに位置づけた方がいい。こうした関係づけをみるかぎり、ヘーゲルはニーチェとそう隔たってはいないように思われる。拙速に過ぎる読解では、二人は何もかも違うように見えてしまうのだが。

現象と現象学

抽象に対する疑念に駆られたヘーゲルは、先に触れた犯罪者からはだいぶ距離をとったところから、事態を改めて考え直すに至る。そのことについては、われわれはいずれ扱う機会があるだろう。もっとも、たんに脅かされた奴隷が主人に反抗する姿として取り上げるだけになるかもしれないが。もっといえば、王の死からも相当に距離をとったところから再出発すべきだったのかもしれない。王は時代精神のなかでもいまなお健在なのだから。道徳判断からも身を引くべきだったのかもしれない。そんなものはつい先だってのルイ十六世の斬首によって揺るがされてしまったのだから。そして、こういった公序良俗に対する攻撃を可能にした《歴史》をなぞっていく、というのがよかったのかもしれない。[3]『精神現象学』はこの物語を語るために、何とか哲学を地に足のついたものにし、その冒険を土台から作り直そうと努めている。そのために、事物が道徳考察よりも下のレベルに現れてくるようなやり方を選び、そして具体的なものへと話を戻すこともいとわない。[4]たしかに、タイトルからして事物への回帰が執拗に謳われている。ヘーゲルは執拗に、《精神》を、出現してくるものとの観点から位置づけようとしたのだ。『現象学』――一八〇七年に推敲された哲学書としては驚くべきタイトルだ――とは、出現と同時に見せかけの論理を示している。ある意味でヘーゲルは、この両者の意味を区別することを拒んでいたわけだ。現象はギリシャ語で輝くもの、目に見えるものを意味するphainestaiをもとにして構築された表現である。意識にとってある一つの視点から目に見えるものであること、それはちょうどアルピニストが断崖の上で自らの進路を見出すために、おのれの眼前にあるものにしがみつくようなやり方で足がかりを見つけ出すということである。われわれは現象あるいは諸々の手がかり以外には、いまさらしがみつけるものなど持ってはいないのだ。

さて、哲学はプラトン以来、見せかけとして出現するものに異をとなえることから出発している。というのもプラトンは道徳の影響のもと、感覚的なものは影や断片的なコピーだと片付けてしまうために執拗な努力を続けていたからだ。だからこそ、現象の宿る場となる見せかけとして出現するものが、幻影やソフィストの操る紋切り型と軌を一にするものと見なされるのだ。つまり、それはとうてい受け入れがたい進路喪失ということになろう。われわれの身体はまさにそのために、魂の墓場のようなものと批判され、牡蠣の貝殻になぞらえられる羽目になる。外部にあるものは内部には浸透してこない。まさに真珠貝の殻のようなもので、唯一の違いといえば、うっすらと開いたのぞき穴の裂け目が出来ている程度だ。『国家』において、牡蠣は洞窟に置き換えられている。この洞窟は眼窩にも似ている。そこでは反映、つまり現実とはあべこべのイメージしか受容されない。とくに政治はそういうところを利用して生き延びているものだから、ますます巧みに無知につけ込むようになる。プラトンに言わせれば、このイメージの反転ないしシミュラークルを是正し、正義をよりどころにして眼窩という名の洞窟を抜け出し、かくして真理を再発見すべきだったのだ。そのためにさまざまなモデルが結び合わされているのだが、現象などは、このモデルのおぼろげな反映でしかない。しかし、われわれの目の前で輝いているもの、意識が驚きをもって自分の前に見出したもの、それが必ずしも間違いとは限らない。なぜなら、見せかけというものは、『国家』で採用されている政治改革の視点とは別の視点からも考察することができるからだ。

ヘーゲルはおのれの研究を『精神現象学』と呼んだ。そのことでかれは、見せかけを幻影や小細工として投げ捨てるのではなく、むしろそれについて改めて考え直し、眼前にきらめき輝くものを違った目で再考するに至った。*5 見せかけは人びとに道を踏み外させ、精神を目覚めないようにするものだとされている。しかしそういう意味での見せかけとはまったく違うものなのだ。それは出現するもの、つまりわれわれの前にそれ以外ではあり得ないようなかたちで姿を現すもののことなのである。諸現象とはその光の揺らめきまで含めて、決して幻覚的映像のささやき程度に扱われてはならない。このことはヘーゲルにとって非常に大事なことだった。だからこそかれは一八二九年の『美学』の冒頭でこの重要課題に立ち戻ったのである。それはまるで、若書きの仕事の方向性とリンクさせることで、最初のヴィジョンとつながりをもたせようとするかのようである。重要なのは、プラトンはどのつまり反民主主義的な抽象の犠牲になったと示すことである。それは政治的には惨憺たるものだ。なぜならそのことでかれは現象を、コピーや画家による模倣そしてつまらないスローガンにだまされる大衆を沈静化させるための見世物のようなものだと考えてしまったからである。プラトンは現象の論理に基づいた美学的プロセスが本当のところ何を意味しているのか、なんの考えも持っていなかった。哲学者の王なる者は、妥協の余地なき正義を主張することで盲目になった王である。このあまりに厳格な公正さという名の眼帯に対しては、この先も気をつけねばならないことだろう。

『純粋理性批判』の冒頭を美学によって構築したカントはおそらく、この転倒、このコペルニクス的転回の先駆者である。しかしそれは最終的には諸現象による構築物を、それらを貫いている悟性の反省的カテゴリーに収め、そのネットワークを実現させるためであった。ヘーゲルはといえば、このあまりに性急な単純化を拒み、そこからいったん事物のなかに話を戻す。それが「現象学」という名で呼ばれているのである。ヘーゲル本人の言葉を聞こう。「根本的には、見せかけとは何であろうか？　それは本質とはどのような関係を持つのだろうか？　あらゆる本質、あらゆる真理は、純粋な抽象に甘んじるのがいやならば見せかけとして出現する必要がある、ということは忘れないでおこう。［…］見せかけそのものは、非本質とはまったくちがう。見せかけは逆に本質の本質的契機を構成するのである」[*6]。現象、すなわち輝き出でて姿を現すもの、それは唯一アプローチが可能な現実なのであり、われわれはここから出発して、感覚的に世界を観想し受容しうる精神に向かって開かれている世界とはなんであるかを理解しなければならない。問題なのは見せかけを回避するために洞窟を出ることでもなく、都市や民衆から逃げ出すことでもない。むしろそこに入り込み、どうして意識はその知覚という、自分の内側で経験する事物そのものと分かちがたい状態にあるのかを理解することである。この内側においてこそ、社会科学同様芸術もまたそのヴィジョンを掘り下げて、すぐには見えないものの方へ、網膜の暗点へと進んでいくことができるようになるはずなのだ。この内部へと向けて、現象はおのれを差し出す。長い伝統を通じて想定され、そこに迫る努力もなされていたはずのこの表層的なものが、じつは既にもっとも深いところにあったというわけだ。幻影はおそらく、目に見えるものや見せかけが持つ特性によってできあがったわけではない。むしろ考え得るかぎりの生の唯一の指針として出会うことの方がはるかに多い。われわれのもつあまりに強すぎる真実への意志の結果生じた幻影というものもあれば、きわめて劇的で直線的な真理に特有の幻影というものもある。パラドクスか循環論のように思えるかもしれないが、しかしわれわれは執念深くそこを踏破して、もっとも創造的なその矛盾のなかでそれを理解せねばならないのだ。

循環性、円環

『精神現象学』は観念の冒険である。よく知っている慣れ親しんだ思惟に対する、概念的な反逆の実験である。出発点とすべきは、ここで、いまと呼ばれているところからだ。もっとかんたんに、一欠片の塩の考察から、でもかまわない。出来の悪い小説のように、決まった始点から始まるだろう直線的な道を行き、無関係の結末に向かってわれわれを導いていく、というのはヘーゲルの選ぶところではない。かれのテクストはむしろ『オデュッセイア』のようなもので、長い時間をかけて自分自身に戻る経路が扱われているのだ。たとえば、ユリシーズがイタケーに戻るように。だが、だとするとそれは同じものの反復、同語反復的な見取り図なのだろうか？　つまり、自分自身と再び等しいものとなった自分によって完成される絶対的同一性の見取り図、ということだろうか？　ユリシーズは自分の旅だった場所に戻るが、そのときのかれは変わらず同じかれなのだろうか？　あるいは逆に、次々に過酷な殺人を強いられたが故に、においでかれをかぎ分けることのできた飼い犬以外の誰にも分からぬほど面影をなくしてしまったかれなのだろうか？　しかし同時に、出発点に戻ったそのときかれは、その大航海を通じて成長したと感じるのではなかろうか？　その航海でかれは友人たちや、さらにはその航海の間の統治を担った長年の妻を新しい見方で理解することができたのだから。かれは最初の状況を新しく読みなおすことになるのではなかろうか？　ここで見て取れるのは、最後にユリシーズが出発点に戻ったとき、始まりや出発点は違った風に理解される、ということである。あたかもゴールにたどり着いてはじめて本当の始まりが明らかになったかのようである。[*7]

ヘーゲルは『エンチュクロペディー *Encyclopédie*』を段階的に仕上げていくことを計画していたのは間違いないように思われる。事実、たしかにこのプロジェクトをかれは死の直前に完成させることになる。しかし、百科全書 encyclopédie はディドロ風のスタイルのアルファベット順の論文集を意味しない。われわれ自身もまた、本書の章立てを執筆するにあたっては、それぞれが短く、しかも円環状に閉じたものであるよう配慮せねばなるまい。**En-cyclo**-*pédie* という語では、教育（*paideia*）という語が円環 cycle という語の後ろに付いている。意識の教育――その過程――は自分自身に立ち戻る円環に沿って進むのだ（接頭辞 en から見てもそれが分かる）。つまり、百科全書の円環を追っていくことで、一つの過程が開かれていくはずなのだ。この過程に沿って進むことで、思惟はおのれ自身に足を踏み入れ、おのれ自身を掘り下げていくことになろう。だがそれはつねに、別の円環の中にあるこの円環を穿つように進むものとなる。「哲学の各党派はそれぞれが一つの全体をなしており〔…〕、自分自身で閉じた円環をなしている。しかしそのとき、哲学的観念は特殊に規定されている、あるいは特殊な要素となっている。そのために、つまりそれぞれがそれ自体で全体をなしているがために、個別の円環がその要素の限界を破壊して、より大きな領域を基礎づけることになる。全体はこうして、諸々の円環からなる円環となる。その一つひとつが必然的契機であり、それ故に観念全体が自己に固有の諸要素からなる体系によって構成されていることになり、またその観念はそれでもやはりそれぞれの個別の要素の中に姿を現すことにもなる」[*8]。

この種の書物を物理的に想像してみたいと思う向きもあるかもしれない。それはボルヘス風の CD-ROM のようなものになるはずだ。そこにはチャプターを表示するたくさんのウィンドウが開いている。

どのウィンドウも完全なもの、つまり一つの全体として完成されたものだ。こういうウィンドウが、ぐるっと並んで開いている。だが、最後まで終わるとそこには別のチャプターに向かって開かれたウィンドウが出てくる、という具合だ。おそらく、『現象学』は一つの巨大な集合――のちに『論理学』という着想でそこに触れることになる――として思い描かねばなるまい。その集合は連続的なものではなく、またそこでは同時に読み取るべきであった諸契機が重なり合っている。意識、自己意識、理性……。ここにはしたがって、一冊のかなり奇妙な書物が存在していることになる。この書物は互いにはめ込まれ、重なり合わされたたくさんの円環によって機能している。特殊なジャンルの小説だと言ってもいい。どのエピソードもそれで全体をなしているが、しかし別の視点のなかに包含されてもいれば、別の手がかりから読み取られるものでもあったりするのだ。

『精神現象学』のそれぞれの契機は、つまりは《精神》の個別特異な経験に対応するものだ。それは小さな円環である。ここで理解されるのは、この円環は自分自身に帰ってくるが、しかしそのときは完全に変容している、ということだ。[*9] こうした経験は循環的な経路を形成するが、循環的といってもそれはつねに、より大きな曲線軌跡によって回り道を強いられている。曲線部分は必ずそれより強力な全体のために途切れてしまう。境界線はより大きな円環によって切り刻まれる。それを犯罪的な円環と言ってもいい。それが、この線がおのれ自身に閉ざされることを妨げるのである。こうして、意識はおのれの出発点に戻ることで自己意識となる。意識はここで、おのれが戻った先の内実とは、かつては自分のなかに含まれていなかったものであること、そして、その最初の状況を見極め読解しているつもりでもじつはそれに背いて変容させることになってしまっているのだと気づく。その特殊な円環はより広大な円の干渉によってコースを逸脱する。出発点へと戻る経路へと縛られているとはいえ、その軌跡はもとの軌跡を外れてしまうのだ。最初の状況と最終の状況のあいだには何もかもを変えてしまう遠心力が働いているが、しかしそれでもその二つは同一のものである。『精神現象学』はこれを指して「流動性fluidité」と呼んだ。

ヘーゲルはまた、かれの『論理学』の最後尾で、以下のような認識を持っていたようにも思われる。すなわち、この回帰のおかげでひとは「始まりは始まりであるが故に不完全である」と悟らざるをえないようになる、と。意識は一つの対象を発見することからスタートするが、このとき意識はいまだなお、始まりとは何であるかを知らない。意識はその対象に取り組み、その影響を被るが、しかしこの手がかりがどのような重要性を持つのかをきちんと秤に掛けることもなければ、最終的な状況を受け入れたわけでもなく、かといってそこで結末が明かされるだろう犯罪計画の全体像を明らかにしたというわけでもない。だからおそらく必要なのは、この始点に戻って、それが持ちうるすべての意味を把握することだろう。そのためには、オデュッセイアに倣って進む必要がある。『精神現象学』は本当の意味でこのオデュッセイアの外装を構築している。そのために、自己意識や《理性》だけでなく《精神》の力を借りているというわけだ。こうしてみると、最終的には以下のことを認めざるを得ないその理由が見えてくる。「この運動は自己自身に回帰する円環であり、ここではその始まりは前提とされているが、そこにたどり着くのは最後の最後になってである」[*10]。最後の最後になって、事態は再始動する。なぜなら、始まりに改めて触れ直すことで人は事態をちがったように読むようになり、こうして書物を無限なものに変える補足的な旋回運動へと引きずり込まれていくからだ。それはちょうど、フランス式のすごろくでは数字が最大の六まで達したらゼロからやり直す権利がある、というルールのようなものだ。ゼロはそれより後ろの数字によって基礎づけられており、デリダなら「原初の遅延」[*11]と呼ぶようなやり方で振る舞っている。

概念

ヘーゲルにとっては、概念 concept はたんなる認識形成 notion ではない。それは概念形成 conception を、つまり、世界のさまざまな要素を有機的な、循環形式の全体性のなかに結び合わせることができる方法を指している。この意味で、それは直線的なものでもなければ、現実を諸対象の分類へと切り分ける単なるカテゴリーでもない。たとえばすべての落ち葉からそれらに共通するもの、互いに同じものを抜き出して、「落ち葉それ自体」という認識形成を作り出すことができる、というような、いいかげんな抽象には属していない。概念は破壊者ではなく、捕食者としてまずはその姿を現すのだ。それが目指すのは、ただ大きな特徴しか記憶しない図式の項目のなかに諸々の差異を振り分ける、ということではない。そういったものは、たとえば抽象的に考えられた一群のスプーンやフォーク、などといったように、明確に判別された諸要素の集合というおもむきを呈することだろう。それがわれわれに見せてくれるのは、ただの身じろぎひとつしない骸骨に他ならず、そうしてすべての差異が削除された一つの存在が説明されるだけのことになるはずだ。[*12]

ニーチェとベルクソンがこの公式を再発見することになるだろう。かれらはおのおのが自分の分野において、概念とはほとんどの場合は現実を操作しようという意志、生を固定化するための道具としての分類方法を生み出す意志に過ぎないのだと、はっきり口にするからだ。ここでいう生とは、本質を絡め取るにはあまりに目の粗すぎる網をつねにかいくぐる存在の具体的な運動であり、交換の無限の豊かさであって、それがたとえば水の一滴に至るまでの特徴となっているのだ。ヘーゲルは抽象的カテゴリーに事物を分類するわれわれの悟性がもたらしてしまう固定性と概念とを引き離しておくよう、つねに細心の注意を払っていた。概念は、単なる対象の分類と一緒にされてしまってはなんの得にもならないのだ。そうなってしまえば、概念など中身のない貝殻や空っぽのクルミのようなものである。死体をいくらなぞっても、つぶれて砕ける前の中身の器官についてはたいしたことが分からない。

ヘーゲルの言う意味では、概念は――ジル・ドゥルーズとフェリックス・ガタリが『哲学とは何か』で用いた表現を採用すれば――プロセス的なものであり続ける。観念や表象といった主観的なプロセスというだけでなく、生成しつつある現実によってすでに乗り越えられているプロセスでもあることが意味されているのだ。ヘーゲルがいう概念は内在的な力によって炸裂する。その力は、たとえば『精神現象学』執筆と同時期に作曲されたベートーヴェンの一連の交響曲に張り詰める波のようなうねりに比較しうるものだ。概念は生を表現する。そしてその生から実体を受け継ぐ。いってみれば音楽的なかたちで概念は生のなかに浸透しているのだ。知的な記述の操作ないし機能だけに止まらない。現実の運動に関係しているのだ。概念とは単なる「主体的論理」、あるいはカントのような表象の分析論に甘んじるものではなく、「客体的論理」のリズムをも明らかにするものでなくてはならない。事物そのもののなかでこそ運動が接合されるのであり、思惟はその継ぎ目を追っていかねばならないのである。

たとえばわたしは、リンゴ属に属するすべての芽を分類し、それを西洋ナシと対比させて特徴を記述するだけで満足することもできる。なるほどそれらの花は同じではない。一方の分類表は他方の分類表とは重複しない。しかし、この外面的な違いをもとにリンゴやナシを作ることはできない。そこでは芽が花になり、やがて実となり、その種がすでに将来種を割って飛び出してくるはずの木を宿している、という流れは考慮されていない。最初の例はたんなる比較による差異であると言える。つまりリンゴとナシの差異、綱の差異や種の差異といった具合である。ヘーゲルが関心を持ったのはむしろ、同じ一つの芽のもとに留まって、そのなかに諸々の、時に非常に暴力的な差異があると記すことだった。たとえば芽が花になり、そしてその花にいずれ置き換わる実へと移り変わるようなプロセスの展開を記録することだった。実の中では花が殺害されている！　分類表や分類学を作るよりはグラフや図表を作ることが大事だ。そしてそれらは、このすぐあとヘーゲルが、事物自体あるいはその地震計と呼ぶことになるものから生まれてくる。一つの事物の本質を定義する能力は「まずはその事物が他の事物と関係する、という事実によってのみ規定されるように思われる。そしてその運動は外部の力によって外からその事物に伝えられるように思われる。しかし、その事物が自らのうちにありつつも他の存在となるという事実、そして事物とは固有の自律的な運動であるという事実、それらこそが、思惟することとそれ自体という単一性にとっての内容であることが明らかになる。というのも、この単純さこそが、おのれを動かしおのれと差異化する思惟だからである。それは自己の内面性、すなわち純粋な概念である」[*13]。

　概念は一つの過程に属するが、その過程での差異とは、たんに他との相対的区別というではない。むしろ、内的な構成様式となっている。ここには異なったフェーズや諸契機が含まれており、その展開が一つの「リズム」[14]、あるいは分節化を物語る。ヘーゲルの哲学は、その形象 figure を可能な限り一つひとつ、事細かに追っていこうと提起しているわけだ。ここで見られるのは、「《学問》」についてのまったくあたらしい概念形成であり、発生論的な形成物である。劇化も文学的たくらみも、《思惟》にとってはあれほどリスクのある《存在》の冒険も、ここからは排除されない。ヘーゲルお気に入りのモデル――概念の生成過程――は文学面に多くを負っている。それらは分析的ないし解説的なものというより、包括的なものである。比較とは違った手段でその暴力を理解し解釈することを可能にする分節化は、事物そのもののなかに登場する。一八七〇年頃、ディルタイは自然科学と精神科学を区別することになるが、その手法においてはこの規定が再評価されて用いられることになる。もっとも事態がよりいっそう紛糾しなかったかといえばそうでもない。そこにより大きな勢力が登場するからだ。まずはニーチェが、ついでフロイトが、説明という出来合いの観念と対立するものとしての解釈という概念を拡張したのである[15]。それぞれの事物は、おのれのコナトゥスの分だけ、つまりおのれの生きる力ないしは発展段階に応じて、そしてその真理にアプローチするときの驚くべき視点との関連のもとに、おのれが真理であることを激烈に主張する。ここに、ヘーゲルとスピノザの深い類似性がある。もっとも、それぞれの欲望についての着想において、この力を突き動かしているものがどこに端を発しているのか、という点では意見が一致していないことも確かではあるが。

ヘーゲル以降、概念は事物を外的に観念化したものではもはやなくなった。それが指し示すのは、事物の持つ創造と破壊の力、その内的な生である。ここから先、花の持つ力は、花の生体としての運動とその解釈とを合わせて一者を作り出すのみである！『精神現象学』は決然と、われわれを精神と物質、魂と身体の二元論から救い出す。というのも、魂はもはや身体の見取り図でしかないからである。あるいは身体の成長、開花についての歴史記述と言ってもいい。あるいは、それはきわめて驚くべきもの、逸脱的なものへの生成の歴史記述であるかもしれない。逸脱というのは自ずと分かるというものではない！　逸脱が理解されるのは一つの視点との関連によってであり、そしてその視点は絶えず創造されねばならないのだ。その枝分かれした先のどこか一つで、とあるプロセスが別のものと出会うこともあるかもしれない。それはちょうど、二本の枝から成る一本の挿し木が、その特徴や形態を予見するのも難しい、見たこともないような芽が出るようなものだ。そのときこそ、なにか飛躍があったのかもしれない、切開が入ったのかもしれない、脱線が起きたのかもしれない、つまり否定がなされたのでは、と認識すべきなのである。円環の無限性を断ち切るまた別の円環、といった要領で、全体は全体から発するのである。

否定性

だから意識はいとも直截に「限界を乗り越える行為であり、この限界が自分の限界であるときには自分自身を乗り越える行為となる」[*16]と定義されうることになる。精神生活において、この常につきまとうような「限界づけられた満足のいっさいを台無しにしてしまう」不安定さに抗うことができるものはいないだろう。動物がおのれを脅かす何かに追い込まれて、おのれの本性を超えたところへ進んでいこうとすれば、その動物は——たとえば犬の牙の前に身を投げ出すネズミのように——ばらばらにされて死んでしまう。しかし意識は違う。意識はより暴力的かつ可塑的である。[*17] 意識とはつねに限界へと移行することであり、おのれの生を維持しつつも、きわめて脆弱なわれわれの生の持続を超えたところへと向かって逸脱することである（止揚 Aufhebung）。決定的なもの、完成されたもの、有限なものは何もない。いつだって、無限の運動がメスの一撃で有限なものを切り開いてしまう。そこから奔流を招き入れつつ、亀裂と傷跡とを残すのだ。単細胞生物の事例でいえば、別の何かに向かっておのれを乗り越える、つまりおのれを分割しつつも、にもかかわらずこの自殺的な分割行為によっても死なない、ということになる。世界は恒常的な生成を示している。そして、どんな有機体であれ、無限なものは欲求や欲望という名の下にその有機体のなかに充満し、ついにはその囲みを破裂させ、その閉じた枠を揺るがせるに至る。生成とは有限なもののなかにこだまするこの無限への呼びかけ以外のなにものでもない。この運動は、闘争の暴風によって意識に穴を穿つこともできる。だがその暴風はまた、傷のようなものとしても解釈できる。われわれの内側でわれわれを扇動する空虚ないしは飢えに似ているからだ。あるいは、存在を満たす虚無と言ってもいい。こうすることで、この無は持続的にそこにおのれを刻むのである。

存在は充溢している。だがそのことで運動はほとんど不可能になる。動かすことのできる小さな正方形を板の上に置いて使うゲームのときと同じ要領だ。このゲームはパズルになっていて、板は枠で囲い込まれており、小さな正方形のピースをその上で滑らせて、元の絵を復元するよう動かさなければいけない。だがそれらを動かすことができるのは通り道があいているからである。この枠の中に空虚な升目が存在しなければ、一つひとつのピースはお互いがお互いをすり抜け動き回ることはできない。脱構築は生命の源なのである。破壊こそ創造の力である。それはちょうど、アポロンがデュオニソスの悪意に満ちた一撃によって立ち上がるようなものだ。空虚なます目がなければ、それぞれの正方形は不動のままだから、元の絵柄を再構成することは難しい。アレクサンドル・コジェーヴはこの外的なもののもつ力をくどいほど例証している。ここではかれが使っている指輪の例がちょうどいいだろう。真ん中に穴が開いていなければ、指輪は輪にならない。それをはめられる指もない。円環が閉じているように見えるとしたら、それは幻影にすぎないのだ。むしろそこにあるのは金を否定し、空虚をそこに配置する《悪》や《虚無》である。だが同時にこの空虚によって、結婚の誓いの、つまり一人と一人の結びつきの幕が上がるのだ。穿孔や剪断という否定によって、否定的なものがこの風の通り道を切り開いた。そこから離れてしまえば、われわれはいま存在するもの[18]、この生を欠いた陰鬱で茫漠とした平板なものに満足するよう強いられることになるだろう。

　ヘーゲルの見るところ、否定的なものとはただの無限に過ぎない。だがそこでいう無限は、一つの体系がおのれに閉じたものになることを絶えず妨げ、それを開くものである。なぜなら、それは体系の境界内に収まってはいられないものだからだ。否定的なものは有限なもののなかに偶発的で空虚な要素、ランダムな定員外の要素を招き入れる。だがそれらは有限なものの組成を変え、一つの生成を実現することができるのだ。運動と生成は外部への呼びかけである。それらは傷であるかもしれず、あるいは石のような不動性へと生きとしものが縮約していくことを禁ずるために、時に骨肉をも切り裂く刃となることもあるかもしれない。すでにモンテーニュが熟知していたように、山々でさえ時代に応じて動きを見せるのだ。山々とはその運動の痕跡であり、またその見取り図である。幾千年かに渡ってそれを図像化すれば、山々は波へと姿を変えるだろう[19]。抜け道を穿つ谷なしには、岩に空白を刻む断層なしには、運動を生み出すクレバスなしには、山々は存在し得ない。

ヘーゲルの『論理学』が実際には《存在》の学理から始まってはいない、最初に配置されているのは生成の学理であり、これは《虚無》によって運動させられている、そして否定的なものはおのれの宿るべき空隙をこの《虚無》のもとに見出すのだ、という考えは、これから先もどれだけ強調してもしすぎることにはならないだろう。有限な事物がもたらす安定性や休息と思われるものは、まなざしによる抽象化に過ぎない。こうしたまなざしは、見かけは動くことのない植物のなかに運動があることを見て取ることさえできないのだ。しかしその植物は、たとえそのことが目には見えなかったとしても、それでも確かに開花する。この否定的なものの働きを理解するのに注釈を拝聴する必要もなかろう。ヘーゲルがおそろしくぴったりな言葉を残しているのだから。「否定的なものは自律的、自発的な生きた運動に内在する拍動である」[*20]。ここで重要なのは、「内在的な」外部の働きを、飢えという運動の際に胃がわれわれを内側から蝕むようなものとして理解することだ。このとき胃はわれわれをいらだたせて、「矛盾させて contrariant」すっかり安らぎをなくしてしまうようわれわれを突き動かす。「矛盾はあらゆる運動、あらゆる生の発現の根源である。そこに矛盾が隠されているときにだけ、事物は運動し、活動し、傾向性や拍動を発現させることができる」[*21]。否定的なものは、すべてをまどろみのなかから引きずり出し、安らぎをうち捨てさせる生の痛みと暴力とを剝き出しにする。「抽象的な自己同一性はまだなんら生きたものには対応しない。しかし、肯定的なものがそれ自体で否定的なものであるという事実によって、それはおのれ自身から脱却して変化へと身を投じる。一つの事物が生きたものとなるのは、つまるところそれが一つの矛盾をはらみ、それを包含し維持する力を持つときのみである」[*22]。否定的なものとは、おのれのうちに力能をもった事物のなかでのみ作用を発揮する。それは、おのれを内側から苛む欠如を維持し最後までそれを突きつめていく能力と言ってもいい。欠如を超えたところに、自己を乗り越える資質を持つ存在の持つ力がある。狼の足下に身を投げ出すネズミとの違いはそこだ。否定的なもののもたらす不安にけりを付けそれを捨て去る、そうした歴史がそこには存在するのである！

疎外

このように視野を新たにすると、われわれにも山々がじつは波のようにうねっているのが見えてくる。さて、この視野において目の果たす役割は決して静的なものではない。だが、ここまで触れたような運動や逸脱的生についても、否定的なものの犯罪計画についても、意識が一気に知ることはない。そのためには辛抱が必要だが、意識はまだそれを勝ち取ってはいない。当初は、もっとも単純な経験においてさえ、優位を占めているのはむしろ不動性の方であった。まどろみから覚めると、事物は再びここに自明なものとして登場するが、それはわれわれの権限に属するものではない。これが直接知である。夜の闇の中では、どの要素もおのおのの持ち場を離れないのだ！　消滅していくのはわたしであって、かれらではない！　さしのべた手はすり抜けることの不可能な事物の表面に突き当たって傷を負ってしまう。ここには、現実に対する強い確信が、直截な存在を前にした絶対的確実性があり、そしてそこに手を触れれば確実に傷を負うだろうという感覚が見られる。外部に、わたしの前にある諸事物は重く堅く、動かしがたいものである。「わたし自身」もまた、いまの自分がそうであるもの、つまり男で、体格はこのくらいで、こういう変わらぬ性格を持っている、などといったことに関して同じような感覚を持っている、とわれわれは認識せねばならない。世界は前もって与えられており、私が覚醒しているかどうかということとは無関係だ。わたしの人間としての本性もまた同様で、わたしの選択に属していることなどない。存在はそこに存在するのだ！　ただ増量していくという以上に何もすることはない。その増加は不活性だが疑う余地もなく恒常的なものだ。子どもは世界を信じる。原始人はまるで岩にでもぶつかるように世界とぶつかる。だから、その不動性を認識するために巨石群を立てるまでに至るのだ。かれは、巨石群を粉々にすることも、穴を穿つことも、きちんと加工することもできないだろう。そうしたところで結局は、巨石群は常にそこに戻ってくるがゆえにいつまでもしつこいほどに変わらないものなのだ、常にすでに存在するものなのだと気づかされるだけだ、と知っているからだ。生け贄は、この絶対的な不動性に対して捧げられるものである。恐ろしく傲慢な生け贄だ。ひどく大胆不敵な「犠牲」、石の記憶に身を委ねることができるかのような犠牲たち、と言ってもいい。

おのれに等しいもの、不動にして運動も変化もしないもの、洞窟の内壁のように石化したもの、という意味での《存在》の自明性。思えば人類の歴史が始まったとき、この内壁の下に一人の人間が生まれたのだった。この内壁の下にかれは隠れ家を見つけたに違いない。この自明性はパルメニデスの哲学的直観「存在は存在し、非存在は存在しない」にふさわしいものだ。巨大な存在がわれわれに寄り添い、この《大地》のようにわれわれの前に立つ。そしてこの《大地》の懐でわれわれは十に帰り、こうしてより大きな円環の中の小さな円環をかたちづくる。それは既にここにあった。そしてわれわれに生を授け、われわれを変わることないめまいのようなループへと誘い、そこではすべてが同じように再開される。人間たちよりも先に、そしてかれらののちに！　哲学者の言う存在とは、この原初の経験、《大地》に捧げた犠牲に根ざしたものだ。しかしこの《大地》との同一性が実体である、ということにはならない。知的な構築物、精神の一カテゴリー、事物の状態というよりわれわれのメンタリティの一要因でしかない。

ひとはこのパルメニデスの確信に、エレア派の立場に安住するわけにはいかない。エレア派では、それぞれの事物はいまじかに目の前にあるそのままに厳格に固定されたままである。かれらにとっては、どんなナイフもそこにあるものを傷つけることはできず、いかなる刃もそれを変更するには至らない。われわれはそこから脱却せねばならないのだ！　《精神》はこの不動性に満足するわけにはいかないし、もちろん、稠密に並べられた石のような直接的な固定性に満足するわけにも、またその石を投げつけることで満足するわけにもいかない。いまわれわれの目の前に措定されている《存在》は、いかなる柔軟性も持たず、変化もしなければ動きもしない頑強さを保つがゆえに、豊かさに欠けている。逆に、《存在》がおのれを脱却し、動き、おのれにとって見知らぬものとなり、それと見分けることもできなくなり、そうして本当の意味でおのれがそうであるところへと近づいていく、そう想定することが必要だ。目覚めを迎えたそのときにも、事物はいまあるがまま変わることなく持続し、永遠に真であると信じているのだとすれば、そのとき、わたしはある一つの精神状態に、「自分の知っていることについては『それは存在する』としか言わない」[*23]ような、非常に原始的で子供じみた頑固な精神状態にある。しかし、それを確かめることはそう単純ではない。いまそこに安置された、建立されたその日以来天空を指し示し続けている巨石群は、きわめて多様な事物と関係を持ち、その事物の中にはもちろん、信仰も含まれないわけではない。わたしは存在とは単純なものだと思い、そしてそこにあることは否定しがたいことだと確信している。だがそれはじつはさまざまなアプローチや実践の複合体、その周辺で作用している（ヘーゲルは Beispiel という言葉を使っている。一般には「例」という意味で使われているが、それ以前に Spiel すなわち作用、つまり周辺で bei 作用しているという意味をもつ）諸関係の網のなかにとらわれているのだ。

事物や世界に対してわれわれは自然な信頼感を抱いている。『精神現象学』はその前に立ちふさがり、それぞれの存在を取り囲む多様性に注意深くあるよう、われわれを促す。存在はそこに屹立しているわけでもないし、おのれ自身に等しいわけでもない。立像は台座から引き下ろすこともできる。巨石群は倒れることもある。だから存在とは、ほんとうはすでに自分とはまったく別のもの、見知らぬものなのだ。巨石群がおのれの巨体の中に、貫きがたいその輪郭に閉じ込められたただの石にすぎない、つまりおのれに常に等しいものにすぎないということもないだろう。それが滅んでしまったいまとなっては、かつてそれが指していた方向がどちらなのか、もはや分からないのだ。不動の姿で屹立し天を指すその存在は、おのれにとって見知らぬものとなる。イースター島の巨像がもはや神秘の謎に沈んでしまったように。生成の方が安定した存在よりより強力で充実しており、そして生成はその存在の現在を犠牲にしてしまうことになる。

もっとも安定し固定されたものに対して作用を及ぼすこの運動こそ、ヘーゲルが疎外 (Entfremdung) と名付けたものである。それぞれの存在のもとには、おのれを自分自身にとって見知らぬものに変えてしまう、一つの生成が宿っている。それはおのおのの存在をおのれの外へと押し出し、疎外し、違った方向、違った状況、つまりは新たな精神状態へとたわめてしまう。それぞれの事物について、その歴史をたどり、ヘーゲルが現象と呼んだその見せかけの変化をたどっていかなければならない。現象学のリズムを構成するための、あるいは諸々の対象が見せかけとして出現する一連の契機を構成するための追求と言ってもいい。だがこれらの見せかけの出現の仕方は同じではない。そこに違和感が生じる。ひとはそれを、冒険のたどる道から概念が生まれる、そんな観念の冒険なのだ、と呼ぶかもしれない！　疎外が描く消失線は《存在》を奪いとり、その《存在》をそれ自身の外に置いてしまう。つまり、違ったようにおのれを見たり考えたりするよう仕向けるのだ。自分自身のままであるものなどなに一つない。すべてが新しい設定へ向けて逃れだし流れ出す。それも、ほかのなによりも自分が自分自身にとっていちばん見知らぬものとなる設定へと向かっていくことになるのだ。『精神現象学』は、不動と思われた存在がいかにさまざまなかたちに外化されていくのかを、さらには物質的、宗教的そして社会的ないし政治的にと、さまざまな様式の見せかけを装いつつ続いていく冒険の連続を、丹念に追っていく。そしてそれが可能になったのは、まさに疎外のおかげであり、だから疎外こそが『精神現象学』の運動そのものなのだ。おのれに等しいままでありつづけるものなどなに一つない。逸脱という、反乱と異議の律動に突き動かされて、すべては見知らぬものへと生成していく。そしてわれわれはそれを理解するだけでなくまた解明せねばならないのだ。それを二重の確信と言ってもいい。それが、『現象学』全体を通じて続いているその曲がりくねった経路を切り開いていくのである。

感覚的確信、自己確信

この二重の確信はある一つの態度から生じたものである。だがそれぞれの契機は、精神の発達において同じ状態にあるものと対応しているというわけではない。感覚的確信は世界へと目を向ける。おのれの目の前に置かれたものに魅惑を感じる。これらの対象は実体的な即自である。他方で、自己確信はなにより主体の価値づけに、つまりは対自の領域に留まる。前者の態度は意識に属する。花瓶、家具、ロウの欠片といった何かをつねに意識しているからである。内容を持たない意識を想像するのは無理だ。感覚的現実の表象ではない内容を想像するのも無理だ。逆に「自己確信」はもはや自分の目の前にあるこうした対象と対面してはいない。意識は精神生活とその苦悶の内部へと向き直る自己確信の王国を発見する。

　どっしりとした厚みを持った実体に思われるものに夢中になる、それが前者の、子どもじみてさえいるわれわれの姿勢においてまずは顕著に現れる。それは事物で出来た世界であり、あるいは事物という名の護符の世界である。われわれの感覚的確信にとって、《絶対者》は外界にあるものを獲得することである。それはまず極めて多様な諸存在の観察から始まって、土地とその財の獲得へと至る。その確信のなかでは、富は《存在》のなかに残されており、そして即自に留まっているかのように思えているからだ。その一貫性も安定性も疑う余地がないように思えている。本質的なものはそこにあるはずだ。この不動の大地のうえに置かれているはずだ。それはときとして矛盾し合うかもしれないような、さまざまなやり方で獲得し投資するべきものである。だが、この立場こそ終わりにすべきだ！　世界は充溢した、不変の諸断片から構成されている。われわれはそうした諸断片にそんな風にあまりに安易な確信を抱いている。それらはしばしば相対立するものであったり、あるいは砂糖の欠片と塩の欠片のように水の中に溶けていくこともあったりするものではないか。こうした状態変化を前に、意識は少しずつ、自分が現実だ、絶対的な立場だと思っていたものは実際にはたくさんの習慣のひとまとまりに過ぎず、非常に普遍的なカテゴリーに属していることに少しずつ気づきはじめる。

　事物自体は、われわれに向かってそれを執拗に、しかもそれを解体するというかたちで提示する「わたし」の介入なしには完全な形で出現することはない。たとえば、この立方体はたしかにここにある。触れればそのことは確信できる。だがその段取りが片付くまでにはもう一度べつの「いま」が必要になる。立方体は「たくさんのいまを含む一つのいまである」。われわれは、この立方体のこの面をこのいまにおいて見せられる。「《いま》。それはわれわれに見せられた瞬間に、もうすでに存在することをやめてしまっている。われわれに見せられたときの《いま》とは別の《いま》となったその《いま》。そしてわれわれはその《いま》が、そこに現に存在しながらも、もはやそこには存在しないものであることを理解するのである」[*24]。それでわれわれは、立方体を把握しようとするときには、ちょっと体をかしげて違う面をのぞき込むのだ。事物とはかくも稠密かつ自明であっても、構築に依存するものなのである。わたしの精神がこの立方体について確信を持とうとするとき、そのときはいま視野から欠けている残りの三つの面をそこに足してやることになる。そのために点線を書き入れて、この面が透明だったらその裏側にはこんな辺があると図面にして理解する。もちろんこの図面は事物ではまったくなく、むしろ一つの普遍であることを理解せねばならない。事物の内破、その安定性の否定、ハンマーの一撃での解体……。

形態心理学ないしゲシュタルト理論の心理学は、もっとも基本的な対象にさえ、たとえばごく初歩的に、紙の上に書いた立方体が識別できるよう図と地を区別する、ということにさえ影響を及ぼすこの構築運動の持つ豊かさを見出すことになるだろう。対象は対象を加工する主体から独立した実体であると想定するのは不可能である。地からではなく「ここ」から対象を浮かび上がらせるに至るまでのプロセスは、奇妙なほどに込み入っている。だがこの「ここ」こそ、固定し、停止し、残りの世界から切り離すことができねばならない場所なのである。「こことは、たとえば一本の木である。振り返ればこの真理は消滅し、正反対の真理へとひっくり返る。ここにあるのは一本の木ではなく、一軒の家になるのである」。

どこかを《ここ》と想定し、それを反復し、そのカテゴリーの性質を把握する。それがどれだけ複雑なことか、いつも子どもは教えてくれる。それができて始めて、「正確に言えば、ここなるものは消滅しない。それどころか、家や木等々が消失しても存続し続ける。家であることや木であることという事実には左右されないのだ。このもの一般とは［…］一つの普遍であることが改めて明らかになる」[*25]。それはつまり、われわれは諸事物の流れ、そしてそれを形骸化させてしまう、浮かんでは消えていく輪郭の連続をただ受け入れ続けるだけでは満足しない、ということだ。われわれはまるで網に甘美な獲物の死骸をぶら下げておくクモのように、それを自分のなかに受け入れ、そしてこの流れを食い止め、固定し、操作しようと試みる。ある事物が変わらず同じだと述べること、それはその事物を隔離することである。それが世界を抽象化することであり、ある一つのシステムにしたがって切り分けることである。そのシステムのおかげで、われわれは事物が変わってしまっても迷子にならずにすむのだ。立方体が目の前にあるとしよう。それは氷の立方体で、水の中に溶けているかもしれない。それでもひとは、その変化を抽象化して、目には見えない辺のなかにこの立方体を存続させ続け、かくしてその脳裏にそれを保っておくのだろう。

　われわれがこの事物に対して抱いていた確信は、それに触れることができるがゆえにもっとも強いものだった。さて、この感覚的確信が現実には、抽象の網で出来た一つの構造、構築物にとらわれていることがついに明らかになった。この網にかかっているのは石でも木でも家でもない。自我である。こうして感覚的確信は自我を発見する。それは何もかも台無しにしてしまう、犯罪的な自我であり、なにより固定した、実体的ななにかである。デカルトがまず考えたように、それは「考える事物」である。精神はこれ以降、自我をその本質において経験しなければならない。だが、それはほんとうに一つの事物なのだろうか。

　一にして安定したものと想定されたこの「考える事物」を物化する、という問題を前にして、「自己確信」はもっともラディカルな対立を経験する。「わたし」が生まれてくるとき、この「わたし」にはきちんとした備えがあるというわけでもないし、事前に形成されているというわけでもない、自分が世界に生まれ落ちるその前にすでに存在しているかのようなわけにはいかないことに気づくのだ。むしろそれは一つの生成の帰結なのである！　主体はいきなり実体というわけにはいかない。おのれの備えをおのれで作り上げていかねばならないのだ……。かくして、事前にお膳立てされた自我の崩壊を経験することで、意識はついに自己意識へ生成することができる。それは非常に脆弱な自己自身であり、それを再度把握するためにある一人の他者へと生成している。「わたしは一人の他者である！」。こうして、

『精神現象学』の第二の大運動が開始される。ヘーゲルが「自己自身の確信の真理」と呼ぶ人物像に倣って、自己自身を再獲得する冒険である。ここではもう、ほかの事物、違った対象に関わる知は問題ではない。この知は不安な（かつ不穏な）真理の言うままに自己に関わってくる知である。その躍動する運動を、諸々のエピソードと驚くべきどんでん返しとをなぞりつつ追っていかねばならない。

知覚

「知覚」とは意識が自己自身と、それからおのれが見出した世界とを同時に経験する最初の契機である。意識はまだきちんとした自己認識をもって振る舞うことのできない俳優のように舞台に登場する。意識はおのれが思い描いたことのなかに自分自身を把握できたという感情を経験していない。おのれの外に目を向けて事物を見ようとしても、どうしても自分の掛けている眼鏡が目に入ってしまう。それは嫉妬という名の眼鏡であり、それを通して世界は理解されるのだ。知覚はあいかわらず、必然的にほかの何か、あるいは外部を知覚することである。だが意識は、自分自身もその外部に巻き込まれていると は思っていない。だから意識がおのれを知覚するときも、ひどく影響を受けやすい、矛盾したものになる。意識は表象と関係を持つ。その表象は自分とは違ったなにかの内容を対象にしていると意識は考えるが、しかしそこに一貫性があるのかどうかは知らない。だがその名前を調べれば、また違ったことも分かる。注目すべきは、知覚 *Wahrnehmung* という用語である。これは知覚と訳されているが、ドイツ語ではフランス語のように日常使い古された用語というニュアンスは持たない。*Wahrnehmung* は文字通りには「真実の把捉」を意味する。格闘技で言うところの「持ち手」である。ここでは把捉することが把捉された事物と同様に興味深い。真理それ自体より、われわれが何かを真実（Wahr）であると見なした（Genehmet）際のなんらかのやり方の方が問題なのである。つまり知覚という概念は、ヘーゲルの耳にはフランスの哲学者の耳に響くのと同じような響きをもっているわけではないのだ。

ドイツ語の表現では、知覚はすでに真実の契機を示している。というのも、真実は意識によって把握され、真実の保持者の立場を占める的確な意図によって、いくつもの道具によって作り上げられていくからである。その道具については、少なくとも得られた結果と同様にきちんと理解しておかねばならない。知覚するとは、世界へとアプローチしていくことを可能にしているターゲット設定を、そしてそのターゲットを狙う人間、照準器やその照準線を念頭に置くことである。だが照準線やこういった武器は、事物そのものではない。ここにあるのはただ媒介であり、アプローチに過ぎないものであり、それらの対象になるものは、前もってわたしのものになっている。意識や、意識の展開の諸条件が、われわれの前に真理への道を開く。あたかも幕が上がって上演が可能になるように。そこにも舞台の枠がある。視聴者はそれを現実世界の中に置かれたテレビ画面の枠のように思い描くはずだ。それを一つの通り道と言ってもいい。視聴者はそこを進んでいく。だがその時点で一つの犯罪計画に加担したことになってしまうのだ。たとえ、劇場ではその出し物は上演時間のあいだしか続かないのだとしても。だがそこで見つかるのはなんだろう？　ただの支離滅裂な登場人物、脈絡のない場面変化、あっさり片の付いてしまう新展開というのが関の山ではなかろうか？　しかし、このつじつまの合わない展開の終わりには、おそらく「嫉妬」が登場するだろう。それはわれわれにとっては情念への第一歩であり、そのせいであの舞台枠を通じて狙っていたものが台無しにされてしまうのだ……。

現実生活では、ほどきようのないもつれた糸の玉をあてにしなければいけないこともある。その糸がぽろぽろとほつれており、もろもろの存在や事物を巻き込んでぐるぐる巻きになっていても、だ。だが画面やら、自分たちの自然な知覚の形態を描き出す光の立体効果やらを考え直すことなどそうそうあるわけではない。しかしヘーゲルは『精神現象学』の知覚論の章でこれを企てることになる。こうすることで、かれはまずカントが作り上げた分析論の後継者となったのだ。ここでは、空間と時間という形によって描き出された事前に設定された枠のなかに、諸現象が押し込められる。一つの事物を知覚するとは、じつは非常に多様な諸側面を知覚することなのだ。だがこの多様性はどこに属するものなのか？自我のせいなのか、現実のせいなのか？　主体のものなのか客体のものなのか？　あるいはその二つともなのだろうか？

こうして意識は、自分が把握したものがキュビストの絵画の対象のように分解してしまうのを目の当たりにする。意識は「さまざまな特性をもつ事物」[*26]によってぼろぼろと崩れていくのだ。事物は炸裂し、最初に感覚的確信が現実を確定するために固定した、抽象的かつきわめて普遍的な図式に押し込められてどこかに追いやられてしまった細かな差異が、いまやあらわになってくる。感覚的確信は周辺で作用しているものや、事物のプロセス的な特性、また事物の犠牲などをあえてすべて引き受けようとはしなかったからだ。この分解を考慮するために、それも、対象の周りをめまいのように旋回する流れのすべてが知覚によって再びこの枠に収められるようなやり方でそれを考慮するために、ヘーゲルは一つの具体例を取り上げる。われわれはいま、その例の持つ内容の豊かさを、その多様さや変化も含めてそのまま見据えねばならない。このとき出された問いは「事物とはなにか？」である。それは後年、ハイデッガーが見事になしとげるはずのそれとは異なっている。

塩の欠片、あるいは「事物とはなにか？」

ヘーゲルによる塩の欠片の分析は、デカルトの蜜蠟の分析に比べてそう大きな成功を収めることはないだろう。デカルトはこの蜜蠟の比喩によって、状態変化――蜜蠟は液体になることで新たな特性を見せる――がわれわれの悟性や想像力に属するものなのか、それとも単に事物にのみ属するものなのかを自問することとなった。この不成功の理由は、おそらくヘーゲルの分析の方がそれより複雑で、しかも近代哲学のすべてをそこで紹介しようとしているせいでもあるだろう。デカルトはもちろん、ライプニッツも顧慮し、かつバークリーやマルブランシュ、あるいはカントも忘れてはいない。しかし、われわれはこの例えそのものに集中しよう。そうすれば、事物がこうしたさまざまな変化を通じてわれわれに語りかけるものを把握できるはずだ。変容するためにはべつに塩を水に溶かす必要はない。変化はそこにある。そのなめらかな結晶の表面が、すでにもう変化だからだ。塩の欠片はわれわれにはまず個体と映る。なるほど確かにこの状態ではとても安定している、と。しかし、それでも異なる状態、排他的特徴が見て取れないわけではない。事物はわれわれにまず完全に「一者」と映る。しかしこの時点ですでに分割可能なものでもある。角張っておりかつなめらかである、苦くかつぴりぴりする。ほんとうのところ、ここではどのような矛盾が交錯しているのだろうか？　質料的な食い違いか、それとも形相的なのか、あるいは単に状態どうしの食い違いか？　戦端はどこで開かれたのか？　だれが刃を手にしているのか？

「この塩は単純な《ここ》である。だが同時に多様でもある。塩は白い、かつまたぴりぴりする、かつまた立方体のかたちをしている、かつまた一定の重さがある等々。こうした数多くの特性のどれもが、ただ一つの《ここ》のなかに位置している。つまり、それらはここで互いに相互浸透しているのだ。どの一つをとっても、ほかのものと違う場を占めているものはない。しかしそれぞれは、その他の特性が見つかる同じ《ここ》の至るところにある。同時に、異なった場所に隔てられているわけでもないのに、この相互浸透においても相互作用することもない。塩の白さは塩の立方体のかたちに影響したり変化させたりはしない。どれかの要素がぴりぴりした味に影響したりもしない」[*27]。

　ここには共存することの不気味さと恐ろしさがある。事物そのものの中に、紛争地であるかのような暴力が存しているのだ。同時に、それぞれが独立した、言ってみれば互いに背を向けあっているかのような諸特性が一つの集合にまとめられていることにも気づく。戦場！　アルカリ性のこの小片はしょっぱいと同時に風味ゆたか、ということなのか？　塩の白さは、ほかの白いものと一緒である、つまりそれらとその白さを共有しているが、そのことでそのぴりぴりする味が変わるわけではない。白いからといって風味を変えてしまうような影響力はとくに見当たらない。この二つの規定は互いを無視し、背を向けあっている。ほかのミネラル分に同じ風味のものがある、ということだってあっておかしくはない。そのミネラル分の方が、半透明のこの塩などよりもよほどそれっぽい味がするかもしれない。同様に空の白さと、白墨と、それと同じようにある白い鉱物と、それらの混じりけのない白という特性を云々できるのは、その特性が境界横断的な、あるいは普遍的な質としてそれらに包含されているからではあるまいか？　塩の白さが、塩のなかで共存しているそのほかの諸特性に混ざっていない、そんなときでもこの白さは本当に塩の白さなのだろうか？　その白さは偶然的にそこに含まれるだけなのだろうか？　なにかひどく苦い事物が白かったとして、その白さは、その白い色をした塩味つきの欠片と同じだけ、唯一にして確実なものではないだろうか？　白はこの欠片に、ある種の個体化というかたちで統合されている。たとえばその白を赤と対比させることによってである。ぴりぴりする味と対置されることはそれよりは少なかろう。なにぶん、味は白とは無関係だから。白い靴下と白い塩の共通点は、きわめて純度の高いこの物体のもつ色と苦さのあいだの共通点よりもはるかに多い。しかし、このカモメの白さはそのシーツの白さとも、その鉱物の白さとも違う。あたかも普遍的な白からそれらの白が分離して出てこなければならなかったかのように……。

　この塩に関してさえも、問題となっているのは別の様態、羽毛一筋ほどの違いしかない非常に多様な強度の調整である。だからこそ、この塩が輝くその独特のやり方はこの塩のなかにあると見なければならないのだ。しかし、その特異個別性とは正確にはなんなのか？　かくも特殊で、かくも異なったあらゆる特性、たとえばアルカリ度、重量、硬度、そして白さなどが一つの事物のなかに共存しうるのか？　ものの殺害とでもいったかたちで、互いに打ち消しあったり、相互に無効化しあったりしてしまわないのか？　ひとはいま芽生えたばかりの現実を前にしており、この現実はどこに行くかも分からない。幾重にも分子状の霧がかかったようなもので、決定打となるような一貫性はどこにもない。異質なものの寄せ集めで、われわれには法則が見えてこないのだ！　事物自体も、その一貫性もわれわれの手からはどうやっても逃げ去ってしまう！　では、われわれの前で風化して消え去ってしまう現象とは正反対の、これこれの即自、それもある種のヌーメノンのような即自に賭けるのか？　ただ事物自体だけが存在するのか？　いずれにせよ、ヘーゲルのようなタフな哲学者がミネラル分を手にすると、世界は「大渦の中で」[*28]、それも殺人的な渦の中で踊り出し、揺らぎ始めついには船酔いするまでに至る。

　では、この塩の欠片を別の角度から取り上げてみよう。それが苦いのはわたしの味覚にとってだけではないのか？　輝くように白いのはわたしの視覚にとってだけではないのか？　指を切りかねないほどに堅いのはわたしの親指と人差し指のあいだにあるときだけではないのか？　バークリーは言う。「存在、それは知覚である！」。こうしてみると、見る目を持たなければ、つまり特定の直観形式を持たなければ、白さはたいした意味を持たない！　鋭さや硬さ等々についても同じことだ。この塩の欠片が持っている統一性は多様化し、拡散していく。というのも、規定がかくも数多いからには、それらは事物に由来するわけでも、その外見的な性質のどれから由来するわけでもないことになるからだ。むしろ、その統一性は自我の渇望によって作られている。この総合がどのようにアプリオリに起こるかを証明したのがカントだった。対象は一つの構築物、つまり現実を多様化するわれわれの諸能力のあいだの協業である。しかし、われわれの諸能力が合した結果としての塩という、諸対象の統一体を組み立てただけでは十分ではないし、われわれのさまざまな感覚を統一された一つの共通感覚へと集約させることで十分だとも言えない。わたしはいま自分の目の前で振り子のように揺れている鐘の音を聞く。そのときそこにあるのは諍いと不和という意味での一つの世界だ。対象を完全に規定する、というのは依然として治る見込みもない頭痛の種である。それは理性の観念であり、その一貫性はおそらく実体のなかよりも主体のなかで探求せねばならない。ライプニッツが既に想定していたように、質料には観念が充ち満ちている、というのであれば話は別だが……。

自我なしに、それ自身において自らを現す、そんな意味での事物は一瞬たりとも成立するわけはない。この塩――「ヌーメノン的なもの」と想定される――はあるときは立方体として、あるときは風味のあるもの、またあるときは白いものとして現れる。その意味で塩はむしろ「現象的」であり、その統一性はわれわれが作り上げた作品であり、それらの差異をすべて包含し咀嚼するであろう思惟の総合行為なのである。「これらの諸特性の統一化が手に入るのは、ただただ意識においてのみである。だが意識も、事物のレベルで一気にそれらを調和させるわけではない」[29]。それらのあいだには調和が欠けており、そうなるとたとえば白さにとっては風味はたんに無視する相手でしかない、などという事態にもなる。重要なのは関係性なのだ！　ここから理解すべきは、事物とは自立した一つの項ではなく、心的かつ物質的な関係性の織物である、ということだ。このひそやかな緊張関係は、諸事物を奪われてなるものかという意識の側からの拒絶をしっかり物語っている。

事物は互いに矛盾し合う諸部分に解体されるのではなく、無限の「関係性」へと解消されるのである。事物は一つの体系、力の働きを示している。そしてそれについての完全な《観念》、すなわち概念は実在している。具体的な内容とならんで実体や機能が存在するのと同じようなものだ。塩についで登場するのは《観念》である。それはわたしの悟性の創造物というだけではない。まったくもって現実的な一つの存在であり、ダイアグラムであり、わたしがすべてを描いたわけではない一つの公式である。世界は《観念》に充ち満ちている。物質は諸関係からなる体系によって覆われている。この体系のなかには諸々の内容が把握されており、それらは普遍性を求める渇望に応じるかのように特殊な実在物のなかに組み込まれていく。しかし、この種の出来事はドイツ哲学全般において、依然神秘のままに留まり、そうそう乱暴に解決することもできない。ウィリアム・ジェイムズとアルフレッド・ノース・ホワイトヘッドの多元論に、その実り多き延長戦を見出すことになろう。[*30] ともあれ、ヘーゲルはおのれの生を離れて事物を考えることなどできないことを、そして現実の生を形づくっているのは互いを引き裂くような矛盾と乗り越えがたい緊張関係ばかりだということを認識していたのである。

意識、自己意識

事物を切り分ける意識なしには、あらゆる事物は沈黙のままその姿を消してしまったたろう。世界に光を当てるまなざしなしには、世界はブラックホールだったたろう。あるいは石のように冷たい心だったかもしれない。当然盲目だろう。ということは、世界のどんな細部であろうと、それはまずこの語の語源的な意味での現象である、ということになる。語源学的にはこの語はおおよそ、「見せかけとして出現するもの」を指す。この意味で、ヘーゲルは断固として純粋存在に踏む込むことを拒否しつつ現象学を描いた最初の著者であろう。どこまでも自明に見える事物の一つであっても、それが存在するのはその事物がおのれを現したときのみであり、またその出現を把握することのできる、渇望する（「空虚な渇望 un vide avide」とコジェーヴは言うだろう）意識にとってのみである。この太陽はそれ自体で即自的に空に昇るわけではない。意識の周りに広がる地平線をもとに、それを位置づけ理解する必要がある。

即自、あるいは銀河の真ん中から眺めてみれば、太陽は決して昇らない！　そこから飛び立つべき波打ち際や水平線が足りないのだ。

意識とは、それを基準にして事物が一つの見通しに収まり、意味を持つようになる照準点である。だとしても、しかしやはりすべての意識はなにによりまず、フッサールの有名な定式を取り上げれば、「なにかの事物についての意識」であることを再認識しておかねばならない。それが自我のものだと言われるようになる以前からすでに、意識は彼方から姿を現す一つの対象を指し示している。そのおかげで、わたしは主体としての自分を忘れることができるのだ。最低限言えることは、意識はまずなにかについての意識として現れる、そして自分ではないものによって攪乱されることを必要としている、ということだろう。それは意識を覚醒へと押しやる、ある一つの外部によって左右される。あそこにある星は、意識がびっくりするような対象を見せてくれる、そしてかくも遠くから、意識を緊張させる……。つまり意識は、デカルトが多少なりとそのように想定していたように、最初からいきなり自己意識なわけではない。デカルトにとっては、自我はもっとも確実かつ明瞭な事物であり、それゆえ方向付けされたり外部に開かれたりする必要は感じられない。ヘーゲルの目にはその逆であることが明らかだった。つまり、意識の持つ緊張関係が事前に想定されるべきものだと認識していたのである。まず意識がある。世界のおかげで、意識ははらはらし通しだ。そしてただそのあとになってからはじめて、意識を自分自身へと向けて折り曲げさせることで、自己意識を語ることができるようになる。

《精神》の生においてこの二つの契機に対応するものは同じ年代に属していない。世界にむかって覚醒すること、それはおそらく自己を反省する上で重要なことだろう。この意識の最初の契機はヘーゲルの実体験と、さらにはかれが事物と接触することでゆっくりと成熟していったという事実と関係している。ヘーゲルは、個人的には自分自身のことを経験の場だと思っていた。ではかれがおのれのうちに見出すのが、かれを生み出した文化の《歴史》の総体でなければなんだというのだろう？　ヘーゲルは水切り遊びをしていたときのことを思い出す。小石をまるで弾丸のように携えて。[*31] そうして対象を前にしたときに感じる魅惑を改めて見つめなおす。この一段階は文化発展の過程ですでにもう起こっているのだ。これがギリシャ哲学に対応する。他方で自己意識はむしろ古典時代の問いかけのおもむきを持つが、これはわれわれがはじめて何かを主張し、異議を唱え、そして態度を決める、そんな青春期の再開という感がなくもない。

　ヘーゲルが、事物の展開の成り行きの中で自己意識がおのれを発見する方法にアプローチする前に、まずはその出発点として素朴な意識を選んだことが正しかったのが、このことからも分かる。自我の前に並べられた、玉虫色に輝くこれらの諸対象は、沈黙を破るようわたしを誘う。しかしそれらはまた、意識がおのれ自身の姿とおのれ自身の力とを見出す鏡でもある。ヘーゲル思想において意識のこの二つの状態は、さまざまなかたちで互いに重なり合い交差しつつも、最終的には統合され読者を高いレベルでの一貫性へと導くことになる基本的なプロセスである、としか理解できないだろう。それすなわち、《精神》の一貫性である。たしかにこのプロセスの《概念》は存在する。それは互いに交差するさまざまな段階を経るダイアグラムであり、《精神》はその軌跡を、その紆余曲折を見つけ出すことになる。素朴な意識は本気になって小石で遊んでいる。では自己反省はといえば、さすがに上手に水面を跳ねるように小石を平らに削るにはどうしたらいいかくらいのことは分かっているが、やはりそれぞれなりに自分を刺激してくるものに魅了されてしまう。つまりそのどちらも同じように、この犯罪計画を、あるいは錯綜した状況を理解できていないのだ。だがこの状況こそが、一つの武器ないし弾丸の本質をなしている。われわれはのちに『精神現象学』のこの複雑な構造に戻ることになるだろうが、しかしさしあたっては、この二つの運動は交差しながら、直線的とは言い難い《歴史》に沿って発展していく、ということを記しておけば十分だろう。その《歴史》の中でヘーゲルなる一個人が、社会発展を、その揺籃期からフランス革命の砲火の響きに至るまでをそっくりそのまま反復させる。ヘーゲルがそのテクストを完成させたのも、この響きのなかであった。自分のすぐ目の前をだく足で駆けるナポレオンの馬に魅了されたのもこのときだ。『精神現象学』はかれのふところにある。しかし、出版社も見つからないままだ。おそらくは、原稿を銃剣代わりに、ナポレオンの後を駆けていきたかったことだろう……。この英雄的叙事詩については、間違いなくその活動力と真の源泉とを把握しておかねばなるまい。そのエネルギーは、知覚の感覚的確信というより、まずは欲望に由来するものなのだ。

原注

*1――PH. E., p. 63〔邦訳上巻六九―七〇頁〕.

*2――数学的確信と、さらに動的な哲学的真理の差については以下を参照。「序論」、PH. E., p. 53-57〔邦訳上巻五七―六五頁〕.

*3――ここを出発点にするならば、すでに獲得済みの表象や、あるいは精神を塞ぐ出来合いのものといった、よく知られたものと戦わねばならない。「序論」、PH. E., p. 48〔邦訳上巻四七頁〕.

*4——神的なものへの崇高な関わりに熱中する代わりに、大地へ、有限性へ、あるいは「豚の餌」へまなざしを向けること、それが「序論」（特に PH. E., p. 30-33〔邦訳上巻二〇—二六頁〕）の目的である。思惟にとっては卑しむべき対象は存在せず、またそこまで軽蔑されねばならないような餌箱も存在しない。概念はここから養分を得ているのである。

*5——目的地と同程度に重要なものとしての道、という意味での「現象学」という語に関しては以下を参照。「序論」、PH. E., p. 44-45〔邦訳上巻四三—四四頁〕.

*6——この一節に関しては、ルフェーブルの小難しい翻訳に加えてセルジュ・ジャンケレヴィチの翻訳も考慮に入れてある。Georg Wilhelm Friedrich Hegel, *Introduction à l'esthétique*, Flammarion, coll. Champs, Paris, 1979, p. 29〔邦訳『ヘーゲル全集　美学』竹内敏雄訳、岩波書店、一九五六（以降『美学』と略記）、第一巻の上、三一頁〕.『精神現象学』の「序論」では、本質に対して、その本質を包むはずの形態へと外化すべしという同じ要求が示されている。PH. E., p. 39〔邦訳上巻三四—三五頁〕.

*7——この絶対者のオデュッセイアは『精神現象学』に完全な形で紹介されている。「序論」、PH. E., p. 40-41〔邦訳上巻三六—三八頁〕.

*8——Georg Wilhelm Friedrich Hegel, *Encyclopédie des sciences philosophiques* (1817), Vrin, Paris, 1979, § 15〔邦訳『小論理学』松村一人訳、岩波書店、一九五一（以降『小論理学』と略記）、上巻八五頁〕.

*9——「序論」、PH. E., p. 49〔邦訳上巻五一頁〕.

*10——PH. E., p. 519〔邦訳下巻三九九頁〕.（ここではイポリット訳を用いる。t. II, p. 306.）

*11——Jacques Derrida, « Introduction » à Edmund Husserl, *L'origine de la géométrie*, PUF, Paris, 1962〔エドムント・フッサール、ジャック・デリダ『幾何学の起源』田島節夫訳、青土社、二〇〇三〕.「差延」概念の最初の定式化が見られる。

*12——概念を分岐させるだろう差異がもつこの豊かさについてのアプローチは以下に見られる。「序論」、PH. E., p. 36〔邦訳上巻三〇頁〕. 骸骨という考え方については以下を参照。PH. E., p. 61〔邦訳上巻六九頁〕.

*13——PH. E., « Préface », p. 64〔邦訳上巻七六頁〕.（ここではイポリット訳を用いる。）

*14——ヘーゲルは「有機的総体のリズム」について語っている。PH. E., p. 64〔邦訳上巻七六頁〕. 芽という例えに関しては、「序論」の冒頭から用いられている。「序論」、PH. E., p. 28〔邦訳上巻一八頁〕.

*15——Wilhelm Dilthey, *Le Monde de l'Esprit*, I, Aubier-Montaigne, Paris, 1947.

*16——「緒論」、PH. E., p. 85〔邦訳上巻一〇九頁〕.（ここではイポリット訳を用いる。）

*17——可塑性は「序論」において散種的概念となっており、カトリーヌ・マラブーのヘーゲル読解（Catherine Malabou, *L'Avenir de Hegel*, Vrin, Paris, 2000）〔カトリーヌ・マラブー『ヘーゲルの未来——可塑性、未来、弁証法』西山雄二訳、未來社、二〇〇五〕ではそれに対する興味深い反応が描かれている。これは *Ontologie de l'accident* (Catherine Malabou, Léo Scheer, Paris, 2009) に結実するに至る。

*18——否定的なものの働き、つまり存在の無化はクノーが筆記した講義録においてコジェーヴのヘーゲル読解の原動力となっている（Alexandre Kojève, Raymond Queneau, *Introduction à la lecture de Hegel*, Paris, Gallimard, 1947）〔アレクサンドル・コジェーヴ『ヘーゲル読解入門』上妻精、今野雅方訳、国文社、一九八七〕。特に p. 167〔邦訳五二—五三頁〕を参照。

*19——Michel de Montaigne, *Essais*, III, 2, PUF, 1992, p. 804〔モンテーニュ『エセー』荒木昭太郎訳、中央公論新社、二〇〇三、第II巻七三頁〕.

*20——Georg Wilhelm Friedrich Hegel, *Logique*, II, Aubier, Paris, 1947, p. 70〔邦訳『ヘーゲル全集　第七巻　大論理学　中巻』武市健人訳、岩波書店、二〇〇二、中巻八一頁。（以降『大論理学』と略記）〕.

*21——*Ibid.*, p. 67〔邦訳『大論理学』中巻七八頁〕.

*22——*Ibid.*, p. 68〔邦訳『大論理学』中巻七九頁〕.

*23——「感覚的確信」、PH. E., p. 92〔邦訳上巻一一三頁〕.

*24——*Ibid.*, p. 97〔邦訳上巻一三二頁〕.

*25——*Ibid.*, p. 94-95〔邦訳上巻一一九頁〕.

*26——「知覚」、*Ibid.*, p. 104〔邦訳上巻一四〇頁〕.（ここではイポリット訳を用いる。t. I, p. 94.）

*27——「知覚」、*Ibid.*, p. 105〔邦訳上巻一四二頁〕.

＊28――*Ibid.*, p. 115〔邦訳上巻一五九頁〕.

＊29――PH. E., p. 110〔邦訳上巻一五〇―一五一頁〕.

＊30――ホワイトヘッドとこの関係論理の十全な理解のためには、下記を参照されたい。Isabelle STENGERS, *Whitehead. Une libre et sauvage création de concepts*, Seuil, Paris, 2002.

＊31――「少年は石を川面に投じ、その波紋を見つめる。彼はこの成果に魅了される。そして自分の行為から生じた光景を楽しむのだ」。Georg Wilhelm Friedrich HEGEL, *Esthétique*, I, Aubier, Paris, 1995, p. 46（ルフェーヴルの訳を一部改訳）.〔邦訳『美学』第一巻の上、七八頁〕.

第二場

欲望の諸経路

ここで問題になるのは、動物的反芻、欲望、そして酔いである。これらは事物の境界線を拡大させる。こうして事物には生命が宿る。しかしそれもあまりにもあっというまに消えてしまい、あとには空の貝殻しか残らない。また、ひとがどう死ぬかはまちまちであること、カインはアベルを殺し、アブラハムはおのれの息子の喉元に刃を向けたが、しかし主人は自分に恐れを抱いている奴隷を仕事に駆り出す前に殺したりしないものだ、ということも学ばれる。こうして、自己意識は暖炉の脇でただ心静かに瞑想しているだけのものではない、犠牲を前にした不安から生じるのだ、ということが語られる。ワインは一生ひとを酔わせるものでありつつも、不幸な意識を、おのれの死への懸念を呼び覚ますものでもある。無限とはこの深淵、このめまい、そして際限なきこの懊悩以外のなにものでもない。

バッカス

あらゆる輪郭を食い尽くし、そのシルエットを溶解させるめまいのような熱狂的運動が、感覚的確信を支配する。この懊悩と恐慌は非常に初期の、ほとんど神話的な経験の時点ですでに現れている。バッカス的な酔いというこの経験は、われわれのなかにある、知性とはまったく違うレベルへ影響を与える。それを生命力に含まれるいくつかの傾向、欲動配置と特徴付けてもいいだろうが、この経験はある意味でそれをかき乱しに来るというわけだ。

このバッカスは、ニーチェが後年、精神のもっとも深い闇の底を揺さぶる死を賭した闘争を垣間見せるために用いることになるデュオニソスとはどう見てもまったくの別物である。デュオニソスはどちらかといえば、われわれのうちにあるトランス状態を描くための名である。このトランス状態は宇宙的な葛藤、霊的対決、精神状態の舞台となることもできれば、さらにはのちにフロイトがタナトスに依拠することで誰の目にも明らかなものにしようと試みるであろう、夢の中での殺害の舞台となることもできる。『悲劇の誕生』においてニーチェは、デュオニソスとアポロンの対立を援用しつつも、ヘーゲルによるバッカスとケレスの分析をも意識していた。このことは、『現象学』のイタリア語版の翻訳者であるエンリコ・デ・ネグリが当時すでに指摘したことである。

ワインの効き目で、現実は分解し、対象は一貫性を失い雲散霧消する。それを前にした人間が感じ取るのは、形相の剝離と分裂である。ヘーゲルにとって、バッカスとはその指標となるものなのだ。ヘーゲルが《宗教》分析でアプローチしていた《犠牲》についての研究をする際に、われわれはそこに立ち戻ることになるだろう。さしあたり、バッカスとはまず断片化や分解の装置として理解される。『現象学』はわれわれと事物とのあいだのややこしい関係にこの装置を介入させる。だがそれは、その瀆神的な部分に着眼して考察された事物であるうえ、聖なるものへの陶酔によってつねに脅かされた事物でもある。ワインは事物を消滅させる。人を食らう《神》がそうするように、荒々しい破壊の渦に飲み込んでしまうのだ。まともな一貫性や連続性といったものは、ガスや分子のような形状に切り崩されてしまう。

《神》はすでに「感覚的確信」の章のはじめ、つまり『精神現象学』の最初の契機において言及されることになる。この確信が表現しているのは、われわれは自分たちが常にそのままの姿であり続けるだろう「諸事物そのもの」とかかわっていると堅く信じている、ということだ。われわれは目の前にがらくたの転がる鉄の時代の世界に生まれ、そんな世界が何をするために登場したのかを問い直すこともなければ、エネルギーがどう再生するのかについて問い直すこともない。事物はわれわれの前に置かれた時のままであり、変わることがない。何一つ動かないとは言わないが。家も屋根も、なにもかもいつだってこのままだろう。しかし、こういう美しい統一性のなにもかもが、ヘーゲルのまなざしのもとで揺らぎ始めはしないだろうか？

まず、陶酔はもっとも美しい支配者でなければならない。酔いはじめの陽気な段階だ。クリスマスのような気分である。古色蒼然としつつも輝かしいという感覚だ。そこではなにもかもがいまあるままでなければならない。意識はこのとき、おのれは永遠なるものにしっかりと根を下ろしているという確信を抱く。まるで意識自身は悪を、始まりがあれば終わりもあるはずの不安定な日々を、まったく経験したことなどなかったかのようである。それは、事物が揺らぎはじめ、そして最後の一杯を飲み干した自分もまたふらつきだしたことで、どうも自分が逸脱しめまいを覚えはじめているらしい、と確認するまで続く。酔いがまわり、そしてきつすぎる麻薬によって地獄に突き落とされることで、アポロン的な快活さは台無しにされてしまう。

この極端なまでの不安定さは、ヘーゲルの哲学のなかでは聖なるものの名を戴くことになっている。バッカスはその最初のかたちであるが、バッカスの場合は動物への生成という不穏な響きをとどろかせている。ある意味では、動物自体も事物とは無であるという印象を既に確認しているかもしれない。たとえばアリがコバエを生きたまま貪っている時のことを考えて見ればいい。動物は貪り食らうことによって事物を抹消する。事物も、事物の一貫性をも信じはしない。動物は事物を引っこ抜き、砕き、なんでもなかったかのようにそれを消費する。コバエは無機的なカメレオンの舌に捕らえられる。草は家畜の顎によって否定される。そしてわれわれは、酔いがきわまって機械のようにトランスすると、そんな家畜へと生成するわけだ。獣のひと噛みで、すべてが砕かれる。ただぼんやりと、抵抗のいとまも与えず、あたかもその命などなんの重みもないかのように。根源的な非存在が支配しているかのように。それはカニバリズム的な淫蕩にまで至るバッカス的な譫妄のなかで、おそらくいまでも経験されることかもしれないが、そうだとしてもずっと単純なかたちだろう。ワインの摂取というのは、忘却と昏睡と隣り合わせなのだから。

　陶酔を求める欲望を通じて、精神は事物の安定性が雲散霧消していくのを発見する。だが同時に事物とは、実在感の乏しいさまざまなかたちの幻覚とそう違うわけでもないことも発見する。その幻覚の背後にはもはやほかになんの世界も隠れてはいない。ただただよりいっそう深みへと降りていくばかりだ。こうして、ひとはエレウシスの密儀〔デメテルとバッカスを祭る儀式の行われた古代ギリシャの都市。〕へと、変成へと、きわめて多様な諸存在を飲み込む普遍の寄せ集めへと近づいていく。このとき諸存在のあいだの魔術的な類似性が明らかにされ、それらが無限の組み合わせのなかで消滅再生を繰りかえす。有機体は互いへと入り込み、個体の輪郭は沈み込んで消えて何か別のものになり、有機体のあいだの境界や隔壁まで越えられてしまう。そうなったとき、ケレスは大地の無限の変容を見せてくれる。見分けがつかないほど押し合いへし合いしているナメクジやイモムシの気味の悪いイメージのようだ！　しかし、いまはヘーゲルのテクストに語らせよう。その方がより説得力があるだろうから。

「この感覚的対象の持つ現実性への確信を主張する者は、知恵の小学校、ケレスとバッカスが祝される古代のエレウシスの密儀まで戻った方がよい」「そしてパンとワインの会食の奥義を学ぶのだ。というのも、これらの奥義に通じたものは、感覚的事物の存在を疑うようになり、ついにはそれを諦めるからである。」「動物たち自身もこの知恵を免れているわけではない。逆である。むしろかれらはこのことに深く通じていることが証明される。というのも、かれらは即自的なはずの事物の前にいるかのように感覚的事物の前に留まり続けることはなく、この現実に絶望しそのむなしさを完全に確信し、ほかのやり方を一顧だにせず、ただその事物を貪り食ってしまうからである。そしてかの全自然も同様にこの上なく透明な感覚的事物の真理を教える密儀を称えている」[*1]。対決、混交、撤去、死という究極の無化へと通じる怒り。

バッカス祭の陶酔と、その秘められた欲望に導かれるように、質料と形相は互いに入り交じり、そこから無傷で出てこられる対象など何一つない。ワインの効果で、ありとあらゆるものが束の間の安定性しか得られなくなる。他方で、食され消化されたパンは、皆の身体へと変化を遂げることが教えられる。つまりそれは、自分たちの個体性を失うかわりにより高次の統一性、すなわち共同体の統一性へと向かう者みなが、パンをちぎって分かち合うということであり、そしてパンにはそうしたことを可能にする力があることが示されるのだ。動物は事物の破壊に甘んじ、ただそれを消費するのみで、それを自分以外の他のものと関連づけようとはしない。この意味で、動物は自分自身も犠牲に供されているとも言えるのだ。おのれの身を危険にさらすこと、あるいは恐怖に身を捧げることで、獣が持つ混じりけのない獣性を逸脱し、それによって自分のことだけを考えて自分に閉じこもる個体性が消滅し、そして「いまここ」がまるで彼岸の輝きのように開かれるからである……。

彼岸と「いまここ」

「ただ《精神》の概念としての自己意識のなかにのみ、意識は転換期を期待する。それは感覚的ないまここに彩られた見せかけと、超感覚的な彼岸の空虚な闇とを同時に捨てることで、現在という偉大な精神的光のもとに歩み入る契機である」[*2]。

自己意識とは、意識が対象のもつ魅惑を諦めたこの契機に相当するものである。われわれは対象の前に生まれる。それは動かしがたい山のように疑う余地なく当たり前にわれわれの前にそびえるとさえ思われる壁である。しかし、われわれは依然としていささか性急に、信念によって影響されている。それもまた同様に、疑う余地なき彼岸にしっかりと根ざしているのだ。さて、自己意識とはこの二重の自明性を検証することに対応する。それによって、独立したものと見なされる世界への信仰も、接近不可能な別世界への信仰も、同時に捨てられる。つまり、陶酔が覚めるそのときにはじめて、自己意識はおのれへと折れ曲がり、自律したものになることができるのだ。

対象のもつ魅惑とは、すべてがわれわれの外部で、質料で覆い尽くされた深みのなかで作用していると考える誘惑に対応する。この素朴な信念とは、自分は絶対的な質料であるかのような堅固な事物に立ち向かっているのだ、というものだ。内部へと近づくためにこの殻をぶち破る、それが自分だと学問は自負している。宇宙は懐中時計のようなもので、物理学がそのふたを開けて香箱を解体できる、とでもいうかのように。しかし、ではそこでは何が正確に動いているということになるのか？　たとえば、この塩の欠片か、あるいはこの光線か！　たしかにそれらは分子や原子、干渉縞にまで分解できるだろう。それは結構！　しかしそのような抽象化の位置づけはどうなのか？　ニュートンはプリズムによって光を分解した。かれは事態を確認し、そしてわれわれに、青や黄色は光のもっとも基本にあるもので、それらが光のなかで混ざり合っているのだという感覚を与えようと望んだのである。そこでニュートンは、光を回折させ、色彩の干渉縞を獲たのである。しかし、ヘーゲルはゲーテ同様、光が一つの実体ではないことを、赤さは光だけでなく目と精神にも宿ることを、緑と青がコントラストをなすのは、われわれの外部ではなく内部にある理由によってであることを知っていた。そのすべては目の収縮と拡張の聖なる戦いにかかっているのである。「いまここ」においては、核を覆っている殻を突破すればいい、あるいはパンドラの箱を空けて中に入っている隠された要素を取り出せばいい、などと信じ込むことはできないだろう。物質をどこまで掘り下げても、あるいは顕微鏡でくまなく支配しても、何も得るものはない。そうでなければ、ヘーゲルはわざわざ見せかけとして出現するものについての試論としての『精神現象学』なる書物の執筆に骨を折ったりはしなかったろう。

　精神はおとなしく事物に捕らえられてしまうことはない。だから色彩やプリズムの屈折法則に素直に屈することもない。精神それ自体がこういった色彩の源泉であり続ける。つまり、何かの事物、たとえば赤い果実がかつてあれば、それがもうそこの白い壁からは取りのけられていても、依然としてそこにそんな色彩を知覚し続ける。白い石膏の上の染みを見たときもそうであるし、強い光のあとの飛蚊症もそうである。つまりそういった持続性がある。それらは対象から生じるものではなく、網膜の奥から生じたものであり、その点ではコントラストという現象と一緒である。緑と赤のあいだには、網膜に由来する諸作用がある。さらにいえば、目と同様に精神にも関係がある。「目の前にただ一つの色しかないにもかかわらず、主観的には他の色も見ている」[*3]。東洋のケシを眺めるゲーテはオーラのようなもの、炎のような黄色い干渉縞を知覚する。現象は光から生じるものでも、ケシから生じるものでもない。おそらくは目から生じたのである。目が世界に投げかける嫉妬のまなざしから生じるのだ。実証主義的な科学者がしばしば考えているような、われわれとは関係のない絶対者のなかにあると構想される物質的現実なるものを信用するのは、こうしたわけでかなり難しくなる。宇宙を時計になぞらえるというなら、その時計のケースはわざわざ空けてみる必要はないのだ。そこに隠れた特性が見出されることはないだろう。

「いまここ」、そこには観察する者の精神から独立して一貫したものは存在しない。質料さえ存在しない。しかし、ひとがその内部まで詳細に調べたこの世界が音も光もない暗闇であるなら、そしてそれを視野に収める目にとってはもっとも基礎的な物質さえたいした意味を持たないのなら、逆に隠された世界もなければ、それを考察し正当化することを可能にする彼岸も存在しないことになろう。ヘーゲルにとって、目は情熱に燃えさかる目であるが、しかし天空は依然として空虚なままなのだ。彼岸に「いまここ」の基盤を探しにいく意味などない、とヘーゲルは何度も主張している。感覚的事物を、その玉虫色の諸側面から引きはがして、「事物自体」に迫ろうとしても無駄なのだ。表面をはぎ取って、対象の核をのぞき込みたいのか？　そうやったところで、質料の暗い闇の中にはどんなシルエットも浮かび上がりはしないだろう。[*4]　山の頂に身を隠して、純粋な光を見たいのか？　雪に目をくらまされる以上のことにはならないだろう！　そこには「自己」は存在しない。生命の存在も見られない。盲目の無と、凍り付くような虚無の風が吹くだけである。

見せかけの彼岸には、向かうべき先など何もない。その現象性のあるがままに、その彩り豊かなヴァリエーションのままに捉えれば、《精神》の働きないし諸存在の多様な生をそこに見出すに十分なのである。『精神現象学』は質料を探査しようと固執することも、あるいは《観念的》別世界を目指して努力することもない。むしろ、その両者のあいだからスタートする。そこは、彼岸も此岸もなく、互いに手のつけようのないほど敵対し合う諸形相の繁茂する無秩序で雑多な表面なのである。そしてヘーゲルは、この繁茂のことを最終的に生と形容することになるだろう。この面こそが、再出発の地とならなければならない。そのために、生の領域が作用させている原初的な諸力の発現にまで遡るのだ。それは社会的生に見られる諸葛藤が事前に下書きされている、あの無慈悲な力の発現よりもさらに端緒的、初動段階のものなのである。

生

生はもはや、知覚によって浮かび上がる塩の欠片のように堅固な事物ではない。塩の欠片は、その諸特性によって分断され、それがあまりにも排他的であるがゆえにそこにはなんの統一性も出現しえない。それが現れるとしたらそれは唯一、シェリングがそう解さざるを得なかったように、そのなかに力を認めることによってのみである。シェリングはそこにある種の魂の働きを感じ取ったつもりだった。電気現象の発見が教えているのは、一つの事物の持つ連鎖関係は対立する諸々の緊張関係の一時的な中和に過ぎないということであり、また質料のなかには一つの力動が存するということである。それを生の対立関係と言ってもいい。そして、それらのあいだの摩擦は、陰極陽極のあいだに働く力によって解決されるのである。「この力はそれゆえ、次のようにして生まれることになる。つまり、その力が表現されると、対立する電気が発生し、それがまたお互いの中に消滅するのである」[*5]。この強い緊張関係が、非常に多様な粒子の集合を比較的安定した全体性へと維持するのである。

質料の本質は単純に延長に属するものであり、不活性な諸部分によって組成されている。こうした諸部分は、互いが抵抗を持たないため一方は他方と関係を持たず、それゆえまったくエネルギーを生じさせることができない。さて、デカルトを引っ張り出してきたところで、いま述べたような考え方をするにはかなりの困難がある。それゆえ、ひとはもはや、運動は不活性な諸粒子に外部から加わった衝撃の結果である、というような考えに同意することはできない。引力は逆に、事物の内在的な力として出現してこないだろうか？　質料から自分で自分自身の力能を出現させる能力を奪い去ってしまうと、事物はいっさいの統一性を失い、ありとあらゆるものがただの寄せ集め、集積物、力なき粒子の集合になってしまう。質料は非常に遠回りながらもむしろ見事に、欲求を予示する力能を物語っているのである、という見方に賭けてみる余地は大いにある。それが生物において現れた時は欲望となるというだけだ。十九世紀の技術革新で全面的に勝利を収めることになる電磁気学的な力なしには、分子も凝結も存在しない。世界はもはや、外部からのみ伝えられる運動を受けて回る歯車で出来た時計ではない。世界が繰り広げるのは、水蒸気と稲妻が織りなす大嵐であり、それゆえ世界はエネルギーとその変化へと変容するのである。

電気と磁気については、ヘーゲルもシェリング同様、迷信的な交霊術とははっきり一線を画した関心を寄せているが、それらの根本にあるのは、質料は単純な機械的プロセスを通じては理解され得ない、という確信であった。概念はすでに事物のあいだで機能している。塩も、たとえばクオーツと同様に、電磁気的なリズムを示す。そのリズムのせいで、いってみればそれらは生きた存在と化す。塩の内部では、かくも矛盾した緊張関係が見られるがゆえに、すでにそこには生命の形式があると認めてもいいほどである。もっともそれは有機的ではないが、しかし無限のヴァリエーションに充ち満ちている。この生の経験を前にして、意識は事物のなかで、《精神》にも似た力動性が姿を現したことに気づくのである。意識がまさに意識として特徴づけられるのは、この《精神》によってである。不活性なものに逆らう一つの力がある。それを事物のなかにある生と言ってもいい。これが、意識のうちで行われる意識による反省を先取りしているのだ。この探求は、質料の拍動のなかにおのれ自身を遅ればせながら見つけ出すことのようにも思われる。事物のなかに目を向けることで、意識があるとき自己意識へと生成するかもしれない、ということを妨げるものは何もない。それはつまり、意識が半死半生で生気を欠いた、無感覚なまったくの他者と当初信じていたもののなかに、自分自身のヴィジョンを見て取るということである。「この単純な無限、あるいは絶対概念、それを生の単純な本質、世界の魂、普遍的な血液と呼ばねばなるまい。この血液はあらゆるところに存在し、いかなる差異によっても妨害されも中断されもせず、逆にそれ自体がすべての差異であり、また同時にその廃棄でもある。つまりそれ自体はいっさい動くことなく、自分のなかで自分自身の鼓動を刻み、それ自体のなかでなんの不安もなく振動する」[*6]。

どんな細部にも、いまはわれわれのために時を刻んでくれるクオーツのようなこの心臓のリズムを聴き取らねばならない。しかし、不安は質料のなかではその完全な猛威をふるうことはない。固体からなる力動的秩序のなかでは、本当の意味でその姿を現すことはない。有機体というかたちをとって、より確固としたものとして「生きた事物」のなかに現れてくるだろう。それはこの世界のなかのたった一つの自分の居場所を遠く離れたところに自分を分離し個体化し、その世界を押しのけようという傾向を表現するものだ。ときとして、それはまだ非常に弱々しい傾向でしかないかもしれないが。生きた事物は水の中に溶ける塩とは違う。それは生の流れのなかから脱し、自らを閉ざし、おのれを断ち切ってその個体としての自律性を獲得する。そして「この流れの連続性を否認し、この普遍のなかには解消されはしない、逆にその非有機的な本性を食い尽くし、そこから身をほどくことで自らを維持するのだ、と強く主張する」[*7]。

おのれの生きる領域を食い尽くすことで、生を宿す事物はおのれが破壊しいま完全に支配しているものよりはおのれの方が上位にあることを示す。それは「異なった両者がたがいにかかわることなく心静かに身を落ち着ける、普遍的な流れ」[*8]からおのれを引っこ抜く。有機的な個体性は自ずと生じるものだが、しかしそれはあまりに控えめなため、その統一性はいまだ食い尽くされたものの本性に依存している。だから、非有機的なものを消化するため束の間眠りに落ち、死ぬほどの疲労へと落ち込むことにもなる。不活性なものと袂を分かつや否や、生きた事物は重くのしかかる努力のために疲労し、消耗し、意識を失う。つまり、個体のなかの生が、まとわりつくような疲労に屈することなくおのれを反省し、本当の意味でおのれの統一性のなかでおのれを考え、自律的で、おのれの前に立ちふさがるものすべてを脅かすことのできる一つの絶対者としておのれを意識する、その瞬間にのみ生まれる《精神》の対立とは、まだほど遠いところにわれわれはいる。さしあたり、それぞれの段階で新たな問い、新たな手がかりが現れる探求の舞台となるこの反省の——探求の——たどる険しい道には、まだ誰も足を踏み入れたことがない。まずはそこを踏破し、鉱物、生体、さらには社会の歴史の新たな章にひとあたり目を通しておかねばなるまい。

動物

動物は、まだ「対象」との関係を持たない。つまり、持続的なものを切り取る、より図式的と言っていい人間の感覚のようなわけにはいかない、ということだ。動物は生の流れから完全に身を脱してもいなければ、切り離されてもおらず、非常に繊細な知覚を持ってはいるが、それによって感覚されたものを安定させようとすることはない。動物の生きる世界と、その環境から身を引き離す力を持つ有機体がもつ個体性とのあいだには、なんらかの連続性が保たれている。たしかにツバメは単独のツバメかもしれないが、しかし風に滑り込んで上昇気流に身を任せている。魚は自分を押し流す波なのである。だから魚は波に溶け込み、そこから身を離すこともない。それゆえ、常に変わらぬ幾何学のなかに諸対象を措定することができる人間とは、同じ意識を持たない。サメは魚を食べるが、それは自分のしっぽを追いかけてそれにかみつく犬と同じような意味で、自分自身を食べているようなものだとも言える。このように同属を食べているサメにとって、それが自分とは違う動物だという感覚はない。異なる個体という立場だとは感じていないし、他性を経験してもいない。

おそらく、自分のいるべき場所にいる動物について云々しようなど、いかなる場合であれ思い上がりも甚だしいのだろう。動物たちが生成の流れを、よりいっそう限りなく正確かつ細密に捉えることに疑いの余地はない。だから、能動的実存様式を象徴化しているニーチェのいう動物とヘーゲルの動物とは似ていないことになる。『精神現象学』の助けを借りれば、動物の生には対象が不在であり、所与のものについてそれが可変的なポジションを持つのか、あるいは不変なのかなどと措定し区別し規定することなど無用だ、と考えることができる。動物は感覚を持っているが、それに比べれば確信は持っていない。感覚的確信を保持していないのである。ニーチェによれば、だからこそ動物たちは別のシステムに則って、人間には近づくことさえできない豊かな現実を感覚することができるのだという。ヘーゲルは、おのれの分析をまったく異なる領域に位置づける。かれらの洗練された把握能力よりもむしろ、その力能や欲求という側面から動物性にアプローチするからである。その欲求を通じて、動物は一つの環境を直接的に把捉する。その環境に置かれたものを取り入れる。それも、あたかも貪り食らうことによってそれらを否定し、彼我を分かつ距離に抗議するかのように、である。犬はろくにかみ砕きもしないで肉を食べる。満足を指をくわえて待つことも引き延ばすこともなく、自分の食欲に叶うと思われたものを即座に消滅させる。動物は尻込みしない。一粒の種は消化してくれと誘っている。芽を出すまで待っていられる鳥などいない。対象として種を措定すること、その場で食べてしまわないよう距離を保つこと、成長し、増えるまで待つこと、あるいは種に働きかけること、それらは動物には不可能な仕事である。なぜなら、種をひとのみにしてしまう動物たちは、自分が貪り食らうことになる環境と完全な連続性を保っているからだ。このとき、かれらは植物と生物が相互に貪りあう世界に住んでいるのである。

植物は動物とともに生の流れのなかに根を下ろす。どちらも、水や食物に出くわすことを必要としている。だからかれらはそれらを自分の周りに探しに行かねばならないのだ。根や歯はそのために使われる。独立した有機体とはこのようなものであり、だからこそ、かれらは生きとし生けるものたちが構成するこの流れから自らを切り離し、差異化し、個体化するのである。あらゆる個体の影には、この分離に伴う暴力がうごめいている。この差別化は別離でもある。それもひどく高くつく。このすぐのちに、フロイトは快感のなかに「死の本能」があると認めざるをえなくなるだろう。それは、環境との区別を持たなかった当初の状態へとわれわれを落とし込み、降下させ、こうしてふたたび眠りへ、非有機体の静止状態に沈ませるものであると言ってもいい。たしかに動物は移動するし、相対的に独立した身体のなかに閉じこもってはいる。しかし、原始的な生物の生は短くはかない。原始的な有機体にとって、立ち上がる、起き上がる、歩く等々の個体化に向けた努力はあまりに高価な代償を支払って手に入れたものだ。[*9] このような条件下では、睡眠、疲労、非有機体めいた非活動性へと身を委ねることが要求される。基本的な動物性が自然のなかにまたたくまに回復する。自然とすっぱり手を切り、距離を保つというのはなかなかできることではなかったのだ。痛みと不快の力のすべてを感じなければいけないのだから。動物はこうして嚥下ないし消化によってふたたびこの流れへと、「普遍的解体」[*10]へと落ちる。動物は世界を貪る。世界に溶け込むために、また世界を吸収するためにそうしているようにも見えるほどだ。だから動物は世界にしっかりとしがみついている。そのとき動物を導いているのは口唇期的な享楽だ。その享楽は、動物を最大限まで世界に通じ合わせ、ふたたび自然環境へと戻してしまう。そして動物はこの自然環境に浸って、満ち足りた思いで呆けていくのである。

動物はおのれの四肢を自由に動かすことで、環境から超越する。しかし、おのれを貪り食わんとする口から漏れるうなり声の前に、またいつなんどき我と我が身を曝すかは知れたものではないし、同時にまたどうにかしてその口の方をむさぼり食ってやることもある。他者に八つ裂きにされつつも相手を八つ裂きにしてやる、というようなものだ。こうしてみると、他者の抹消や、あるいは享楽が出現するのは、ここでいう「おのれの非有機的本性」[*11]と分離されたのちに、ふたたび死の平穏を見出そうとする切迫感ないし欲求によってである。たしかに、有機体と、いまや有機体にとっての他者となった非有機体が分離する際には、どれほど大きな苦しみがあっただろうか想像する必要がある。それは、ふたたび現実へと溶け込んでいくという享楽である。かつて原始的有機体は、つかの間その現実から切断されたのだった。それはたとえば、自己分裂する、つまり生まれた瞬間から死へと向かう単細胞生物のようなあり方であったかも知れない。開いた口、動物が環境に通い合わせる入り口、生のある一時に分離したはずの非有機体を摂食し取り込まねばならないという切迫、それらが示すのは、有機体が世界と完全な連続性を持ちそこに内在しているということである。その連続性が絶たれるのはほんの一時の、いまだはかない瞬間のみである。あらゆる生物は多少の差はあれ瞬く間に、自然の普遍的快楽へと沈んでいき、諸存在はバタイユの表現を借りれば「水の中の水」[*12]のように混ざり合ってしまう。この反復衝迫ないし非有機体への執着から抜け出すこと、それが意味するのは一つの冒険である。この冒険は、欲望の未知の力へ向かって遡ることで、その最高の犯罪計画の筋書きを見出すのだ。欲望は自然の流れを摂取することではもはや満たされない。狂ったような抵抗を、死を招く抑圧しがたい融合への欲求と対立させるのである。

欲求と欲望

ヘーゲルは異論の余地なく、動物を哲学の名に値する思惟の対象とした、アリストテレス以来最初の哲学者である。しかしそれはもちろんのことながら、人間という名の動物についての問題でもあった。

そのもっとも高貴な人間性は、欲望が最高度に昇華された諸形態の産物なのである。人間は動物の世界のなかでの一つの例外と考えるわけにはいかない。攻撃性も暴力も持ち合わせているからだ！　人間は動物世界の一部をなす。この問題に関しては、進歩なるものが持っている一つの意味に気づかされることになるだろう。概念の世界で優位を占めるためには必ずしも外的環境を必要としないようなそれだ。欲望の論理というものがある。それは否定的な内在的力能で、ヘーゲル以前の哲学者達はスピノザを除いてみなそれを見事に無視しているが、じつはきわめて洗練された意志のかたちのなかにも、それもその意志がすでにもっとも道徳的な力の一つとして現れてきている時でさえも見出される欲望なのである。

動物的欲求に、ひとはなによりまず自己を脱し、体内化や消化というかたちで否定することになってでも食物を獲ようと試みる、制御不能なスタイルを観察してきた。欲求は強い誘引力を持っているが、走り回り、立ち働き、境界を攪乱し、有機体の限界や制約を乗り越えようという非常に強い傾向性はそういう形式をとるものなのである。たとえば、飢えた状態で摂食可能なものを前にしたときに覚える朦朧とした状態は、だれでも感じ取れるだろう。そんな状態のときは、外界に真剣な関心を向けている。対象へ向かう強いプレッシャーによっておのれの限界を乗り越え、おのれを分割し分離する能力は、この関心とセットなのだ。この対象は、消化するものが欠如しており、それを探しているからこそ出現する。この欠如はたんにわれわれを惹きつけ、そしてわれわれが何をするのかを盲目的に決めてしまう食物というだけではない。すべてが外部から来るというわけではない。覚醒とは、対象から働きかけられる力の言いなりになってしまう、というだけのものではない。有機体そのもののなかで、切迫性がどんどんと高まっているのである。自分のなかで苛立っているのではなく、自己を分割するか、あるいはその注意を外部に向けるよう有機体を促す傾向が高まっていると言ってもいい。対象は能動的に選ばれる。ただそれを受け入れるとか、対象に選ばれるというわけではない。

この意味で、「ただ生きとし生けるものだけが欠如を感じる。なぜならただそれのみが自然における自己自身とその規定された反対物の統一体としての概念だからである」。そしてこの統一体は「それと同じ一つの現実のなかに同時に自己自身の彼岸の存在も実在しており、また矛盾はその現実のなかで内在的に措定される、というかぎりでの欠如である」[*13]。飢餓とは、自我のうちで現れると同時にその彼岸に措定されるものでもあるような、ある一つの事物のあいだで経験される矛盾であり続ける。そして、有機体としての境界の内側から動物を突き動かして、おのれを断ち切って外部へ向かっておのれを開かせるものと関係している。しばしばそれが何もかもをだめにしてしまうことは覚悟の上だ。こうした分裂は、たとえ失敗に終わっても、肯定的であり内在的である。たんなる欠如態の表現ではなく、力であり、推力である。摂取というかたちで乱暴に消滅させ破壊し、そして自分のうちに取り込んでしまう以前に、内部から他者へ、あるいは外部へと向かうこの分割を引き受けることができるようになっていた有機体から生じる傾向である。ここにあるのは、単なる欠如や、機械的に満たされる対象に受動的に従う欲望の空虚とはほど遠いものだ。

とはいえ、欲求とはまずは外部から、たとえばこれこれの食べ物や性的対象といったぐあいに規定された事物を通じて刺激されるものであることは否定できないだろう。草食動物は完全に草に従う。しかし、ここに一つの傾向、本能（*Trieb*）を付け加える必要がある。それは内部から分割をもたらし、有機体をおのれの湿った内部から脱却させるものである。魅惑を呼び覚ますには、もちろん外的環境が必要だが、しかし傾向性というものは常にそこに、有機体の奥底に潜んで存在している。スピノザの言うコナトゥスとは比較的近いが、より闘争好きで復讐好きである。クモはハエと出会う前から、おのれの獲物の昆虫の大きさにぴったりあった大きさの巣を張りはしまいか？

本能は合目的性に、つまり、本能にとっては見たところ外部であるが実際には身体のなかで感じられる痛みや快感の内在性に則した目的に従う。自分に欠けているはずの対象に機械的に惹かれるというだけではない。ビーバーのダムやクモの戦略が教えてくれるように、自分の環境を変化させて外界を自分の追求する目的へと適応させるよう決心する、というところまで有機体は進むのである。[*14] 念入りにその獲物を選び、それを捕らえ消化のための毒を注ぎ込むことができるようクモの網で追い詰めて、こうして本能によって目的が達成される。しかし、だからこそここで到達された目的とは、本能以外の何ものでもないことになる。あるいは、本能に似たささやかな手管と言ってもいい。それはまた、本当におのれで規定して選んだ対象を追っていくまさにそのとき、ある意味で自分自身の核心に達するのだ、ということをも意味している。ヘーゲルが「おのれの非有機的本性」について、そして欲求の満足すなわち「分裂を打ち消す活動はそれぞれの形態の内部にもまた存在している」[*15] ことについてしばしば力説したのはこれが理由である。

『精神現象学』が示すのは、本能にとって最高の満足が実現されるのは、その選択の根本からして、おのれの目的とするものが他者のもとにあるときにそれを獲得するときであり、ただ「別の自分自身」を捉えることによってのみ、おのれに触れるときである。それは、これ以降は欲望と形容されることになるプロセスに沿ったものだ。「自己意識は別の自己意識においてのみ満足を得る」[*16]。他人に目を向け、そして生きたものであれあるいは欲望によって動かされたものであれ、一つの事物に集中することで、自己意識は一つの対象に出会う。それはおのれの独立性を主張し、外部に目を向け自分自身の目的に向かって自分を開放する力、世界を満たし世界を捉えるだけの力があることを主張し、こうして自己意識に抵抗する対象である。こうすることで、この対象はおのれも別の独立した意識であると示すのである。こうした関係のなかで、別の欲望に出会うことによって「自己意識はその対象の独立性を経験する」。それは動物のあずかり知らぬ闘争、あるいは死を賭した戦略に踏み込まないかぎり「自己意識によって抹消することはできない」[*17]一つの存在である。

蝟牛はもちろん基本的な欲求を感じている。草を食べたい。だから蝟牛は完全に青草に支配されていて、そのためだけに生きる。結果として、その受動的な生き方は事物的なものに留まるのである。自然的対象、すなわち草にがっちりと縛り付けられた自然的生。この終わることのない、いつ果てるとも知れぬ無限の旅路を行く途中で、いつも新しい草むらが現れては飢餓感を呼び覚ますために、この飢餓は満たされることはない。この動物はおのれ自身に触れることもないまま、決して閉じることのないサイクルを描いて同じ草地を進むだろう新たな草食動物を産みおとして死ぬ。周期的に反芻することになる草地のなかでは、絶対におのれを発見することもない。そしてその向こうでは、無限に続く世代交代のなかに、死んだものたちがまた再生していく。それが変わるには、つまりその傾向が完成され、おのれに触れ、そしてその受動性を乗り越えるには、対象があいかわらず自然のものであってはいけない。草のように、ただただ生きているというだけの事物に集中するのではなく、注意をそこからそらして別の欲望に集中する、それが充全に満足するために必要なことなのだと理解しなければならない。それは、草のようにかんたんに摘んだりはできない存在へ目を向ける、より精神的な動物を通じてのみ起きることである。問題なのは自然ではない存在である。緑の葉によって規定されてはいない存在、肉食の存在だ。それは、あのような無限の摂食からは解放された存在なのである。そのために食物から独立した行動ができることを証明するのだ。本能的にしか行動できないような状態からは解放された力を、あるいはコナトゥスを証明すると言ってもいい。このような存在を——つまり、自分と同じようにおのれのうちに否定、つまり自然的所産を否定する、ないしそこから距離をとる能力をもつ別の人間を——欲望することで、意識は自己意識へと変容する。われわれはヘーゲルが言う意味での探求 queste の途上にある。針路と意味、要求と問い、自然的発展とその概念が、この探究において合流するのである。

再認

生の発達がこの段階に達すると、有機体の持つ傾向性が、ここまではそれを延々と追い続けることで満足していた一つの対象に占拠されることはもはやなくなる。同じものをぼんやりと食べ続けることにはもう快感を覚えられないのだ。山と積まれた草も、全部を消化することもできないままではただただげんなりするばかりであるし、似たような子孫を作ったところで、追求する目的は決して満たされることはないし、こんな風に何かを探し何かを食べたところで、決して自分自身に到達することがないのだから！　ヘーゲルは欲望という名を持つこの超克についてわれわれに物語る。そうすることでかれは、繰り返される再生産つまりは本能のサイクルから、いまや人間となったある生物が離脱するそのほとんど神話的な起源にわれわれを位置づける。草むらから草むらへと駆けていくのはもうご免だ。逆におのれを振り返り、自然の原始の呼び声から身を脱して、自分自身の意識となるのだ。ではどうやってそこに到達できたのか？　自然からの離脱、つまり、欲求が欲望に、自然が文化に転換するよう促す、この不死への跳躍を物語ることができるのは、いったいどんな出来事や逸話なのだろう？

　ヘーゲルが生を描いたこの章では、真の意味での人類学的な関心が述べられている。しかしそれを、現実の歴史研究の上に立脚させることはできない、なぜなら、かれが取り組んだエピソードは太古のものだからだ。動物のなかから人間が登場する、それはむしろある種のアレゴリーによって達成される。いまではよく知られるようになった、主人と奴隷の弁証法がそれだ！　そこで扱われているのは、自己意識の考古学である。これは完全に神話、寓話そして始源についての小説によって出来上がっている。人類の幼年期を想起する、かくも昔の、かくも内奥の経験には、そもそもそれ以外どうやってアプローチするというのか？　ヘーゲルがわれわれに語るこの物語を、われわれは丹念に拾っていかねばならない。一躍ヘーゲルの名をあげたのもこの物語だった。アレクサンドル・コジェーヴはこの弁証法を、ラカン、サルトル、クノー、バタイユ、カイヨワほか二十世紀の知識人たちの聴講する講義の中核に据えることになるだろう。そこから受けたインスピレーションが、ほとんど無意識のうちにわれわれのいくつかの考察につながってもいるのだが、しかしわれわれはコジェーヴの注目すべき読解をフォローしていくことはできない。その理由はこれから次第にあきらかになることと思う。というのも、それは現代思想のなかであまりにやっかいな立場に置かれているからだ。*18

　われわれが注意を促したように、ヘーゲルの言う欲望とは欠如や、あるいはコジェーヴがあまりにそちらへと誘導したがった「空虚な渇望」には還元できないだろう。動物は自分の持っていない別のものによって動機づけられ、そのために罠を仕掛けてその本能を満足させ、おのれの傾向に合わせて環境を変化させることもあるかもしれない。欲望はただ貪り食らうことを望む口、存在のなかに開いた虚無だけでできあがっているわけではない。欲望はむしろ、この貪食と、つまり欠如の終わることなき循環、世代 *générations* ——《属》genre——の終わりない継起によっても閉ざすことができないこの循環とは縁が切れているものを規定するのである。属とは、たとえばヒト属というような意味では、ある動物種のうり二つのよく似た個体が時間の流れのなかで無限に継続していくことを指している。[*19] この同一存在たちは、めいめいが自分でやったことをきちんと片付けるでもなく、それぞれがまたゼロからやり直すわけだから、その鳴き声によってはいかなる歴史も、いかなる生成も考えることはできない。自分自身の飢餓について自分の子孫に何かを伝えるわけもない。自分自身のなかで属全体に生成する、存在するものたちの世代をまるごと自分のなかに反映させる、自分自身に満ち足りて自分は絶対者なのだと自己定義する、こういったことはみな、意識の果たすべき役割だからである。

　自分の子孫が営々と続くことによってではなく、むしろ自分のなかで自己実現するこのやり方は、次のことを意味している。まず欠如とは手が切れていること、そして、欲望が高まっていることである。この自己実現は、ただおのれを振り返ることによってのみ達成される。たとえばナメクジは、いつも同じようなやり方で増殖し、いつも同じような外向きの貪欲な情熱に突き動かされて、サラダ菜に虫食いの穴を空けるが、そういうことで自己実現が達成されるわけもないのだ。しかし属を、つまり《絶対者》をおのれのうちに体現したいという個体のエピソードが実現可能だとしたらそれはおそらく、ただ他者と出会い、そしてそれを抹消したいという欲望に出会ったときだけだろう。他者のもとで意識は抵抗を、つまり易々と食べられはしまいとする力を経験するはめになろう。それぞれの意識は、反芻の無際限のサイクルに入るのではなく、まずおのれ自身を振り返るものであり、だがそのためには、他者たちによって自分は属の全体なのだと再認してもらわねばならない。そのためには、いかなる動物も共食いと規定されるかたちで同族を殺しはしないという種の保存本能をも逸脱する覚悟がある。

　別の自己意識が目の前にあるからといって、必然的にわたしの意識が再認されるとは限らない。わたしの意識が生から切り離されたと思い込んで、自分のコナトゥスへと振り返ったその瞬間においてさえ、じつはわたしの意識は生という匿名の存在に沈められたままであるかもしれないからだ。他人とは全能であり、だからわたしのなかにそんな実存（*ek/sistere*）の力があることを、自己の外におのれを置く力があることを、つまり生殖、同一物の反復、反芻といった地獄のようなサイクルを回避した個体であることを見ようとはしない。他人はわたしのことを、まずは自分が享受できるたくさんの事物のなかの一つの事物、家畜のように、自分の支配力を行使できる生きた対象だと感じ取る。逆もまたまったく然り。だから互いを再認しない二つの意識のあいだにはライバル関係が成立する。

　それゆえ、それぞれの意識にとって必要なのは、他方の意識が外からおのれのことを、おのれの内部に留まった、自分ひとりで一つの属に、無限の欲望になっているものと感じていることなのである。というのも、「それぞれの意識ははっきりと自己を確信しているとはいえ、他者についてはそうではなく、だからこそ自分だけの自己確信はまだ真理ではないのである」[*20]。こうして再認と威信を賭けた闘争が開始される。その終わりには「両極は相互に他方を再認するものとして再認し合う」[*21]。しかし、血なまぐさい対立やライバル関係抜きにそこに到達するわけではない。だがそのさなかで、人間は一匹の動物であることをやめ、ほんとうの意味で人間へと生成し、社会的文化的プロセスへと参加することになる。それこそがこの瞬間から、《精神》の最初のかたちの一つを形成するのである。このとき精神は、ほとんど無意識のうちにおのれ自身のもとで覚醒し、芽生え始めている。こうした変容のなかでは、殺人という観念、ないしは原初の犯罪という観念が彷徨している……。

死を賭した闘争

これ以降、自己意識にとってはもう一つ別の自己意識が自分の外に位置していることになる。自己意識はその中に映るおのれを見つめる……そして同時に迷う！　この逆説的な同一化の複雑さのすべてを、ヘーゲルは濃厚な密度で詳細に描き出す。体系的な説明になっているかどうかは気にもとめない。それを理解するのも、どう操るのかも読者の仕事なら、いつも通りほのめかすような、かと思えばいきなり暴露するような突然の定式が登場する、そんな文学的スタイルで書かれた著者の打ち明けばなしを再構築するのも読者の仕事だ。

この運動のいっさいはこう理解されるだろう。すなわち、個体の同一性は他者への同一化を経由する、と。しかし、同一化する、ということ自体がそもそも同一であることを欲すること、他者と同じであることを欲することではあるまいか？　犯罪計画抜きでは、同一化がうまくいくわけがない。つまり他人の位置に自分の身を置いてみて、そうしてそれが他者としては否定され、抹消されるようにする、そんな戦略抜きではうまくいかないのだ……。同一であること、それは自分の占める場所を欲しがることなしには考えられない。自分が自分になりつつも、同時に自分がなったものの意味が突然失われてしまう、そういうことなしにも考えられない……。だから意識は必然的に「自己自身を失う、なぜなら自分を別の自己意識として発見するからである」。しかしまた「同じように他者も廃棄される。なぜなら［…］意識はおのれを他者のなかに見出すからである」[*55]。

ヘーゲルが明らかにしたこの同一化の葛藤は、はるかのちにフロイトが『トーテムとタブー』のなかでテーマ化することになる父との関係において大きな成果を上げることになる。ヘーゲルはこの時点ですでに、ドストエフスキーが『カラマーゾフの兄弟』や『分身』で展開するドラマトゥルギーの重要なルーツを作り上げていたのである。こうした同一性の探究が――他者の抹消と統合のなかに――隠し持っているもの、それは必然的に根底的な暴力という特徴を持つはずである。ヘーゲルはそれを鮮やかに上演してみせる。『現象学』のなかでのこの同一化の解決は、われわれにはフロイトの《父》の殺害よりもさらに示唆に富むものと思われるし、神学校で神学を勉強したヘーゲルのプロテスタント文化とも実によく釣り合っている。それが、心理分析に特化しすぎた枠組をあちこちで逸脱する、歴史的プロセスを引き起こすのである。

次の一説を取り上げよう。「一人の個体が［…］別の個体の前に現れる」。それは「自律的な人物像であり、人格である」が、いまだおのれの動物性、すなわち無媒介にいまここにあることを脱却してはいないし、「両者ともに対自存在として、つまり自己意識としておのれを示すには至らない」[*23]。それぞれは自分自身の自己確信のもとに自己を措定しており、他人を他我として再認することはない。既存の社会性という枠内に元の木阿弥に戻ってしまったら、この二つの個体がどうやって出会い、競うことになるのか？　両者はどんなひけらかしを見せてくれるのか？　他人に対して「ある決まったかたちでいまここにあることになぞ、なんら執着していない［…］、生に執着していない」[*24]ことを、つまりは生き延びることよりもむしろ威信を選ぶのだということを見せつけてやってはいけないのか？　敵を威嚇するために毛を逆立ててどう猛さを見せつける動物とはもはや言えないだろうが、しかし最悪の事態の到来さえ気にもとめないように装って、言ってみれば虚勢を張って、おおっぴらに優位を見せつけるようなところは変わっていないというわけだ。最悪の事態、それは死だ！　生に執着していないことを見せつけること、それは、おそらくとことんまでやる準備はできている、つまり、その本性すなわち自己保存本能を否定する気でいる、ということを意味している。ヘーゲルが「それぞれは他者の死を目指す」が、そこには「自分自身の生をも賭ける」ことも含まれていると認めるときに言わんとしていたのはそのことである。

「属の全体」を我が身に体現するために自分の実存を賭ける、そのために自分の生を賭け、そしてそれを失う危険にさらす。こういうひけらかしからして、動物にはもう無理である。動物の特徴は死を回避することにある。どんな獣も同族と、同じ種の個体と仲間割れはしない。そうでなければ、太古の先史時代に、もしかするとその種が発生したその時点で、たがいに殺し合って滅びてしまっていたろう。ゴケグモはパートナーを殺す、というのがもし本当だとしても、それは自分たちの遺伝子を数多くの子孫たちのうちに純粋に保つためである。そのために、混じりけのない遺伝子情報の独占を確保するのだ。だからこそ、一度つがいになれば、雄は将来の交配の妨げとなる交雑にはもはや関心を持とうとしない。

種の保存が配慮されていることがここからも分かるだろう。属を否定するなどということは、獣の側からは行われない。生物としての行動に支配されている領域では、犯罪は存在しない。アベルの死を欲望したのはほかの誰でもなくカインでなければならないのである〔アベルとカイン：アダムとイヴの息子。嫉妬により兄カインが弟アベルを殺害する。〕。このとき、かれは種の保存法則を逸脱したのだから。カインは自分の弟に、われこそが「属」のすべてであると見せつける。自分自身のなかに人間のすべてが集約されていると見せつける。そうして絶対者の印をみずからに与えようとしたのだ。だがそのことで、かれは完全な同一性を持つものとして神に再認されてしまう！　アブラハムは自分の子どもを犠牲にすることで、この物語を再演する。罪と罰はすべての文化の基礎にある。しかし、それには条件がある。殺すのは待たねばならないのだ。アブラハムの振り下ろそうとした刃が、狂気の神、過剰な神の愛によって概念へと吸収されたように。

とことんまでやる、そのことでわれわれは生を断念するような対立へと足を踏み入れる。それは存在を脅かすものである。面目を失うだとか、再認を求める猛々しい威信争いから身を引くぐらいではすまないのだ。おのれの生、おのれと他人の自然的存在を危険にさらすこと、それによって動物には不可能な二重の逸脱が実現される。無慈悲な死を賭した闘争のさなかで完全に自己保存本能を無視することが一つ目の逸脱、同胞殺しは種全体を犠牲にすることにつながるが故に人間という属の将来に背くことが二つ目の逸脱である。ここから、「二つの自己意識は［…］死を賭した闘争によって［…］自分自身の証しを立てるのである。［…］生を賭すことによってのみ、次のことが確かめられ、明らかになる。すなわち、自己意識の本質は存在ではなく、また自己意識が登場してくるその無媒介なやり方でもなく、生の広がりのなかに飲み込まれてしまうということでもない。失われていくはかない契機でないものは何一つ自己意識には与えられない、自己意識とは純粋な対自存在に過ぎない、という事実なのだ。おのれの生を賭そうとしない個体は、しかしながら人格としては再認される。だが、独立した自己意識として再認されるという、この再認の真理に到達することはない」[*25]。

不安

この死を賭した闘争のあとにすべきことがある。それは、いまここにあるものが消滅するというのは、すなわちそこで戦っている両者が抹殺されるという意味だ、とはならないようにすることである。そのためにも、アブラハムがかれの息子の前でとった行動にならって、命にかかわる解決策は抑制され、中断され、別のプロセスに統合されねばならない。それはより概念的なプロセスであり、山羊を犠牲に捧げるとか、動物を媒介にすることで迂回されるようなものだ。ヘーゲルが上演するこの出会いの情景の場合で言えばこうなる。まずそれぞれが属のすべてを体現しようとし、犯罪や自殺によって自然を否定してそこから離脱する存在を生み出すこの絶対的欲望の威信を独り占めしようとする。両者がともにとことんまで行き、おのれの生の行く末を軽視してそれを失いかねないところまで至ったとしても、それはしかしながら戦いの効果的な解決策ではない。この対立には必然的に不均等な点があり、それゆえ再認の欲望は両者のあいだで同じ強度を持つわけではない。二人の登場人物のうちの一方が、臨界点に達したところで恐怖し妥協してしまうこともあろう。だからこそ、闘争という局面で、そして「この経験のなかで、かれは自分にとって生は純粋な自己意識と同じくらいの本質的重要性をもっている、という自己意識に到達する[*26]」。

ここでいう生の本質的重要性は、対立する両者に現れるわけではない。もっとも弱い、そしておそらくはもっとも賢い対立相手のもとにのみ現れる。かれは死に焦点を当て、自分も死ぬかもしれないと感じる。賭けにおいては、自分がなくす可能性があるものすべてを把握できている必要がある。この生をひとあたり確認しておく必要もある。なにせ突然重要なものとして現れてくることもあるかもしれないのだ。なんといっても、長続きしないものだけが価値を持ちうるのだから。生はわれわれのもとを離れるその時にその本質的重要性を劇的に表現する。もう一方の相手は、その力を確信しているが故に、おそらくはこのような仮説を構想することもなく、気力を失うこともありえないだろう。死は自分のためのものではない。他人のところだけに訪れる。自分の決断にも、力能にも確信を持ち、威信の欲望に酔っているがゆえに、かれは次に訪れる自分の死の可能性をきちんと意識しない。逆に、もっとも弱いものはこの仮説の前に足を止め、終わりを迎えるという不安に苛まれ、それがいままさに永遠に中断されるかもしれないというその瞬間に生のもつ価値を計り、いまここにあることの価値を計るのである。

死を前にした不安は生を取り戻したような感覚を引き起こす。死によって実現されるものの重みがきちんと理解されると、死は一つの絶対者のように受け止められる。「この意識はたしかに、あれこれの事物に対してではなく、どれそれの瞬間に対してでもなく、その本質全体に対する恐怖を抱く。というのも、意識は死の恐怖、絶対的主人の恐怖を感じるからである。意識はそれを前にして内側から崩壊し、この戦慄が内部を駆け巡る。自分のなかでは固定されていたものが揺らぎ始める[*27]」。死ぬかもしれないという恐怖のなかで、生はますます軽くなり、気にもとめられなくなる。死への恐怖は恐ろしいものとして、一つの絶対者として、つまりそれが不在であるかもしれないことを予期するだけで大きな振幅が引き起こされるような全体性として姿を現す。

人間という動物はおのれの永遠を確信して生きている。人間にとっては、事物はまだ固定されているのだ！　自分がどうやって生まれたのかも知らなかったし、自分の死を見抜くこともできない。自分の生まれた情景に立ち会ったこともなければ、自分の死の喪に服したこともないからだ。どうやってこの世に生まれ落ちたかを思い出すことも、どうやって退場するのか予期することもできない。死という出来事は、すべてを揺り動かす戦慄のなかでのみ生じる。死という出来事によってわれわれは、何一つ同じままに留まるものはないことを、すべてが動揺し、震えることを見せつけられる。それが、われわれに死の侵入を見せつけられ、不安に駆られたときに起こることなのだ。もはや存在しない、という恐怖によってのみ、自分が捨て去られてしまうという予見によってのみ、われわれはいまここにあることを棚上げにしてしまう世界に足を踏み入れる。一つの境界線にまでたどり着くと言ってもいい。われわれはそれを、ただ外から思い描くことしかできないが、しかしこの先そしてこのあとについての想像は後から後からあふれ出る。

この「もうこれ以上は絶対に！」を前にしたいちばん頭の切れる個体は、その弱さの故に推論を続け、そして理解する。自分にとって生は死より貴重なのだ。この意味で、自己意識についての、あるいは真の意味で存在しているとはどういうことなのかについての正確な基準は、突然暴力的に恐怖や戦慄を感じ、敵を消滅させるより敵に消滅させられることの恐怖を感じたがゆえに尻込みし屈服した者の手に委ねられることになる。しかし、弱さあるいは欠陥のなかには洞察力への兆し、概念への通路が隠れている。いろいろなことに屈服してきたかもしれないが、しかしそのどれよりも死こそが、かれにとっての絶対的主人なのである。だからかれは、対決して死ぬよりもむしろ相手を上位者として再認することを受け入れることになろう。全身を駆け巡る戦慄に屈したかれは、こうして隷従を受け入れる。従僕になる。他方、死の怖れにおののくことなく、不安よりも——たぶんそのバカさ加減のおかげで！——強いことを証明した他者が無条件かつ強引に主人になるのである。

主人と従僕

主人は死を怖れなかった。明晰な自覚をもって死の前に堂々と立ちふさがった。その自覚が曇らされるとしたら、それはただ自律した者として、自分の独立に絶対的な価値を感じる者として再認されたという威信のせいだ。おれのが「属」のすべてを体現する者である以上、果実集めや毎日の草刈りにせいをだすことなど問題外である。かれはこうして対自的に自分に向き合っていまここにある者となる。他方で奴隷は主人の権威に全面的に依存するようになる。しかしそれだけではない！　たしかに生き延び、飯を食わねばならないが、しかしその上に、いまここにある自分を賭ける心構えがあるからという理由で、自分の征服した自然になどもはや関わろうとせず本能にしたがって行動する人間を養ってやらねばならないのだ。命をなくすことを望まなかった奴隷は逆に、実体のある事物への依存関係を保つことになる。それを即自と言ってもいい。奴隷はこのように、耕し養うといったかたちでそれと関係する。奴隷はいまや自然に——奴隷はそれを前にして分離不安を感じるのだが——働きかける義務を担う。「従僕を拘束するのはまさにそれである。奴隷は自分を縛る鎖を戦いによって抽象化することができず、そのことでおのれが自律していないことを、あるいは事物に対してのみ自律していることをさらけ出してしまったのである」[*28]。

死への恐怖、生への執着、そのせいでもっとも弱い者たちは、自然から十分に分離できない。それを手放し、殺し、廃棄することを望まないのだ。かれは事物に依存し、そして一生懸命それに奉仕することを受け入れる。生を守るために労働せねばならない奴隷になる。それで、かれ自身もまた事物のうちの一つでしかないかのように扱われることになる。主人はといえば、即自、つまり今は奴隷が手を加え自分に提供する自然からは解放されて、もうそこには直接関わりをもち続けようとしない。主人は消費し、消尽する。欲望がそれと望むなら世界をまるごと飲み込めそうな勢いである。おのれの欲するものを得るために身を粉にして働く必要も無い！　奴隷の仲介のおかげで、事物はちょっと指で合図してやりさえすればおのれの享楽にしたがうのだから。これらの事物は自然のものではない。奴隷の仲介によって加工され、その過酷な労働によって主人の欲望に叶うようになったものだからである。

主人と世界のあいだで、奴隷は事物が事物であることを曖昧にし、生々しい部分を切り落とすスクリーンのようなものとして登場する。それゆえ、主人は最終的にはその欲望を満足させることができ、次第に非自然的な生産品に心惹かれていく。同時に、こうして自分が妊娠や成長といったサイクルからも独立していることに気づくようになる。「主人は従僕の仲介によって、事物とは間接的な関係に入る［…］。そこを通じて主人の手元に届けられるのは［…］、純粋否定としての無媒介な関係である」[*29]ということが、こうして理解される。主人は奴隷の苦役によって媒介された対象を受け取るが、指を鳴らすだけで得られたその享楽は無媒介である。奴隷の生産の行われる条件などほとんど重要ではない。一瞬の遅滞も許さない直接的な満足に任せて、事物を否定することも貪ることも消尽することもできるのだ。主人がここで手に入れるのが「享楽である。欲望は享楽にたどり着くことができないが、その享楽は主人の手の内にある。つまり、欲望に打ち勝って、享楽に満たされるのである」[*30]。

自然のサイクルに依存する欲求は、奴隷の先見の明のおかげでたとえ困難な条件下でも入手可能な生産物がもつような独立性を得られない。再生してはまた消える草むらの草をすべて消費することは、欲求には無理だ。どの個体も、他の個体が残しておいた草むらで同じように消化を続ける、そんな世代がどれだけ続いても、それは可能にはならない。しかし主人の姿を身にまとうことで、「属」の全体となり、犯罪を通じて動物から脱した人間には、そこにあるものを否定するという企てをとことんまでやることが可能である。もうその関わりにとらわれてはいないのだ。夏だろうが冬だろうが、自分の望むとおりの自然を上演させることができるのである。目の前にある、抽象という器に入れられた果実はすぐに享受する。主人の欲望に即座に対応して、生産品としてそれを用意したのは従僕だ。主人は自然に対しては自律的になったとはいえ、その犯罪的本質にもかかわらずいくぶんは動物のままであることがわかる。それはまず主人が死の恐怖を、そのために誰もがおのれを振り返る最高の不安を知らないからである！　ついで、主人はまるで動物のように、獲物にやみくもに飛びかかっては、待つことも拘束されることもなくそれを貪るがゆえに、享受者に留まっているからだ。

動物は待つことができず、激しく食い尽くす。生き延びるために駆り立てられたように急いで飲み込む。この性質の特徴は、激しやすい主人の態度にも見て取れる。逆に、生を失う恐怖によって死の戦慄におののいた奴隷は、自然に働きかけ、それを保存することを学ぶ。働きかけるとは、生産したものを消費するのではなく、他者のために働くということである。だからそれには手を付けない。すべてが主人のためだからである。従僕は待つことができる。自分の欲求を先延ばしにすることができる。麦は貪るのではなく植える。自分の保存本能は一時中断するので、大地の産出物にやみくもに飛びついたりしない。

成熟が必要であったことが明らかになる。成熟とは「労働」である。しかし、それは自分のためだけに行われるものではない。収穫の一部は他者のためのものである。保存してまた植えねばならない種籾については言うまでもない。そのことは外部に可視化される。つまり、質料のなかに突如出現した意識の内面性を現実に作用しているものへと変える、たとえば農園のような整備された光景を通じて可視化される。手作業を通じて形成された事物が持つ恒久性のなかにおのれ自身を見て取ることも、ここから可能になる。こうした特徴のすべてからも、奴隷は主人以上とは言わずとも、同等の人間性を獲得していることになる。主人の一部分は、いまだに動物的な満足特有の切迫感に浸されているからだ。そのことがあらわになるのは、欲求や本能の専制を抑圧したときである。あるいはかれの欲動の命じる要求を遅らせることで、自然とは違う領域に合わせて、たとえば至高の目的を追求したり人間に特徴的な心的システムを改変したりすることで、その欲動を再編した時である。こうして、「従僕の隷従は、それが完璧なものになった暁には、無媒介な状態での隷従とは正反対のものになるだろう。隷従は、抑圧された自己意識としてみずからに収まり、真の自律性へと転化するだろう」[*31]。

主人はすべての果実を味わう根っからの享受者という動物であり続け、他方で奴隷は大地からの生産品に日も夜もなく身を捧げて働いているが故に、自らを教育し、おのれの本能に出口を与える。それは無媒介とは言えない。むしろ長い経路を、つまり養成のための配置転換を示すものである。「労働は抑制された欲望であり、食い止められた浪費である。つまり、労働は形成するのである」[*32]。労働、主人、直接的享受者らは、これらに含まれるこの形成プロセスについて、それと悟らぬままそれに依存している！　主人は生き延びることで怠け者になり、事物と直に関わることができなくなった。それで、自分よりはるかに訓練された奴隷を必要とするようになった。ある意味で主人は奴隷の奴隷である。それはあたかも、活動をやめた以上は奴隷の労働なしにはもはや生き延びることもできない、ということを再認せねばならなくなったかのようである。マルクスも弁証法という言葉によって同じようにそれを理解した。かれの手によって、プロレタリアは現実に生産諸手段を支配するものに変わり、他方でブルジョワの主人は、もはや無益な寄生虫に過ぎないものとなった。だからその失墜は間近に迫っている、かれが体現している犯罪を終わりにしよう、というわけだ。だがヘーゲルのなかでは王の斬首によってすでに明らかにされていたこの失墜は、自分の生を不可能にしている主人の足下で隷従を受け入れている人間にはまだ本当のこととは思われない。ある他者に服従している個体にとっての唯一の逃げ道、唯一の反撃はまずは思惟なのである。ヘーゲルは人類の歴史のなかにそれを、ストア派という名のもとに垣間見る。

ストア派

ヘーゲルがシェリング、ヘルダーリンとともに神学校で神学を学んでいた頃、フランスでは王が死ぬ。フランス革命を祝うべくかれらが自由の木を植えた、という逸話はよく知られている。だが、王の死を前にしたこのお祭り騒ぎの反抗は、奴隷の精神状態にはまだまだ連結していかない！　死の恐怖を前に、主人と再認されたより強い権威への服従を選び、かれのために辛い奉仕に耐えている者たちにとっては、それはまだ無理に思えるのだ。現実の《歴史》上の事件の結末を通じて実現された王の死と奴隷の勝利が明らかになったのは、ただわれわれにとって、つまり、世界のページがめくられたことを目撃した『現象学』の読者にとってだけだ。もし逆に、服従する瞬間の奴隷の精神状態とおぼしきものを、なんとかかれの実際の状況を探りつつ遡ってみれば、われわれは奴隷の哲学者エピクテトゥスをつきとめることになるはずである。反抗するストア派と呼ばれる、この思惟の特殊な態度を扱う際、ヘーゲルもまた同じようにそうしたのであった。

『現象学』を読むには二つのレベルがある。第一のレベルは、本来の位置 *in situ* にある意識の経験に関係する。つまり、本当に現実生活で問題に直面したときのように、ある出来事に直面した際、どうやってそれに耐えよう、あるいは対決しよう、などと考える精神や考え方の状態が問題とされる。だが、十九世紀から過去を振り返り、長期的な目で見たその帰結や、あるいはそれが普遍的な配置図のどこに位置づけられるかといったことに合わせてそれを解釈する、哲学者の溯及的なレベルというものもまた存在する。こちらのレベルでは、われわれヘーゲル読者はかれの分析にすっかり首根っこを押さえられ、かれのお供をする羽目になるわけだ。それを支えるのは、日々の生活で日々新たな現実と直面する意識では持ち得ない、一つの知の総体である。骨の折れる仕事に縛り付けられ、厳しい隷従の規則、それに大地の事物に押さえつけられていた奴隷が、どうやって自分の状況を思い描くことができたのか？　有機体としての身体がこのように労働へと疎外されたがゆえに、精神がよりいっそうの自由を感じることのできる領域が解き放たれたのではなかろうか？

奴隷は対象を形成し現実を作り上げる必要に囚われているせいで、それが自分の作品であることをはじめは理解しない。おのれの思惟の内部にある形が、石に刻まれ、実際の建築物に記されていることに気づかないのだ。むしろ他のところで自分を実現しようと、別の領域に自分が持っている自由を現実に作動させてみる。かれは世の流れを回避するが、それは世の流れなぞ自分にはどうにもならない、自分の実際の活動ではどうすることもできない、と感じるからだ。そして本当に自分の権力下にあるもの、つまり精神の諸事物を顧みる。「思惟においてわたしは自由である、というのは、わたしは他人のなかにいない、端的に自分の元に留まっているからだ［…］そして概念のなかでのわたしの運動はわたし自身の運動である」[*33]。独立への回帰！　ここにあるのは労働の働きかけを被る事物に取り囲まれながら実践された運動ではなく、全面的にわれわれに依存した運動、歴史においてはストア派的姿勢として登場する複雑な内面化なのである。

ストア派的意識はおのれの内面の宇宙に完全に飲み込まれているがゆえに、自分の労働がものをかたちづくるちからをもったものであることに気づかない。現実をつかみ取り、おのれの触れるものすべてにおのれの思惟の刻印を打ちつけることで、自分の計画の理想通りにそれらを編成しようとするおのれの意志の外在化されたかたちとなっていることに気づかない。かれの本質的な志向は世界を本当に変えることにあるわけではない。いやいやながらそこにはまり込んでしまったのである。おのれの作品群の豊かさを再認することもなければ、「従僕としてのおのれの真理［…］」を経験することもなく、「いまここにあるものとして運動することから［…］思惟の純粋な本質性へと」身を引くことで、「玉座にあっても鎖につながれていても自由であることを［求める］」[*34]。

自己のエネルギーをこのように自己自身へと内面化し、抑圧することなしには、「思惟に至るまでの、ものをかたちづくる活動を行うことは」人間にとっていっさい不可能だったろう、ということは十分に知っておくべきだ。このことが大きな進展を見るのはニーチェを待たねばならない。ニーチェもまた同様に禁止なるものと向き合うことで、規則に縛られた厳しい奉仕や、奴隷の務めという烙印によって課された障害を突き止めたのだ。ヘーゲルは事物に押しつけられた形態に注意を払うより、むしろこの「自己への回帰」という活動が「事物の持つ自律性から撤退しておのれ自身と回帰することである」[*35]とくり返し強調するからである。ストア派のこのゆるやかな内面化のプロセスの一段と悪化したものを、ニーチェはキリスト教の歴史のなかに探すことになる。その歴史がもたらした抑圧は、さらにたくさんの（フロイトが言うような意味での）幻想の未来を育むことになる。この世界にあることに心から満足できないがゆえに、欲望はこれまでにない道を切り開き、一つの出口にたどり着く。しかし、その出口は位置がずれており、その目的は当初自然によってもたらされた目的とは変わってしまう。ニーチェはそれを認識していた。「欲望はある意味で秘密裏の満足を、新たに探し求めねばならなかった。外に向かって解放されない本能は、ことごとく内部に向きを変える――わたしが人間の内面化と呼ぶのはこのことである。はるか後年、ひとが「魂」と呼ぶことになるものの起源がここにある。この内部の世界のすべては、はじめは骨と皮ばかりのみすぼらしいものだったが、人間が外部へ解放されることのないよう妨害すればするだけ、深さと広さそして高さを獲得して広がり、巨大化する」[*36]。このリズムが鼓動しはじめれば、いかなる本能も、本来はおのれのものだった解決策によっておのれを解放したりはしなくなる。そうではなく、自己へと回帰し、より複雑な表現形態へとゆっくりと道を切り開いていくのである。奴隷の目には無意識的とも映るこの回帰なしには、つまり、副次的な目的や昇華の実現に気づくことで、巨大化する一方の内面性の迷宮へと欲望が逆流するのでなければ、意識は決して自己意識になり得なかったろう。ヘーゲルはきわめて厳格にこの内面化の歴史をたどる。そこにはさまざまな困難と、まずは懐疑論、ついで不幸な意識という名で結びつけられた諸々の病理とが伴っている。

懐疑論

自己に集中し、どうでもいいと思えた現実の状況からおのれを切り離すストア派が、懐疑論へと通じることになんの不思議もない。マルクス・アウレリウスのように玉座にあったストア派にとっても、あるいはエピクテトスのように奴隷の鎖につながれていたストア派にとっても、大事なのは実際の出来事を否定することでおのれに内面の自由があることを再認することだった。そこでは、出来事はもはやわれわれに影響を及ぼすことも、傷つけることもない。内面の砦に立てこもることで、われわれはいかなる運命の打撃にも無感覚になれるのだ。

この現実否定の試みが懐疑的態度にまで嵩じていく。ストア派的な隠遁においては、自然と精神が切り離され、この分離や分裂には乗り越えがたい裂け目があると説かれており、ただ賢者が超然ないし無関心（*apathéia*）によって築いた内面の砦だけが重要なのだとされている。懐疑論はこのような留保から一歩踏み出し、こんな身の守りは捨てて、積極的にほかをけなしにかかる。現実をひどくシニカルに、というのがそのやり口だ。自然的犯罪——身体を殺すこと——から、今度は思惟を道具にした犯罪に至るわけだ。仮に、出来事は主人の手のうちにあって、われわれの思いのままにはならなかったとすると、それらの出来事をどう評価するというのか？　そしてどんな意味をそこに与えるというのか？　結局遠く隔たった、幻のようなものではないのか？　だとしたら、なんでも笑いや怒り、それも「そのさまざまに多様な規定によって世界の事物を無に等しいものにすることで、思惟は確証された思惟となる」*[37]と思い込むまるで思春期のような怒りに解消してしまうべき時ではないのか？　われわれでは出来事を変えられはしないということ、それが意味するのは、そうした出来事は非本質的で気まぐれであり、かつまたきちんとした一貫性をまったく持っていないということではなかろうか？　問題なのは「事物がさまざまな形で独立していることに対抗する論争的態度」である。最終的には価値のあるものなど何もないのだ！　懐疑論者は虚無から崇拝の対象を作りだし存在を浸食して、最終的に後に残るのはおのれのむなしい破壊工作、つまり否定性だけにしてしまう。そこから身を離し、もう自分を傷つけることもない出来事にストア派らしい無関心を続けるのではなく、逆にただ一つの確信、おのれだけの確信によってそうした出来事を無に等しいものに変えるのが懐疑主義者である。「全ての規定は否定である」！

あらゆる規定、もっとも堅く固定された事物のいっさいは変容の末の産物でしかなく、むしろ否定することさえできるものである。それらは否定が形を変えて繰り広げられる劇場なのだ。哲学していますとでもいうかのようなソフィスト的嘲笑に姿を変えた否定である。こうしてひとは、「見て取り聞き分けることのむなしさを口にする」、そんな意識と関わりを持つ。ここには、腹の底ではもう何も信じていない人間、世界を抹消し、無の崇拝に絡め取られた人間がいる。おそらく、かれが身にまとっているのはニーチェが後年その害毒を発見することになるニヒリズムの最初の姿なのである。弁証法が剝き出しの状態で機能する時にあらわになるこの破壊衝動を前に、すべてが溶解していく。このような否定への固執や破壊の喜びの裏で、永遠たらんと欲するものが抱いていた安定性や不動性に対する自負がどれもこれもあからさまに解体していくのが見える。絶対に確実だと思われていた信念が一つひとつ疑念と不信にぼやけていく。この姿勢はショーペンハウアーによってその頂点に達することになろう。かれは存在に固執しいまここにあることに絡め取られた人間が抱く幻影を批判した。人間はこうして、真理のヴェールを紡いですべての犯罪計画の底にある無を隠してしまうというのだ。[*38]

すべてはむなしいことがわかる。有限なものは有限でしかなく、おのれ自身を享受し、そして冷酷なイロニーによる破壊を享受する意識によって容赦なく駆り立てられている。この解体の喜びのなかで、自己意識は全能を自認するのだ。そして憑かれたようにあらゆる規定を打ち破り否定しようとする。この否定の幸福、破壊の享楽は長続きしない。空虚な時期がふたたび懐疑的な態度に取りついて、自我それ自体のむなしさを見せつけに来るからだ。十九世紀を動かした明晰な意識を経験したわれわれには、このような懐疑主義の支配は当然のものと思われる。あらゆるかたちの存在を無に等しいものに変えることでしか続かないのだ。しかし、この馬鹿騒ぎのはてに、意識はおのれが無一文であることに気づく。意識とは、ゾラが理解したように、おのれの生きる術や存在条件であると見て取った鉱脈へと飛びかかることで自分を無くしていく運動以外のなにものでもないのだ。こうして、「この意識は自己自身に等しい意識ではなく、つまるところはもつれにもつれた偶然、めまいのするような混乱の連続以外のなにものでもない」[*39]。これが不幸な意識の始まりである。その歴史は長く、その悪しき果実としての到達点が現代なのだ。

不幸な意識

ストア派によって、意識は自己への回帰を経験する。ストア派の賢者はおのれが支配する領域内に立てこもる。世界から逃避し、おのれの内面のやすらぎへ逃げ場を求める。おのれの身の丈にあった瞑想に楽しみを見出す。金持ちになる夢を制御することにエネルギーを割くことなどお断りである。ストア派が確固たる意識を持っているのはおのれのことについてだけである。懐疑論は逆に、このような自信を失い、自己自身の真理を疑うに至る。自我も世界も、そして倦むことのない批判も、本当の意味で安定性をもたらしてはくれない。不幸な意識は、最初はこの二つの否定的な契機が悪化し劇化することを意味していた。われわれは世界に適応することはできず、ただその運命を甘受する。たとえそれが尊厳に満ちた死であっても、だ。だがそれは、われわれはおのれの願望のために現実から距離をとるということと、そしてその現実とわれわれとを分かつ埋めがたい距離があるということを、同時に表現している。同様に、ストア派が内面の砦に満足していたのとは違い、不幸な意識は漂流する世界を検証し、われわれがそれを再び手中に収めることは不可能であることも確かめる。われわれはこの大地に、よそ者として生きているのだ！　同時にみずからの支配者と想定されていた自我の側についても、懐疑主義は、われわれが無に等しいことを指摘することで、自分に抱いていた幻想をも失わせる。そのことでまた、思惟について思惟しうるという、思惟の統一性を象徴する《神》との対話者という幻想も失われる。

不幸な意識は二重の失敗、すなわち一方では世界を回避するストア派の失敗、他方では自己を回避し《神》に捨てられる懐疑主義の失敗という経験を具体化する。このような矛盾はユダヤ・キリスト教的態度に見出される。ヘーゲルはニーチェにはるか先駆けて、それを内面化しようと試みた。この二重の関係において、おのれが振り返らんとしたその場所のなかでは「生き、いまここにあり、そして活動する意識とは、このようにいまここにあることや活動することから引き起こされる痛み以外のものではない。というのも、このとき意識がおのれの本質として持っているのは、自分の反対物の意識、そして自分自身の無の意識でしかないからだ[*40]」。このとき、われわれの本質はどうしようもないはどに信頼できないものになり、きちんとしたかたちでわれわれの前に姿を現すことなど絶対になくなってしまう。世界はその姿を消し、自我は不確実なものの集合へ分裂する。こうしてすべては単発的で過渡的にすぎないものとなり、いつもわれわれの手をすり抜けてしまう、そんな不幸に陥る。われわれは遺棄され、放棄され彷徨する者と成り下がり、こうして道に迷う。それはちょうど、ユダヤの民が神々に捨てられた世界をノマド化したようなものだ。

こんな風に身捨てられ無に等しいものにされる、その歴史は確かにユダヤ教によって始まった。ジャン・ヴァールの言葉を借りれば、それは「逆転されたストア派[*41]」なのである。自我は逃げ込む先、堅固な壁として現れることはない。ストア派がおのれに与えたものをすべて神に与えてしまったので、むしろ自我には亀裂が入り、潰れてしまう。こころのうちでさえ自我はまだ内面化された、しかし奴隷の願いは完全にねじ曲げてしまう主人としての《神》の奴隷である。ユダヤ教では人間の本質をいまここにある人間の外に措定する傾向が終始見られるようになり、その分だけユダヤの《神》は遠く、近づきがたく、超越的で、絶対の内面的愛を捧げる者にさえ到達できないものとなることが、ここで理解される。

意識の不幸は当初、この超越性のなかに芽生えた。失望した意識はこの超越性を通じておのれを無にし、おのれを越えた不動の存在のためにへつらうようになる。おのれを無に帰すこととは、苦痛にも似た重圧である。この点で言えば、キリスト教は迷える人間と隠れたる神との二重の回り道のなかの休憩地点である。神はおのれの本質を失う苦痛とともに自然からその身を引いたが、この世界で過越の子羊を食する欲望という形でその隠遁を埋め合わせ取り戻すことができると、キリスト教は依然確信している。しかし、この欠如に対する回答はいまだ生命という領域からその力を借りており、ある種の動物性ともいうべき運動に縛り付けられている。

忘れないでおこう。意識の不幸はここでは、自分以外の他者を目指すこともできる欲望によって生が引き起こした葛藤のなかにあると考えられている。だから「意識は動物的機能のなかで働いている意識である[*42]」。まずは、欠如を埋めることを可能にする探究と解釈された彷徨からそれは始まる。この十字軍が次々にたどる道のりは、自分の生まれた場所へと遡上する、巡礼にも似た動物の行動とそう隔たっているわけでもない。回遊は広大な世界で道に迷った動物が自分の元に戻ろうとする強い傾向に根ざしてはいないだろうか。だから人間は何かから逃れるとき、あるいは彼岸に身を隠してしまった本質との接点を失い根無し草になった不幸な意識のもとにあるとき、このときの動物のありかたを自ずと思い出すのだ。ユダヤ教の教える約束の土地に向かう遊牧民は砂漠を渡る。しかしかれらが帰ってくるのは別の時代になることだろう。

中世世界の空間全体が、《神》の平和を目指す大運動の好例となっている。これは天上のイェルサレムを目指す人間たちの大移動で、目的地となるのは悲しみに沈む空虚な墓のはずであった。「それは失われた一つのものである。つまり、意識にとってはただおのれの生の墓だけしか出現してこない〔…〕。この墓が存在するというのは、ただ困難な闘い、絶対に負ける戦いがそこにあるというだけのことである」*43。「人の子」の名を有する身体が存在しなければ、喪を完遂するのは不可能である。この欠如を満たすための彷徨、われわれを自分自身から隔てている深淵を乗り越えんとする欲望、それらは《神》の隠遁によって突き動かされている。しかし、その行き着く先は、ただおのれの不在だけを、つまりなんの答えも示されない空虚な場所を見せつけつつ、つまるところ振り出しの場所でふっと消えていくキリストの墓なのである。

意識は、この欠如の構造と欲望の論理とに身を委ねることで、動物の回遊と同じぐらいごく自然な態度でこの失敗から立ち直る。摂食のなかに、限りなく遠い対象ですら飲み込む力を、自分ではない他性を無化する力を発見するからである。キリスト教の歴史を通じて懸案となったのは、過越の食事での共同体の構成であった。ここでは、《神》とわれわれを和解させるのは同じパンとワインである。過越の祭りとは、つまりむさぼり消化することでキリストの身体を同化することであり、それを象徴するのが鐘の音である。消化吸収という自然な原理が内部と外部を総合し、超越的なものを内在性へ再吸収させるのである。これは思惟という形態で行われることではない。消化である。それが、「外的な現実存在を廃棄しつつ享受することで得られる」[*44]和解を達成させるのだ。

ひとはこうして「鐘の音のぼんやりとした耳鳴り、がんがんと暑苦しい朦朧状態」[*45]に留まることになる。だからわれわれはつねに、満足と消費という世界にいるのだ。奴隷はおのれの労働によって、その限られた一部分だけはわがものにすることができる。残り全ては主人のものだからだ。そこで奴隷は精神的なものから作られた、間接的食料をあてにするようになる。この食料は、ついにはキリストを受肉するにいたるまでどんどんと精神化していくのだ。聖なるパンとワインによる聖体の秘跡は、キリスト教徒のキリスト教徒たるゆえんを抽象的身体へと普遍的に吸収させる。しかし、この和解は依然として、あまりにも摂食という動物的モデルにとらわれており、節食や禁欲、絶食にまで救いを求める意識の不幸を解消するには至らない。意識の不幸はそうすることである種の奉仕を見出し、それによって下僕は真の主人をおのれ自身に統合するわけである。この主人によって、取るに足らない下僕——奴隷——は禁欲者になり、毎日毎日同じように反芻しては嚥下することを繰り返さねばならないという切羽詰まった欲求を捨てることに成功する。そうした繰り返しは動物性の悪無限を意味しているのだ。禁欲的意識にとっては、労働の成果、そしてパンとワインの享楽はともども否定されている。「断食と苦行によってそれを完全に禁止することで、かつて持っていた享楽を断念するのである」[*46]。犯罪は他者の犯罪というだけではない。犯罪がその頂点に達するのは、ただ自分自身を振り返ることによってなのだ。こうして、新しい能力が培われる。それはストア派よりも高度な内面化であり、ヘーゲルはそれを、誕生する理性という項目で研究することになる。

原注

＊1——PH. E., p. 99〔邦訳上巻一三六頁〕. ヘーゲルに照らし合わせて「聖なるもの」についてのロジェ・カイヨワのテクストを読み直すべきではなかろうか。Roger Caillois, *L'Homme et le Sacré*, Gallimard, Paris, 1950〔ロジェ・カイヨワ『人間と聖なるもの』塚原史ほか共訳、せりか書房、一九九四〕。

＊2——「自己確信の真理」、PH. E., p. 149-150〔邦訳上巻二一八頁〕.（以下のイポリットの訳では「彩られた」という形で彩りという考え方が保たれておりそれを参考に改訳した。t. I, p. 154.）

＊3——Georg Wilhelm Friedrich Hegel, *Esthétique*, I, Livre de poche., Paris, 1979, p. 211〔邦訳『邦訳『美学』第一巻の中、三八八頁〕.（この点についてはベルナール・ティンマーマンの訳がもっとも面白い。）

＊4——これは『精神現象学』の「三　力と悟性」で検証されている。PH. E., p. 128〔邦訳上巻一八一頁〕.

＊5——「力と悟性」、PH. E., p. 132（一部改訳）〔邦訳上巻一八八頁〕.

＊6——*Ibid.*, p. 138〔邦訳上巻一九八頁〕.

＊7——「自己確信の真理」、PH. E., p. 146（一部改訳）〔邦訳上巻二一二頁〕.

＊8——PH. E., t. I, p. 150（ここではイポリット訳を用いる。ルフェーヴルの訳ではp. 147である。）〔邦訳上巻二一二頁〕.

＊9——「快感原則の彼岸」でフロイトは、生命はこのような反復的分析装置であるとしている。

＊10——PH. E., p. 147〔邦訳上巻二一三頁〕.

＊11——PH. E., p. 146〔邦訳上巻二一二頁〕.

＊12——Georges Bataille, *Théorie de la religion*, Gallimard, Paris, 1973〔ジョルジュ・バタイユ『宗教の理論』湯浅博雄訳、筑摩書房、二〇〇二〕、第一章第四節。

＊13——*Encyclopédie*, § 359〔邦訳『ヘーゲル　エンチュクロペディー』樫山欽四郎、川原栄峰、塩屋竹男訳、河出書房

新社、一九七八（以降『エンチュクロペディー』と略記）、二九四頁〕. われわれはここで、以下の素晴らしい書での翻訳に従っている。Bernard QUELQUEJEU, *La volonté dans la philosophie de Hegel*, Seuil, 1972, p. 34.

＊14——Ibid., § 362〔邦訳『エンチュクロペディー』二九七頁〕.

＊15——ここではイポリット訳を用いる。(t. I, p. 149.)〔邦訳上巻二一二頁〕（この運動に関してはイポリットの訳が優先される。ルフェーヴルは Bestehen を perexistence と訳しているため事態がおそろしく面倒になっているからである。）

＊16——*Ibid.*, p. 153〔邦訳上巻二一六頁〕.

＊17——*Ibid.*, p. 152（ルフェーヴル訳では、p. 149）〔邦訳上巻二一五—二一六頁〕.

＊18——Alexandre KOJÈVE, *Introduction à la lecture de Hegel*, Gallimard, Paris, 1947〔アレクサンドル・コジェーヴ『ヘーゲル読解入門』上妻精、今野雅方訳、国文社、一九八七〕. この著作はクノーの講義ノートに基づいて出版された。

＊19——PH. E., p. 148〔邦訳上巻二一四頁〕.

＊20——「支配と隷従」、PH. E., p. 152〔邦訳上巻二一三頁〕.

＊21——*Ibid.*, p. 152〔邦訳上巻二一三頁〕.

＊22——*Ibid.*, p. 150〔邦訳上巻二一九頁〕. ルネ・ジラールは、以下で展開される分析を通じて、同一化のなかにこの呪われた犯罪的な部分を見出すことになろう。René GIRARD, *La Violence et le Sacré*, Grasset, Paris, 1972〔ルネ・ジラール『暴力と聖なるもの』古田幸男訳、法政大学出版局、一九八二〕.

＊23——「支配と隷従」、PH. E., p. 152〔邦訳上巻二一三頁〕.

＊24——*Ibid.*, p. 153〔邦訳上巻二一四頁〕.

＊25——*Ibid.*, p. 153〔邦訳上巻二一四—二一五頁〕. 「人格」はここでは個人の抽象的地位を示す。つまり、「人格」とは本当はだれのことでもない、という意味においてである。

＊26——*Ibid.*, p. 154〔邦訳上巻二一六頁〕.

＊27——*Ibid.*, p. 156〔邦訳上巻二三〇頁〕.

＊28——*Ibid.*, p. 154〔邦訳上巻二一七頁〕.

*29——*Ibid.*, p. 155〔邦訳上巻二二八頁〕.

*30——*Ibid.*

*31——*Ibid.*, p. 150〔邦訳上巻二二九—二三〇頁〕.

*32——*Ibid.*, p. 157〔邦訳上巻二三一頁〕.

*33——「自己意識の自由。ストア派、懐疑主義、そして不幸な意識」。PH. E., p. 159〔邦訳上巻二三六頁〕.

*34——*Ibid.*, p. 160〔邦訳上巻二三七頁〕.

*35——*Ibid.*, p. 161〔邦訳上巻二三八頁〕.

*36——Friedrich Wilhelm NIETZSCHE, *Généalogie de la morale*, vol. VII, Gallimard, Paris, 1977, Deuxième dissertation, § 16, p. 275〔フリードリッヒ・ニーチェ『善悪の彼岸　道徳の系譜』信太正三訳、筑摩書房、一九九三、四六三頁〕.

*37——PH. E., p. 162〔邦訳上巻二四〇頁〕.（イポリット訳を改訳。t. I, p. 174.）

*38——*Ibid.*, p. 164〔邦訳上巻二四四頁〕.（一部改訳。）

*39——*Ibid.*, p. 163〔邦訳上巻二四四頁〕.（イポリット訳を採用。p. 174）

*40——*Ibid.*, p. 166〔邦訳二四七—二四八頁〕.（一部改訳。）

*41——Jean WAHL, *Le Malheur de la conscience dans la philosophie de Hegel*, Alcan, Paris, 1929, p. 167.

*42——PH. E., p. 173〔邦訳上巻二六一頁〕.

*43——*Ibid.*, p. 170〔邦訳上巻二五五頁〕.

*44——*Ibid.*, p. 170〔邦訳上巻二五六頁〕.

*45——*Ibid.*, p. 169〔邦訳上巻二五三頁〕.

*46——*Ibid.*, p. 174〔邦訳上巻二六三頁〕.

第三場

「精神は骨ではない」

ここで問題とされるのは《精神》である。ひとは《精神》が頭蓋骨と関係してはいないことを知る。頭蓋骨の大きさや形、灰白質とも関係しない。犯罪者の顔つきから犯罪が読み取れたりはしないし、ポートレートのタイプ分類に何も期待できはしないことがこうして理解される。ひとは生まれながらの《精神》ではない。それを計ることのできる指標や治療表、テストなどは存在しない。さらにひとは、行動心理学が《精神》のしかめ面、そのカリカチュアしか把握していないことも理解されるだろう。こうして《精神》は歴史的光景、社会環境、文化的形成物として姿を現す。おのおのはそこから実体を受け取るが、依然としてそれを自分の作品だと見なしている。ここで最終的には、ひとはおのれが生成するものでしかあり得ないことが理解されるだろう。

理性

理性は理性によって作られた世界と対立する。このときその理性は、どんどんその世界へと、つまり技術や芸術、科学そして政治制度による人工的世界へと生成しつつあるのだ。ここで理性は、自分とは無関係の超越的な原理によって動かされる実体だと思っていたものが、結局は自分の生息環境、エートスでしかなく、そこには完全に自分の思惟や、あるいはおのれの意図や諸理念の表現を通じて思惟に与えた諸形式が浸透している、ということに気づく。理性という段階に到達するとそれ以降、世界は意識にとって、意識の世界として現れる。「意識にとって、［…］それはあたかも世界がただ自分のもとにだけ到来したかのようなものである。それ以前には、意識はそれを理解していない。意識はそれを欲望し、それに働きかける。そして、世界から身を引いて自分自身へと引きこもり、世界を破壊する。そして意識としてのおのれを破壊する。つまり、本質としての世界への意識をも、おのれの無能さの意識と同じように破壊してしまうのである。ただこのためだけに、おのれの真理の墓が失われた後［…］意識は世界を新しい自分の世界として発見するのである」[*1]。

ヘーゲルの犯罪計画は、こうして見ると完遂されたと言うにはほど遠い。その計画がひろがりを手に入れるのは、理性が登場し、《歴史》のなかに把捉された瞬間になってやっとである。《歴史》とは、ここでは依然として、自然や労働、言語や諸法則の観察が、自然的というよりはむしろ社会的、物質的というよりはむしろ精神的な新しい生を洗練させるために活用され、こうして長い時間をかけて根気強く続けられた創造の結果生まれた環境のなかで、ついに自己意識となった意識が手にした真の境位である。こうしてひとは、自己への瞑想や世捨て人、聖なる隠修士の孤独へふけるストア派の精神状態や、はては苦行的なやり方で救済を求める意識の精神状態を捨てる。いまや問題なのは真の意味でのルネサンスである——これは封建社会、つまり断食あるいは空虚な墓の悲嘆のなかで、精神がおのれを内面化し、おのれを見つけようとしていた時代のあとに続く時代である。理性はこれ以降、すべての中心にある。だがはじめは、「大地を知らんと欲する人間の情熱的欲望」[*2]のなかにある。

観念論

観念論は、諸観念の高みに触れんと努力する。それを突き動かすのは、現実の全てを運命の気まぐれさを超えたところで理解するという確信である。雲ひとつない青空の純粋さを目指して知性が遊離したかのようなものがここにはある。だがそれと同時に、この遊離状態のなかに物質そのものの論理構造を見つけるという自負がある。ヘーゲルはこのパラドクスを指摘し続ける。意識はこれ以降、自分の世界のなかでそうしているのと同じように、現実世界にも自分は関与していることに気づく。そしてまた、「意識は自分がすべての現実であるという確信を持つが、その確信こそが理性である」[*3]。つまりはこういったようなかたちで「観念論は理性の概念を定式化する」のではなかろうか？『精神現象学』はこのように、自分を観念論と一緒にしているのだろうか？

ヘーゲルはどこを見ても本当の意味で自分のことを観念論者とは言っていない。むしろかれの筆致からは、自分の先行者たちに対する敵意や批判が漂っていることが分かるだろう。それは特にフィヒテに向けられている。フィヒテにとっては、存在はそれを知覚する主体、さらには自我の翼に乗って行動しているかにさえ見える主体に依存している。つまり、「《わたし》は《わたし》である」と口にするものに依存しているのである。それをこう翻案しよう。自我の外にあるものとして目標とされる世界は、じつはすでに自我であり、どこもかしこもが能動的に現実のすべてに関与する「《わたし》」によって作られた鏡である。ここでは、なにもかもがすでに「《わたし》」である。フィヒテはこの点についてはいっさい疑っていない。この等式にはなんの曖昧さもない。ほとんど公理と言っていいようなかたちで一気に示され、科学的合理性によって明確に支持されている。

反対に、ヘーゲルにとってはこの自我と、自我にとっての開かれた世界との関係は一気に理解されるような次元のものではない。描き出した端から消えてしまうような、しばしば無意識的であるような経路が問題なのだ。だから観念論に逆らって、思惟イコール存在というこの等式は、「途上にあることが明らかになる」、つまりプロセスも含めて想定しているものと理解しなければならない。このプロセスは真の意味での行程、ゆっくりとした弁証法的進展にしたがって進む。ヘーゲルはそれを通じて、主体精神が世界に浸透して次第に客体的になり巨大になっていく様式を構想するようになったのである。観念論の側は、仮定を立てるだけで満足している。というのも、自我と世界は、理論的モデルにしたがって理解された理性という唯一の源から同時に与えられる、という頑強な公理を前にしているからである。それが実践的と言われる理性であっても事情は変わらない。われわれの《歴史》の空間のなかには、行為も、記念碑も、結晶化した作品も存在しないのだ！『現象学』の側では、主体と客体は同様にまずは異他的であって、おのれとおのれが称える存在との距離を感じている不幸な意識がそう証言するように、それらの関係は絶たれている。自我は最終的には諸事物のなかに再発見される。ここでは、この裂け目の向こうにある長い歴史的プロセスを追っていかねばならない。そのとき現実は実際に変容し、意識の作る作品となる。そして（科学、芸術、宗教そして政治の命じるままに）質料の方へと引き寄せられていく。このとき、質料は意識にとって見知らぬものであり続けるどころか、むしろ客体精神の持つ力によって侵入され、支配されているのである。

端的に、観念論はこの長く困難な行程をなくしてしまった。それを形式的に、あるいは「自我＝自我」のようにまったく理論的に主張するだけに留まっているのだ。「真理としての意識にとって、道はおのれの後ろにあるのだが、しかし理性として直接的に干渉しはじめるやいなや、「この場合」それことを忘れてしまう［…］」。この道を辿りきったことのない者には、その主張は理解できない[*4]。自我と自我以外のものとの絶対的同一性を主張する観念論は——外的現実すべてに意識の形式を押しつけることになるこのプロセスがまったく見えていないため——「空虚な観念論」[*5]に留まる。疑似科学的な形式への抽象化！　しかし、そうすることでこの抽象的哲学からは、文学的内容が失われてしまう。というのもこのとき、どうあっても歴史的かつ叙述的でなければならないという意味での「現象学」の概念を作り出した教義にしたがってヘーゲルがナレーターを務める、意識の物語の壮大さをことごとく摑み損ねてしまったからである。ヘーゲルはフィヒテではない。大学人でもない。まずは（ベルンで雇われの身となったその次は）日々のたずきのために日刊紙を主催するジャーナリストであって、長々と学校に居座っていたわけではないのである。かれは世界の諸々の出来事のなかに、時として重たすぎる諸々の事実のなかに、《精神》の歩みを輝き出させようとしたのであり、そしてその唱道につとめたのである。

理性的なものと現実的なもの

「純粋な《わたし》も本質であるが、しかし理性は、それよりもさらに深くおのれが本質であることに気づく」[*6]。ここには自我が横溢している。しかし、すべてがただその源泉からのみ引き出されうるのだとも思えず、さらにいえば、ただ自我と他人の関係性からのみ引き出されうるのだとも思えない。そういった関係性には環境や世界が必要だからである。すべての質料を単なる内省へと還元することはできない。ここではわれわれは、直接的意識の内容を分析するだけにならないよう求められるのである。理性がその本質を見出すのは自我の内部においてではない。自分で考えることができるものはすべて自分のなかにある、創造者たる神によって、あるいは創設原理によって、もっといえば別の自我によってもたらされた再認によって、実体と同じようにそこに配置されている、というようなわけにはいかないのだ。他人との葛藤、労働あるいは大地の産物を苦労の末に媒介化すること、これらは、消費と交換ではこの他性を十分支配できないことを示してくれている。ヘーゲルはこの種の観念論に迷わされはしなかった。ときとして異を唱え、対決し、そして認識する必要がある現実というものに深く身を浸すことなしには、この種の観念論から脱することはできなかろう。ヘーゲルの指摘する理性――「《歴史》のなかの《理性》」――は世界へと目を向ける。その世界は多様な形に広がっていくが、しかしそれを意識に示されたデータ、つまり感覚や知覚、さらには欲求や欲望に支配された行為に還元することは依然としてできない。さらに重要なのは、観察をはじめることである。もちろん、観察とはすでに探究であり、自然に課した問いであり、問いを発する自我と、この問題提起によって驚かされる世界との接点に目を向けることだ、と頭に入れておく必要はあるが。

　理論的学問のなかには、本当の冒険がある。サスペンスと犯罪計画がつきものの捜査活動がある。学問の探究は好戦的な英雄たちの叙事詩を、虚構と想像へとむけて繰り広げ、ヘーゲルはそこからもっとも大事なエピソードを拾ってつないでいく。理性の仕事は「頂から深淵までのすべてに、おのれの支配権の印を植え付ける」[*7]ことである。文学もまた同じように進む。ヘーゲルはある種の背信の輩とも呼べるだろうネモ船長〔ジュール・ヴェルヌ『海底二万マイル』の登場人物。〕の進む道を先回りしている。ネモ船長にとって、現実的なものとは完全に理性的であり、そしてそれを知ったことがかれを孤独に追いやることがないわけではなかった。ヘーゲルは一つのドラマを予感している。そこでは、精神状態は意識の発展と対応するのだ。「理性がすべての事物の奥底までを掘り尽くしかき混ぜて、その一筋一筋まで切り開いて出会いをもたらそうとしても、そんな幸運には巡り会えないだろう。完成されたものを経験し、そしてそれを知るに至るには、自分であらかじめ完成させておかねばならない」[*8]。海底二万マイルでの苦悩に満ちた孤独から抜け出すには、理性は「現実的なものは理性的である」ことを認識するのではなく、さらに進んで「理性的なものは現実的である」ことを、理性が観察するもののなかで実現されるのはとどのつまりは理性なのだということを、段階的に理解する必要がある。この運動は幸福からはほど遠いとはいえ、しかしこの客体性という厳格な訓育こそ、学問がまず担うべきものなのであり――「悦ばしき知」にとってはひどく奇妙な運動だが――そうすることで以前とは違ったようなかたちで考える「主体」へと回帰するのだ。

観察

それ以前のもろもろの経験を終えて、意識は「感覚的確信」ないしは「知覚」の図式を乗り越える。理性は、諸対象へと目を向けるというかたちで、最初と変わらぬ態度でそれを再開するかもしれないが。意識は自然の規則を考察するなかで、意味という標識を利用して、その注意を世界に集中させる。このとき、一連の知覚の連続から、それを支配する原理を導き出すのである。

観察することが知覚することに還元されないものであることは容易に見て取れる！「ナイフが煙草入れの脇にある、それが知覚されているからといって、観察の意味を持つ」[*9]と言っても誰も納得しない。そうなるのは、それを武器と仮定して、事前に練った作戦内でナイフが使えるようになってはじめてである。この戦略は、それを創造行為に適用することで、目的が使い道によって決められる道具の次元とは別の次元を持つようになるだろう。観察が科学に用いられるとき、その手続きは規則性、反復、類似性を知覚するときよりもさらに厳格なものになる。観察は、一つの問いと仮説をめぐって集められた自然のプロセスのなかに投影された理性の活動段階に対応する。この仮説によって、諸現象は一つの見通しのもとに置かれ、見た目にはさまざまに映る諸事実を総合しうる解釈の軸に沿ったものとなるだろう。

観察は帰納法のメカニズムとも、さらには演繹のメカニズムとも無縁ではない。自然界の出来事に属する領域がどう配置されているか、それを見越すことで、まなざしは予見に変わる。こういうかたちで事物は記述されついで重要なものとして再認されるのである。再認のプロセスはこれ以降、欲望から測りがたい自然の深みへと向かって深化していくはずだ。その深みで、精神はおのれを再認するのである。

ここから出発するかぎり、理性がこの再認を、つまり「再認可能な性格」へと裁断してしまう機能をもつ道具を作動させてしまうことは避けがたい。自然の注目すべき諸特質は自然そのものというよりは表徴つきの特質の方であり、そこから図式ないし「内省の道具」が導き出される。数学的関数は曲線と接線がどこで接するかを確定し、その接点を描くのに役立つ。しかし、そこに表徴を標せるような、そして月並みなものを表徴つきのものに変えるような、そのような点が本当に自然のなかに存在するのかは誰も知らない。「表徴つきという性格は認識と本質的関係を持っているだけではなく、事物の本質的規定をも描き出してもいるはずである。そして人工的体系は自然体系と調和しなければならない」[*10]。たとえば、鳥類がほ乳類とくちばしによって、じつに現実的に区別されるというケースを考えよう。理性全体の展開はこのように、思惟、存在、そして理論的モデルが世界の実際のシステムと連接していることで成り立っている。そうであるがゆえに、分類の根拠は事物の根拠にもなるのだ。

学が現実のなかから、表徴となる特異性として識別するものは、実際にはある事物がそれ自体で他の事物と区別される根拠となる理由でしかない。われわれがある特性に表徴を付けるのは、ある特徴のためであるが、その特徴はわれわれにとって特徴的である、というだけでなく、同時にその特性自体にとってもおのれを特異なものとして個体化する根拠となる。カミソリで一刀両断にするようなやり方だが、注意が極薄の細部にまで行き届き、非有機的質料のすみずみまでタッチするというのでないなら、このやり方にはもう意味がない。諸々の制約の狭間で、観察は洗練され、ある一定の期間ないし一定の範囲で固定されていく。だが、まなざしがより精緻化すれば、それは崩れていく。「観察によって、これらのものはそれぞれがしかるべく切り分けられる。そうすることで、なにか確かなものがそのなかに宿っていると考えたのである。そして、一つの原理が他の原理を乗り越えるのを目にする。あるいは、それらが変化し混乱を来すのを目にする。あるいはそこに、最初は完全に区別されて見えたものがふたたびつながりを持つものであるように、つながりを持つと思えていたものが区別されるように見えてくる」[*11]。

こうしてひとは、観察という形式に親しんでいく。それはカタログや一覧表、目録のような思惟なき記述であるが、しかしそれらを分節化する概念を生み出すことは依然不可能である。学問の記述は、境界画定的な「確定的」規定に満足する。そして運動の側に目を向けて、それを捉えようと努める。このような記述は「運動がまた自分自身のうちで再開されるときには消え去ってしまうその契機の本質がなんなのかを説明はしない」[*12]。この関係のもとでは生成が死んでしまうことを、ひとは目の当たりにする。法則とはこうした一般化ではなく、むしろその判定能力によって多様な出来事を精製して自然という書物の可変的な一章を構成できるものではなかろうか、と期待すべきなのである。

自然法則

法則は一般的に実例や事例のコレクションから生み出されるのかと言えばそうでもない。むしろ逆である。目録が作れそうなほど類似のケースが反復された場合——たとえば、水が沸騰したり、ある低い気温に近づくと雨が雪に変わったりしたとき——それは一つの必然性がこの反復を引き起こしたということだ。もし出来事が同じ条件で再現されるなら、この反復は規則、法則を必要としているに違いない。理性はこの現象の普遍性、基礎づけとなる原理ないしは必然性を追究するだろう。そこから規則性を引き出すことで、物理学者のまなざしはそれなしには気づかれないままだったであろう一つの原理を、目に見えるものにするよう努力する。実験から派生するのが法則というわけではない。逆である。実験が示すものすべてが、その規則的な特徴を通じて、一つの法則の存在を証言しているのである。だとすればプラトンとともに、これらの法則が、感覚的世界には還元され得ない世界のどこかに実在することを認めるべきであろうか？　《観念》の実在論に同意して、目に見える世界ばかりが唯一のものということは決してありえず、その背後には近寄ることのできない核を構成する実体が、生成のなかの超越性のように隠れている、と認めねばならないのだろうか？

ヘーゲルはこの観念論に純化された実在論には与することができないだろう。現象だけが唯一存在する事物であり、熟達した現象学者にとっては、見せかけといえど非本質的な疑似餌のような、かっこに入れておかねばならない契機などではない。「内部を隠し覆っているとされているヴェールなるものの背後には、われわれがそこに回って見るのではないかぎり、見るべきものは何もない。またそれによって、何かの背後に見るべきものがある、というような視界が可能になることが見てとれる」[*13]。この意味では、目に見える表面と目に見えない深淵を対置しても無駄である。目に見えないものは何も示しはしない。

そしてこの意味では、法則はもちろん形象を持った現実と関わるのである。だからその現実は、特定の特徴を持たないままではありえないし、あるいは殻のなかの核になぞらえることができるような、たんなる埋め込まれた原理に留まることもない。『現象学』は見せかけについての論理学であり続ける。存在は見せかけと無縁ではいられない。いまや現象界（もちろんここでは悪い意味だ）とは別の性質を持つ世界へと地位を高めた不変の法則だけが遊離して抽出されることはありえない。もし《観念》の実在論があるとすれば、もし諸法則が現実的なかたちで、現実に作用するかたちでいまここにあるのだとしたら、それは目に見える表面でのことだろう。ここではそれは、手に触れることのできる諸事物と同じだけ確実な対象という意味だ。その運動を説明するのは物理学者のまなざしであり、その複雑な動きを証明するべく配慮するのは観察である。

自然数から小数や分数へ移行すると分かるように、われわれが目にするような数字は一つの実体を構成しており、そこにはさまざまな分岐や変化が含まれる。だがこれが繰り広げる展開もまた、冒険趣味と無関係とはおよそ言い切れないものだ。たとえ数学を支配する法則の世界が、直接的経験と呼ばれるもののなかでは目に見えないままであっても、それは変わらない。問題なのは、また別の意味での可視性だからだ。たとえば、正方形の四辺の線分だけに目を付けてそこから逆算して対角線を求めようとしてもいつまでもわからないようなものだ。平方根は指では絶対に勘定できず、直接的経験の産物でもない。違う行動、新しい活動に関係するのだ。だが、その切り分けは自然数と同様に現実的である。理性はつまり、この真理の領域に関する能力を構成している。だが、その真理の領域の現象性（見せかけの様式）は、可視的なものや、その彼岸にあるもののせいで消え去ってしまうわけではない。その可視性がべつの、より複雑で境界画定の難しいものであっても同じことだ。「理性とは、現実を手にしているという確信である。自律的本質というあり方を持たないもの、つまり見せかけとして出現しないものは、意識にとって無に等しい」[14]。科学が解放した諸法則は、現象の連鎖を考察するものであるが、しかしそれでも現象としての性質を持ち、一つの輪郭線や、質料としての広がりを持ち、哲学はそれを――プラトン以降あやまって――「おのれが手にしたものは何か見知らぬものであると想定したのである」[15]。

外部は存在しない。別の世界は存在しない。確かに、リンゴが落ちるという経験から重力が導き出されたりはしない。この経験を一万回繰り返したところで法則は示されない。概念が現実であるかどうか探り当てないと、ある日リンゴは落ちるのをやめてしまうかもしれないぞ！などと言い立てるものはいない。では、どこにこの概念を求めればいいのか？　現象内とは別のところに、だろうか？　その必然性はリンゴとは関係ないところで考えられねばならないのか？　ニュートンはそれを叡智によってのみ知られる天界のなかに発見したのか？　それはないだろう！「石が落下する、という事実はかれの目には真理と映る。というのも、重さは対自かつ即自的に、地球と本質的な関係を持っていて、その関係が落下として表現されるからだ」[16]。落下実験は、地球との関係に由来する、ということはつまり関係性ないし概念から由来する必然性を理解しないかぎり、何も説明しないことになる。法は事物のなかにその姿を現し、体系にしたがって事物に形を与えると言うひともいるかもしれない。それはちょうど有機体で起きているようなことだ。というのも有機体が質料を結合することができるのは、それが自律性を持ちうる、つまり持続可能な形態として形を持ちうるからである。法則はニュートンが記述した太陽系の彼岸にあり、それが質料を捕捉して、結晶化するようにそこに具現化する。そして、諸々の有機組織を生み出すことになる。ヘーゲルはそれを追っていくことで、有機体の思惟へと導かれていくのだ。それはシェリングやゲーテのそれとも近い自然哲学である。それによって、質料のなかにある種の「世界霊」を把握することが可能になる。有機的なものを探究することで、われわれにはこのことをたちどころに鮮やかに理解できるようになる。

有機体

有機体とはある法則の結晶化である。ここでいう法則とは、死ぬまで緩むことのない緊張関係にしたがう運動状態を維持する非有機的要素を、持続的に関係させることができるものとされる。それは流体であるが、しかしその流れに捉えられじたばたしつつも食物として破壊されてしまう諸要素からは独立した、安定可能な一つの流れに沿った流体なのである。そのなかにあるすべては再生するが、しかし変化はしない。同じままである。その形は保持される。逆に、非有機的な事物は外部の運動からさまざまな衝撃を受けると、それをそのまま引き継いでしまう。つまり、押されて転がるなり、衝撃を受け止めそれを吸収するなりといったことが、完全に外部のものによって規定されるわけである。もっともそうしたからといって、その衝撃を維持できるわけではなく、「むしろそのために運動しはじめることで失われてしまう」[*17]。これは、石はおのれの外にその実体を持つ、ということを違う風に言っただけのことだ。石は落下するときでさえ、自分を引っ張る地球に対して本質的には不動 inerte であり、それゆえ慣性の法則 principe d'inertie にしたがう。他方で有機体は自分で動く。上と同じ一節でのヘーゲルは次のように話を続けている。有機体は「自らの関係のなかで維持される」。摂食行動を通じて、有機体は自分を構成していた質料を失い、またそれを吸収することになるわけだが、しかし有機体はこの絶え間ない流れをふるいに掛け、おのれの形象を押しつける。それは単なる再生を越えたものだ。他の事物とのあいだの関係は無限だが、そこでも有機体は自分のままであり続け、それらの事物との関わりに身を任せ、その諸要素を捕捉する。それはちょうど、液体の上の渦がその都度違う水によって規定されるにもかかわらず、同じ状態を保っているようなものだ。「動物は養分を求め消費するが、やはり自分自身以外のなにものでもない」[*18]。有機体は一つの合目的性を追求するが、しかしそれが外部にあると思えるのはただ見かけだけのことに過ぎない。それは「おのれの対立物との関係を通じておのれを維持する、一つの事物［…］」を指しており「その実体は、ただの規定された存在というだけではない。その目的がおのれと無縁なわけでもない」[*19]のである。

どういう意味で有機体は概念から派生する因果関係を生み出すのかがここで理解される。有機体は一つのコードによって、そして持続的な形相によって生かされている。生きていくなかで吸収し排出する諸要素がつねに流動的であることを思えば、この形相がそうした要素によって作られたと考えることには無理がある。ここには、複雑な関係の宇宙があり、新陳代謝がある。新陳代謝とは、非持続的な質料のなかで行われるものだが、しかしそれは、「自由」という一貫性を持続的に備えたものでもある。この「自由」のなかで非有機体は、「それぞれの形相同士は区別されるが、しかしその形相のなかでは個々の自然が解消されている」[*20]、そうした形相として現れる。有機体は最後には個体化し、みずからが交わる空気、水、大地から分離する。有機体はそれらを「対自」として取り集める。この点で、非有機的流れが一瞬で分解された、物質の普遍的一部分としての「即自」に戻ってしまうのとは対象的である。問題はこうなる。すなわち、有機体が捕らえた外部あるいは流れは本当にその有機体を作ったものなのか、たとえば空気は鳥に対し、規定された形相を与えるのか、魚の流線型の姿は水が作ったものなのか、ということだ。

それはまったくちがう。個体化が対自である、つまりそれが自律的であることが外部から説明されず、逆にむしろ内在的な概念を参照するものであるなら、それは否定されることになるからだ。動物はたんに動物を作り出すことのできる環境の産物である、ミミズは大地の下で生きているから細くなった、と考えることは不可能だ。自然観察が有機体をその質料や環境から発生させようと考える際につきまとっているのはこうした幻影で、このことは直接的に「有機体の多様さや変異に対応しきれぬ貧困[*21]」を表している。環境を器官選択の唯一の原理として捉えることを拒否すること、それはつまり、動物の形態の多様さを環境の影響に還元したり、概念や生物がもっている多様な自由とは厳密に言えばなんの関係もない反応にだけ還元したりすることへの怖れを意味する。「有機体の自由はこうした規定からその形相を取り戻し、またこの種の法則ないしは規則――どう呼ぼうと勝手だが――にはどこにでも必然的に例外があるのだと示すことができるのは言うまでもない。[…]これらは非常に皮相的な規定に留まるので、その必然性の表現もまた皮相的なものにならざるを得ない。だからわれわれは、大きな影響力を持つ概念という以上には先に進めないのである[*22]」。

吸収された質料が及ぼす影響は逆に、それを吸収し、否定し、選び、選択し、そして持続的に自分の概念のなかに固定した原理を説明することができない。それゆえ、熊の分厚い毛皮は、環境――北方に住んでいる――によっては規定されないのだ。それを規定するのはこうしたやり方でその毛皮を育てた有機体の姿勢である。猿が熱帯林の木陰に住んでいようが絶対に毛があるのと同じである。内部と外部、形相と質料の弁証法を再検討して、現実的関係へ足を踏み入れるべき時だろう。その関係に沿って、有機体の合目的性は織り上げられ、組み立てられていくのだから。

内部と外部

生は何に役立つのか？　どう役に立つというのか？　外部の合目的性に奉仕するためか？　求めるべきこれこれの食べ物、満たすべきこれこれの役割、というような、自分自身の運動の外に設定された目標にしたがって、絶対的主人の奴隷になるためか？　生には自分の身を捧げるほどの遠人な意味はない。たしかにひとは、生はばかげて無意味だと書き連ねてはそのことを嘆いている。では、こう認識すべきではなかろうか？　生は何の役にも立たないがゆえに、押しつけられた目的にはいっさい従わない、どんな超越的な意味からも見放されてしまったがゆえに、展開すべきものといえば内部しか持たない、その内部は有限で現実には終わりを迎えるものであるが、完全に自分自身から発している目的をも持っているのだ、と。この内部はいくつかの様式で外化される。「感受性、被刺激性、そして再生産」[*23]である。つまり、世界を感覚し、それに反応し、そして自らを維持することだ。さらにいえば、吸収し、抹消し、複製することである。この三つの軸は有機体に、自分自身から発して自分自身を展開させる機会を与えてくれる。そのために、外的世界の諸要素を総合するための一つの形象を押しつけるのだ。

われわれが特に興味を持つのは、第三の様相である。第二のものは、凶悪な獣の貪食と攻撃性とを分析した際に、その注目すべき展開をすでに学んでいる。この獣が人間になるわけだ。第一のものはといえば、事物とその知覚によって表現されている。ここから先、われわれの関心を惹くのは再生産である。「自己保存という意味に解すると、再生産は有機体の形式的概念を［…］あるいは、おのれ自身へと帰るすべてのものを表現する。それを個体として、自分自身の個別特異的な部分の再生産から表現することもあれば、あるいは主として、個体の再生産から表現することもある」[*24]。最初の論点については触れないでおこう。怪我をすればその部分の肌は元のように再生産される、ということだから。さらに広い原理に取り組むことにしたい。この原理に従えば、同じ種のすべての個体に似たような選別のふるいが働き、周囲で起きたすべてのことを吸収しつつ、同一のものとして再生産される。これは、われわれ有限存在にとっての無限ではなかろうか？　再生産するということには、有機体の分節化をコントロールできる一つの数、数字ないしコードが永続することをも意味している。この分節化は、自分を複製するというかたちで外部において行われるのと同様、その内部にも、つまり、恐ろしく多様な諸要素の外部性がおのれ自身へと因果関係に沿って連結され、一つの秩序と個々別々の価値の重さにしたがって維持される一つの公式に従うものでもある。

純粋な個別特異性がここで解放される。その形相には一つの数が含まれる。その数が、非有機的なものを一瞥し、それを取り集め、抹消する。時を超えた世界で、同じ公式が支配を続ける。生は、その内に含まれる質料の多様さにもかかわらず同じままであり続ける種の内部で、おのれへと向かって折り重なる。「この概念、ないし純粋な自由は、その形象が多様な働きにもてあそばれるとはいえ、唯一にして同一の生である。この生の流れにとっては、自分が回している水車の本性はさして重要ではない」[*25]。有機体は多様な質料を貪り食らう。何かを殺すというかたちで、きわめて長期の持続のさらにその先へ、尽きることのない出会いを超えて、自分を維持している。水車は入れ替わるかもしれないが、回転方向は同じであり、回転の仕方も同じである。だからその継続を可能にする諸個体の発生を超えたところで、同じような攻撃的態度、同じ数ないし数字が支配していること、そしてそれらが外部との関係をつなぎ、それらの質料を持ち帰って飼い慣らし類似したコードへ従わせていることを再認すべきなのだ。

もしそれが記述しているもの、たとえばその解剖図と同じようなものをただ外部に見つけにいくだけだというなら、ここでいう数、コードとはあきらかにきわめて抽象的なものである。ゲノムに閉じ込められたエクリチュール（ヘーゲルは「有機的生命体」と述べている）に足を止めるべきではない。足を止めるべきはむしろ冷酷なまでの概念の展開に対してである。種が現実に持っている生を、属の持つ自由を形づくっているのはそちらだからだ。その自由が巻き起こした波は、その無限の継続を我が手にしたが故に逆にそれに支配されてしまった幾多の個体を超えて伝わっていく。有機的生命体の完全に外部にあるエクリチュールに留まるかぎり、この数字、種の諸形相の分節化の公式は自分のことに気づかなくなり、《精神》を獲得することもなくなってしまう[*26]。そうなるとひとは一つの図式で満足するわけだ。それが、外部の図表化、つまり自然的諸要素の統合の機械的形状の図表化であり、また絶え間なくそれらの諸要素を拡散させ解体させる暴力の図表化である。こうしてひとは力を捉え損なってしまう。それは機械的なものではまったくない。本来はそれによって、自己へと折れ曲がり内向する傾向が強められ、《精神》の深さが伝播していくもののはずなのだ。

種、つまり同じ形態を保つ生命に立脚するようでは、『精神現象学』が意識として確立されるのはまだまだ難しいことだろう。なぜなら、外部から受け取られた諸構成要素を形へと整える数字のせいで、われわれは自分たちの持つ攻撃性から目を背けてしまうからだ。「この属としての活動は全面的に制限された仕事となり、これらの強力な境位のなかでしか行えなくなる。この仕事は抑制のない暴力によって至るところで停止させられ、穴だらけで虚弱なものになってしまう[*27]」。内部はその思惟の本当の源泉を、質料のこうした外在性のなかに見出すことはない。そのためには、自己意識の観察にアプローチせねばならず、また実際に作用している現実との関係に沿って進まねばならないのである。ここでいう意識は、その形相も数字も有機的生命体のコードから派生したものではなく、またおのれの属の演算（ゲノム）から派生したものでもない。そこで展開される束縛の形態に由来するのである。つまり、これからアプローチされるのはまったく別の宇宙の内部ということだ。すなわち、《歴史》の一章である。それは、自然についての物語にはほとんどまったく還元できないのである。

精神は頭蓋骨ではない……

個体は奇妙な現実を見せてくれる。たしかに個体はその身体と見分けがつかない。だがそれだけでなく、個体はその外部環境から生じるというわけでもない。この身体は数字に依存している、つまり決まりきった四肢の分節化に依存しているが、四肢はもちろん個体の産物とか、個体が選んだ結果ではないし、個体の力によって生まれた結果でもない。自分の体を選んだ個体などいないからだ。わたしは身体のなかに自分を再認する。しかしその身体がどうやって人生に登場したかを見れば、それはあいかわらず、どう見てもわたしが作ったものではない。「作らなかった」[*28] 何かだ。しかし、外部から見れば身体が呈する特徴はわたしという個体を反映してはいないだろうか？　一つの仕草、ほほえみ、歩き方、体型はどうだろう？　身体の内部性とはまた違ったある種の内部性らしきものがそこに表現され、われわれにその精神を再認する手がかりを与えていることは間違いない。「個体は自分が作り出したものというだけではない。その身体もまた個体自身が作り出した個体自身の表現である［…］無媒介的な事物ではない一つの印である」[*29]。

わたしは自分で作ったわけではないものをたくさん持っている。それでもわたしが、これこれの点で個別的なものであり続けるのは、わたしの身体へは還元されないがしかし内部からわたしの身体へとはっきりと現れては働きかけてくる、いくつかの印に応じてである。精神の誕生は、身体にも質料にも属さないこの印の現象学に依拠している。どんな学も、星占いか手相占いでもなければ、生理学的に行動へアプローチすることはできない。神経学は行動や仕草の特殊性を説明するために脳における局所化を追究するが、それは手にくっきりとした線が走っているのを見つければ十分にそのひとの運命を説明できると見なす手相占いに近い[*30]。それはまるで、われわれのすることは完全にこの有機的線によって支配されているとでも言うかのようだ。だがその線は記号として解釈せねばならないのではなかったか。

神経系も脳も、精神を説明することはできない。好きなだけ細分化しても、思惟の輪郭はなんら見出すことができない。個体の行動、たとえばその手や舌、呼吸音の動きを説明するには神経や脳の質料が必要である。つまり、これは間違いなく必要条件にはなっている。しかしそれが十分条件であることはめったにない。呼吸音は語ではないし、言語中枢が語彙というわけでもない。語を物理的な事物と解して、それをm、r、sといった音素へ分解したとしても、ある種の学問的立場を離れたところでは何の意味も持たない。『精神現象学』は《精神》の歴史ないし生成を扱うものであり、それゆえ脳の構造や頭蓋骨の形、脳細胞や言語の原子化に関心を持つとしても、それはあくまで二次的なものにすぎない。

意味とは生理学的なものであり、手の運動に依拠するものだ、という幻想を糧としているのが筆跡学である。しかし、一つの語を細分化して再統合したところで、この逐次的な抽出分析からは何の意味作用も生まれてない。意味は諸要素のなかには存しない、文字を一つにごちゃまぜにして作品を作ろうとしても無理だ、ということは、文法そのもののなかに内包されていることなのだ。それはたとえば、猿に植字工をさせて、活字の山を使ってゲーテの『若きウェルテル』をひねりださせようとしても不可能だ、というようなものだ。同様に、無数の脳細胞を集めても個体をその特異な細部の襞まで作れるわけではない。精神は質料によって構成され、質的にも質料に依存しているが、その点を考慮しても、生理学や解剖学のいかなる法則でも解決できない、宇宙のなかで卓越した存在である。「経験がわれわれにはっきりと教えるところでは、ひとは［…］器官としての目を用いてものを見るような具合で、頭蓋骨を用いて詩を書くわけではない」[*31]。科学がどれだけ進んでも、事情は変わらない。記号と精神の宇宙を、生理学的な諸原理にしたがって描こうとする以上、いつまでたっても原始的なものに留まるからである。

脳や頭蓋骨から自己意識の器官を作ることは不可能である。生まれたばかりの赤ん坊にヴァイオリンを与えて育てても、音楽家が出来ないようなものだ。どんな個人も同じやり方でヴァイオリンを構えはしないし、そこから出す音も同じではない。同じ楽器を使ったとしてもそうなのだ。同じように、われわれがだいたい同じような脳を持っているということもほぼ明らかになったのではなかったか。「頭蓋骨は活動器官ではないし、喋る運動でもない。ひとは頭蓋骨を使ってものを盗んだり人を殺したりしない。頭蓋骨が雄弁に語るような仕草を見せたので、それがこれらの行為の証拠になった、などということもない。そこに存在する事物は印としての意味をもはや持っていないからである」[32]。そこに存在するこの事物、それはチェス盤上での戦いのことかもしれず、あるいはニューロン系のことかもしれないが、それらはここで彫刻を施された小物（いま負けたばかりの対戦相手が使っているのとまったく同じものだ）を用いて行われるゲームの意味を説明してはくれない。ゲームの規則だろうが、脳半球の組織の原理だろうが、いずれにせよそれが駒のかたちに彫刻されたその木片から生まれたわけもないのだから。

犯罪に話を戻せば、それは諸々の印の複合体、迷宮へと囚われている。そしてその概念は、生理学とは無関係に定式化できるはずだ。それは一つのフレーズや一つの定式と合致するものなのだ。ここではそれらは音列と同じものとして考えられ、そして、その影響範囲や、特異な犯罪計画が、捜査によって確定されるわけである。犯罪へと追い込まれるのは主に社会環境のせいであり、またそれによって具体化された精神的価値観のせいであって、スライスされてホルマリン漬けにされた脳組織のせいではない。ガラス瓶のなかにデカルトの脳を保存して何の意味があろう。かれの『方法序説』がそこに見つかるわけもない。本、あるいはその本をまとめている言語という文化的実体のなかにそれを求める必要があるのだ。そしてこの言語自体もまた、文字の機械的な機構を超えたところに位置づけられる！『精神現象学』はまずこのことを意味している。すなわち、精神は骨ではない[33]。将来の科学が分析し、袋のなかのアルファベットの活字のように個別に扱えるようになるだろうその他の器官でもない。そんな活字が一つの語の包括的な意味を生み出すことは決してないのだから！　警察の調査では、指紋や有機物の痕跡を顕微鏡で細かく分析する必要があるのかといえばそうでもない。犯罪の印となるのはまずは動機である。同様に、扉に打ちつけられた黒猫は、事ここに至ってはただの猫ではない！　この猫の血液の科学的調査によって、そんな凶行に及んだ人間の意図がわれわれに理解できるようになるわけもない。たとえばそれは信仰に関係した意図であるかもしれないし、何にせよとにもかくにも《精神》にのみ属する表現に関連するものだろう。《精神》を理解することで科学への道が開かれることはない。むしろ、文学への道が開かれるのである。《精神》が首謀者となった、神話や社会に対する犯罪を生み出す犯罪計画を追っていく探偵小説なのだ。

……性格でもない

個体とは自らを選ぶものではないし、自らを作るものでもない。個体には色もあれば大きさもあり、また髪の毛もあれば瞳もある。しかし個体がその作者というわけではないし、修正しようと思ってもできはしない。即自的に与えられたものだからだ。個体はさらに、厳しい、悲しい、情熱的な、無関心な、といったまなざしを受けることもあるだろう。この場合、それらは対自ということになる。即自的には、われわれはみな、ある一つの規定された、いってみればもともとここにあったもの、ないしはここにあったもともとのものにつながっている。しかしながら対自的には各人が自らを表現する何ものかに細工を凝らして、声で言えば声音を抑揚させ、まなざしで言えば目つきを変化させ、そして細部まで気遣いされたほほえみを送るなどしているわけである。

それゆえ、われわれは二重の存在である。つまり、先天的なものが後天的なものを通じて逸脱していくよう定められた存在なのだ。個体のレベルでは「その身体は自分自身が生み出した自分自身の表現でもあり、同時にもはや無媒介な事物ではない一つの印でもある」[*34]ということが、こうして理解される。われわれは二重体であり、その両者のあいだには緊張が走っている。それは受動的な資質をもつ意識にも、また同時にこれこれのやり方でおのれを表現しようと欲望する自己意識にも属している弁証法である。われわれの身体の内部には、それぞれが他と共有する普遍的な何かがある。肌の色、風土から来る諸特性、ストレートないしカールした髪、といったものだ。しかし、個体の形姿や表情を作り出す非常に局所化された個別特異性が、遺伝という名のこの種の決定論に付け加わってくる。

身体は生理学的な性質と同時に、社会的な性質も持っている。それがたとえば、身を粉にして働く、などというときの身と結びついているわけだ。しかし、それぞれの見かけに関わる個体の表現の形態にさらにプラスされるものがあると考えることもできる。個々人は見かけによって自分のスタイルを作り、ほかの誰のものでもないヒロイズムによって自分の態度を決めるのだ。この観点からは、ひとはラ・ブリュイエール〔十七世紀フランスのモラリスト。著書に性格論『人さまざま』がある。〕のようなやり方で「性格特徴」を構想することもできる。つまり、治療表の要領だ。そこには諸特徴が即自的に決めてあって、個人はそれを変える権限は持たない。犯罪者よりはモンタージュ写真の方が立場は上で、この写真がかれの抱える悪を説明する、ということだろうか？

ヘーゲルの時代、このような心理学の問題は「骨相学」[*35]に、つまるところ即自的な頭蓋骨の形態のなかに犯罪者の類型を追究するための、額だの顎だのといったものについてのアンチ・ヒロイズム的研究によって基礎づけられていた。こうした流れのなかで、「性格」、つまり個人が対自的な個人としてそうであったものを失わせてしまう類型的行動の方が優先されてしまい、精神の方は消失してしまうこととなった。行動心理学は、より複雑な基礎にもとにどれだけその治療表を洗練させようと、この幻想に帰着するものであることに変わりはない。『精神現象学』はその幻想をすでに拒否していたが、それは……まさに《精神》を扱わんがためである！　そしてこの《精神》の探究が、犯罪学というかたちで、難解きわまりない犯罪理解へと結びつく。これはヘーゲルが繰り返し扱うテーマとなり、そのもろもろの異常行動までは扱えないまでも、少なくともその足跡と系譜学を追っていくことになる。

心理学はおのれが観察したものを、普遍的な有効性を持つとされるテストによって型にはめ固定させる必要があったことが理解される。だがその有効性なるものは、あまりに抽象的であるがために個別特異な側面や特殊な歴史を統合できない、という特徴を持つ枠組に囚われている。しかし、身体の衝迫的な生のなかに精神の表現を刻み込む諸々の印からなる象徴システムは、こうした特殊な歴史の下で展開されているのだ。こうした行動の構造と、言語――その内部で個体性が表現される――の構造のあいだのこのような対立が、おそらく、予審裁判官からもしばしば要請が出るたぐいの精神医学と精神分析のあいだでの、最近の論争を生み出すもととなっているのだろう。この論争を終わらせるために、気質なるものが形成される環境についての社会学的分析に迷い込んでしまう、などというのもありそうなことだ。

新たな間違いとして、個体の性格はただ単に階級の状況、文化図式の産物であり、性格はそれらをもとにして自己の同一性をつくりだす、という考えが登場する。精神は一つの類型や、たとえば「昆虫やコケなどの種[*36]」といった分類の結果ではない、と考えるのであれば、むろん社会状況から生まれたということもないはずだ。そもそもその社会状況を抽象化する術を知らないのだから。

われわれ一人ひとりが、一つの社会そしてその歴史によって支えられた世界のなかに含まれ、そしてそこに姿を現す。われわれのうちでは、宗教の影響や、時代風俗とその表象が反映されており、その表象のなかでなんらかの症状が表現され、宗教的ないし世俗的な妄想が形成されている……。しかし、キリストのような一つの人格は、バラバのような忌むべき人物と同じように一つの症状として把握することはできない。歴史家とてキリストの人格を、たんにその時代状況のなかで作られた出来合いのメンタリティを持った息子、として位置づけ説明することができないのは言うまでもない。イエスは、ユダヤ教の諸影響を清濁併せ呑むことに満足せず、それに対立し、変容させ、再定式化し、新たな概念を生み出したのである。そのためにかれは倒すべき公共の敵となるだろう。『精神現象学』は、このときのイエスを支えたヒロイズムのなかからイエスの真の人物像を浮かび上がらせようとしているのである。

環境は社会学的な諸与件に異議を唱える個人の自由を説明するに十分ではない。身体の、すなわち虐げられ十字架にかけられる身体の自由も説明できていない。それを理解するには、プロファイリングの嗅覚が必要なのだ。ニーチェのように、犯罪者たちのなかに違う世界の前兆を認識する嗅覚が必要なのだ。これは、先天的な性質や社会的状況づけは存在しない、なぜなら個体はそれを受動的に受け止めるわけではなく、それらを変化させ、そして個別特異な一つの《精神》から生じる弁証法にしたがって、即自的にではなく対自的に受け止めるからだ、とわれわれに認めさせるに十分な動機である。偉人は何かを受け取り、それを咀嚼し、ついで捨てる。このときそれは完全に変化させられ、おのれを養っている世界と対立するものになる。たとえ一敗地にまみれ轟々たる非難に曝されてもそれは変わらない。ヘーゲルはさしあたり、このように結論づける。「個体の世界は［…］ただ個体自身のみから、そして現実が個体に及ぼした影響からのみ理解できる。［個体は］現実を突き崩すときもあれば、変化させることもある。しかし、このことだけで間違いなく、心理学的必然性とは意味のない言葉であるということになる」[*37]。

社会

ヘーゲルはしばしば、脱‐道徳的な方向から個体にアプローチしたが、そうした個体は自然の一つの事物でもなければ、習俗のシステムによって押しつけられた単なる「性格」とも違う。「有機的自然は《歴史》を持たない」[*38]が、個体は柔軟で可動的な実体を構成している。《精神》は一本の骨のように行動するわけではない。それが「ひとびとの生活」から生じてくるものだとしても、だからといって儀式や社会的条件付け、道徳的環境の影響などといった機械的な形態に還元されるということにもならない。反抗することもあれば、撃退することだってあるだろう。《歴史》は自然のくびきのもとで理解されるものでもなければ、物理的世界同様に決定論が力を持っている社会的諸事実の機械的連鎖のもとで理解されるものでもない。この二重の決定――自然法則と、そしてまた習俗の法則と――のもとから、《精神》はその身を脱し、《歴史》へと足を踏み入れ、それを自由に展開させることができるようになる。しかしそれは同時に、宗教や芸術を通じて社会生活の諸形態と衝突する。

このような離脱は、慣習やことば、信仰などを通じてわれわれに浸透している社会生活の諸形態と衝突する。それらが自然のものでも、脳線維から由来するものでもないことは、われわれも当然はっきり知っている。それらが自然のものでも、「脳線維やそのたぐいのものは［…《精神》に対し］本当の意味での現実的な作用を持つわけではない」[*39]。精神的な進化とは、有機的進化とも、慣習がしっかり身につくこととも違う。われわれが受け継いだ倫理的な遺産と、そのなかに絡め取られている個体とのあいだにはあまりに隔たりがあるため、そこから課せられる制約の多いシステムにひたすら従うことで精神的進化が《歴史》に変わる、などということはあり得ない。真の《歴史》を展開させる以前に、《精神》がこの倫理的環境にゆっくりとその姿を現すことが必要であり、またその《精神》が反抗し、そして集団的儀式や慣習（ハビトゥス habitus やエートス ethos）といった制約の多い反復を通じて社会によって安定させられ自動化された行為やその錘を払いのけることも必要となる。『精神現象学』はこうして、「これらが現実に作用する際に辿ることになる一般的な諸段階」[*40]と取り組むことになる。それは能動的な理性（あるいは実践理性）から発した逸脱的なもので、予備的前提からアプローチされる理論的理性ないし観察的理性とは大いに異なっている。後者は一瞬にして起こる、予見不可能な、本当の意味での出来事を把握しきれないのだ。理論的理性は抵抗活動を通じて反抗することも、怒りを表現することもない。世界へ能動的に関わるなかで、個体は絶えず暴力や、必ずしもわれわれの認知能力の期待どおりに進むわけではない急激な変化に直面する。観察理性は能動的、実践的理性によって完全に乗り越えられる。《歴史》の持つ突発性や矛盾性がそこにはある。これが、どうあがいても不幸になる意識の狼狽を説明してくれている。意識は出来事の流れのなかに自分の姿を現して、抽象的、理論的、あるいはストア派的な孤立から抜け出したいと望んでいたからだ。

啓蒙と科学の世紀が予告した精神の配置図にたどり着いたわれわれにとっては、「われわれの時代は新しい時代の誕生期であり移行期である」[*41]ことを見破るのはそう難しくない。この変化が姿を現すのは遅くもあれば早くもある。われわれが個体としてその変化の意味を噛みしめるほどに理解するという意味では遅く、獲得困難な集合的表象が不安定になったとたんに現れるという意味では早い。「形成過程の精神はゆるやかにひそやかにおのれの新たな姿へと向かって熟していき、それまでの自分の世界の構築物を一欠片ずつ切り離す。そしてただいくつかの個々の症状だけが、この世界が揺らいでいることの印となる。目の前にあるものに巣くった軽薄さも退屈も、何か見知らぬものに対する曖昧ではっきりしない予感も、この何かが近づいてきていることの前触れである」[*42]。ヘーゲルの哲学的著作のすべては、この《歴史》の症状論に依拠している。それによって、先行する諸形態を虐殺するような出来事はあまりに突発的であること、また個別の行動を理解可能なものへと統合していこうにも、その統合は困難かつ異形的なものになることを同時に示そうとしているのである。この分裂は、ヘーゲルが《悪》と呼んでいたもの、ないしは能動的理性の悪癖——これにたいする熱狂と幻滅とに、これからわれわれはアプローチすることになる——、さらに犯罪と罰とを説明してくれる。「なぜなら精神は自分自身へと立ち返るその対立が大きければ大きいほど、偉大になるからである」[*43]。

ヘーゲルの哲学はまずもって、先行するすべての哲学の異なったあり方を征服していく意識の哲学である。この哲学は、歴史的であらんと欲し、そのためならば反省的であることなどあっさりとやめてしまう。おそらくそれは、より攻撃的になるためだ。デカルトのように、自分自身の内面性の内容や主観的生の内面にあるものを観想すべくおのれ自身へと傾注していく者が行う内観には還元されない。先天的な観念は存在しない。ヘーゲルにとって、行動は内観と同じくらい重要である。「わたし」は、自分の奥底で自分が知覚するもの、あるいは自分が方法に則って観察するものの自明性のなかでのみ出会うものではない。水辺で子どもが小石を投げ、水面に波紋を拡げるときにも、それは生み出されているのだ。「水に小石を投げる少年もまた一つの作品に心を惹かれているのだ。かれはその作品を通じて、自分の行為によって生まれた光景を存分に味わっている[*44]」。

自己意識とは、それが単に理論的なものとなる以前は、ただ実践的にいまここにあるものというレベルと取り組むことでのみ、本当の意味で自分に近づくのである。デカルトにおいて、いまここにあることとは純粋自我、すなわち「我思う」から演繹された。ヘーゲルにとって、思惟は最初の事実ではもはやない。いまここにあること、それは事後ではなく同時にやってくる。思惟されたものに意味を与える取り組みの内部にやってくるとも言えれば、あるいは自己が延長を持ち身体を有し、さらには自己の外にあるものとしての自己へと回帰するという意味で、その外部にやってくるとも言える[*45]。砕ける波が同時に崖を穿っていくようなものだと言ってもいい。そのとき、この波はこの世界の持つ頑ななまでによそよそしい性格を奪い去り、それを変容させ、そしてお返しにわれわれをも変容させる。マルクスはそのことをヘーゲルから学ぶことになるだろう。「わたし」が思惟しうるものはその言語やそれが行使される社会文化環境に従属しているが、同様にまた力にも従属している。「わたし」はこの力を用いておのれを外部に投影し、世界を変容させる。こうして、その観念が一つの普遍的な作品のなかに実現されるのだ。

行動は個人的実現に還元される程度のものではない。職人の作品でさえ、個人的とはいえない諸規範に従っているのだ。階段を見てみよう。それはだれそれという職人が作ったなどという以前に、まずは他人の役に立つ大きな物体である。ただ単に別の階に行けるようにするというだけではなく、上昇することに意味を与える。それはたとえば《歴史》の一契機に、荘厳なるものに、螺旋の高みにといった、心に抱いた観念に意味を与えるということだ。それを通じておのれの内面を征服し、一段一段上っていくようにそれを普遍へと高める、というわけである。職人の行動によって現実のものとなった作品が、現実のものとなるはしから当の職人の手を逃れてしまうのはこういうわけだ。

意識が実践的なものであるとしよう。そして、それがまずある一つの身振り――水面に小石を投げるといったような――によって引き起こされ、ついでそれを外在化しうる行動、つまり世界に内面がもっている形式を押しつけることのできる行動が起こる、という流れで事が運ぶとしよう。このとき意識は、それにもかかわらず一つの「脱専有」を被ることになる。その作品や活動は意識の手を逃れて、一つの様式や、あるいは経済的、時代様式的要求に従うもろもろの構築のなかに回収されてしまう。行動によって完成された作品は、とある一つの集団組織の顚末のような様相を呈するようになる。そこでは行動する人間は姿を消し、一つの事物になってしまう。そして、もろもろの「活動」やしっこくついて回る技術的手続きに従わされる、あるいは自分の身体にさまざまな態度や仕草を押しつける機械に従わされる羽目になる。そんな事をさせられているうちに、自分がすっかり他人のように思えてきてしまうわけだ。

ヘーゲルは、マルクスが労働について、あるいは機械についておこなう批判を先取りしている。この機械によって労働者の身体は疎外され、これこれの器官を特権化し、これこれの生理学的能力を選別したような生産手段に奉仕させられる。ある意味で機械の怪物に占領されたようなものだ。「生産手段の抽象化は労働をいっそう機械的にし、また最終的には人間に対し、機械と入れ替わりに労働を離れる可能性を提示するのである」[*46]。このようにして、人間の労働は技術によって交代させられる。これが書かれたのは、チャップリンが笑いを提供してくれた『モダン・タイムス』の喜劇とはまだまだだいぶ離れた時代である。ひとは所有物を奪われ、自分の身体を服従させる操作によって、自分ではなく機械や事物の機能に従事させられ、かくして自分自身から遠ざけられた個人の悲劇に見舞われているのである。このとき、人間の精神は骨相学でそう扱われるように骨に還元されるだけではすまない。道具になるのである。

ヘーゲルにとって労働は人間の解放であり続けた。しかし同時に『精神現象学』において、実践的行動、身体諸器官は外部の力に屈して失われてしまう危険にさらされていることも忘れるべきではない。その力のなかでは個体はもはや自分がわからず、かつて持っていた自分自身についての意識も忘れてしまう。マルクスはこの意識について、それが「階級意識」そして異議申し立ての力へと再定式化されうるものであると示そうと執着し続けるだろう。

ともあれ、機械を利用するのではなく、機械の方が人間を歯車としてその機構に取り込むのである。労働者は機械の意志なき一部品となり、この機械もまた、稼働中の自動化された生産ラインに連なって別な機械の一部となっているわけだ（『資本論』第一巻第四章第一五節）。ここでは、ヘーゲルが身体と、身体の取り得る諸形態とについて行った長い分析の意味が違った形で表現されている。経済が労働を取り込むことを念頭に置いておかなければ、この一節、「おのれが生まれ落ちたこの身体」、そして最終的に「その活動から生じる表現」[*47]がこの身体を手に入れる、という箇所を理解することは難しい。身体はおのれが行ったことに応じて形づくられ、あるいは自分の属する社会機械に応じて形づくられ、こうしてその手や表情には見知らぬものの表現が宿ることになる。身体はこのようにして「その外的な現れ」に取り込まれるのであるが、「その現れのなかでは、個体がおのれをもはや自分自身のなかに保持も所有もしておらず、その内部がまるごとただ自分から出て行って、別の事物にそれを委ねるがままにしている」[*48]わけである。

個人はこうして事物とひとしなみに扱われるようになる。個人が作り出した作品はもはや好き勝手に利用される「印」、交換可能な生産品にすぎないものとなる。それらによって、個人のもつ器官や能力が別な表現形式を持つことが不可能になってしまうのだ。労働の場において身体は、内部の真の表現や世界のなかでの自己の創造などではなく、道具の道具でしかない。身体は内部へと向きを逆転させるが、その内部は技術的装置によって完全に絡め取られており、身体はその装置のなかの一部品として取り込まれる。機械はその部品を、これこれの能力があるというだけの理由で選ぶ。もっとも、それ以外を捨てしまうとは限らないが、しかしこうすることで、特異な様相、怪物的な変容が引き起こされる。それがもたらす不幸や貧困のすべてを理解する必要がある。

幸福

あらゆる苦しみを経験した今となっては、幸福は自然への回帰によって完璧になるはずの、その本性からして善良な人間の牧歌的な光景と混同されてしまうことはもはやないだろう。この自然に力を注いで、その諸法則を実験し、科学の名の下にただそれをきちんと観察することが望ましい。この科学はもっとも厳密な科学であり、額に汗して働くわれわれの辛苦を少しでも和らげてくれる力があるはずだ。物理的世界を支配する諸法則を認識することで、われわれはこの世界での人間の占めるべき場所へと近づくことができる。われわれがこの宇宙から期待できるもの、この宇宙で認識できるものを通じて、この宇宙でのわれわれの状況を測る術を与えるのに役立つはずだ。しかし、そこに満足し、そこから真の幸福が期待できるのかが――観察理性ないし科学的理性によって可能になったこの検証の次元では――問題になっているわけではない。

　こうした諸法則にしたがって、われわれを規定する自然界のプロセスが継起していくのだが、しかし幸福というのはそうした法則についての正確な知識とは別のところにある。デカルトも、人間を自然の体系内に位置づけたスピノザさえも、幸福についての正確な観念を持ってはいなかった。そのことは、ゲーテの『ファウスト』を見ればよくわかる。自然の理性的観察は幸福をもたらさない！　ファウストは偉大な学者だが、《学》によって満たされることなどほとんどなかったその人生の終わりにさしかかっても、何一つ特別に刺激的なものにたどり着けない。そこでかれは、青春を取り戻すという契約を悪魔が申し出たとき、人生を違った形で生き直すことを受け入れるのである。悪や犯罪との盟約が、理論理性にとっての他者として次第に浮かび上がってくる。

自己へ回帰すること、生をやり直すこと。ファウストが表しているのは、意識の運動は客体的事物から離れて、ただ自分自身にのみ、つまり実体を捨てた個体的主体にのみ関係する、ということだ。メフィストフェレスと契約を結ぶことで、ファウストは自分という個別特異的な個体について、自分にとって大事なものについて考え直す。それは自然の力によっても、悟性が最初に分析したかれの頭蓋骨の形によってももたらされることはない。そういったような関心を事物に寄せたとしても、それはもはや撤退間近の灰色の影ほどのものでしかない。このとき科学には貧弱な活動範囲しか残されていない。別の場所で刺激的な新しい人生をやり直せば、そんなものは何もかも煙のように、薄明のように霧散していく。一世紀のちに、ムルナウの『ファウスト』が映画的手法で示すことになるのはまさにこのことである。

試験管による抽象を通じて現実の殻を破る認識能力。ファウストはそれを別の理性と取り替える。こうしてかれは、ひとたびは暴力に屈したのちに、改めて「地霊」との関係を結び直したわけだ。自己意識はこれによって「熟した果実を摘むように生を手に入れる」[*49]。しかし、この果実はおそらくもはや、自然が与えてくれたあまりに苦い実りではない！　そのままの状態の事物――すなわち欲求――は、もはやいかなる満足をも与えてくれないだろう。満足がかなえられる世界、それは欲望の世界、社会的世界なのである。市民生活の外に幸福はない。いまや他者によって満たされることを求めるようになった欲望は、自分とは違う存在のなかに自己を発見することでわれわれが幸福や愛に近づくことを可能にする欲望は、そこでこそ再発見されるものなのだ。

しかし、この探究のなかで、幸福を求める意志のもとで、おそらく問題となるのは、自分の作品の圧倒的な輝きによって他人に強い影響を与えるということだろう。実際には、それぞれは自分の仕事に、特殊な利益に没頭している。そうした各人はまるで自分自身のなかに、その自然なエゴイズムのなかに埋め込まれたある種の独房にも似ている。そうでないとすれば、もうとっくの昔に七面倒な労働に押しつぶされ、自分たちが作ったものに隷従しているというだけのことだろう。近代における、この承認を賭けた闘争は、ヘーゲルが「精神的な動物の国」[*50]と呼ぶものを作り出している。そこでは諸個体はあまりに排他的な仕事に埋め込まれており、それゆえこの支配においては、諸個体のあいだの抗争や暴力が当然ついて回る。そしてそれをアトム化の危機に瀕した社会へと押しつけるのだ。それはちょうど、ミツバチの巣を構成するたくさんの巣穴のような要領だが、おそらくいっそう支離滅裂なものになっているだろう。

だとすれば、各人の唯一の目標としての幸福だとか、「自分の世界」と「世界なるもの」とを取り違えた人間たちの制約なき快感などというものが、なんの問題もなくうまくいくわけがない。死屍累々たる桃源郷が、道徳の要求に必ず合致するわけもない。自分では抑制できないこの追求の陰には、今は眠りについている動物性が潜んでいる。幸福の名の下でおそろしく不平等な態度を擁護しつつ、最悪の不正どうしがいがみ合う社会がある。幸福の名の下で、各人が自分には桎梏だと感じられたものを破壊するようになる。この精神の「動物の国」は緊張関係や対立に貫かれた「市民社会」において頂点に達する。そこでは、利潤によって幸福が正当化されるがゆえに、個人が力を拡げるための行動はなにもかもが合法になるのだ。だとすれば幸福社会を道徳化する術があろうか？

ヘーゲルはこの問題がはらむ曖昧さを曇りなく論じている。道徳性はそれ自体が現実を迂回していることが、ここでは認識されているからだ。道徳性はそれでも高尚さ、そして頑なまでの高雅さといった雰囲気をまとってはいる。しかし、義務の感覚や、それが身にまとっているように見せかけている進歩へと向かう純粋にして近づきがたい合目的性が、もっとも特殊かつ下品な利害関心を満たすために、夢まぼろしのように、つまりはある種の狡知のようにその姿を現す。「個人がおのれの欲求のために行う労働は自分自身の欲求のみならず、他人のそれをも満たす。そして他者の仕事を介することでしか、自分自身の欲求を満足させることはできない[*51]」。ここには偽装された利害関心がある。解明するにふさわしい欲望の二重性がある。マルクスや、また少し違った意味でニーチェにも先駆けて、ヘーゲルはカント的な道徳に対する批判を行っている。それは夢のような目的や、良心を呼び覚ましそうな気高い廉潔さを育みそうな雰囲気だけは持っているためにブルジョアがいかにもイデオロギー的に推奨する、ただ華麗なばかりの美徳を目指しており、それゆえわれわれの日々の行動や市民社会の恐怖といった現実からわれわれを迂回させてしまうのだ。《道徳》は、おのれの最悪に下品な欲望に触れると、そこから自分の責任をすっかり払いのけてしまおうとする意識と響き合うものなのだ。

この幸福が目指すのは「熟れた果実のように生を摘み取る」ことであり、それゆえもっとも観念的かつ実用性のない考察のなかに不可解な目標を見つけ出しては、「精神の動物的生」を、他者を前にしたときの自分のもっとも軽蔑すべき傾向を覆い隠そうとヴェールを投げかける。この場合の他者とは、誘惑すべき相手でもあるが、同時にしばしば足手まといなものや家庭生活程度の扱いを受けることもある。幸福の名の下にほとんどの人びとが、あるいは消費すべき果実へと向かう巨大な流れと言ってもいいが、そういったものが疎外されてしまうことになる。そして、生を嫌悪すべきものにしてしまう進歩という名の渦に取り込まれてしまうのだ。[*52] そこに適応できていないことに気づくやいなや、ひとは疑念の光が自分を照らしていることに、背信の輩 *renégat* だ、いっさいの価値あるものを否定して否定的な側面しか受け入れない犯罪者だと非難されていることに気づくというわけだ（背信の輩 re-négat〔再度否定する者〕という言葉はここでは否定の否定のような強い意味で理解せねばならない）。

心情と自負の狂気

われわれは互いに相対するそのときは、共食いする爬虫類となる。自分のしっぽも食う。だが、そこから抜け出したい、心情の掟に勝たせてやりたい、たとえば上級審のような形でもいいから自分が法の外にあるようにしたい、とも思っている。しかし、この社会の冷酷さからそこそこ身を引いた姿というのが、おのれの素晴らしき内面にひきこもる、とどのつまりは人畜無害な美しい魂ののんきさと合致するということではない。信条はおのれの内に根深い掟を見出す。それがおのれを励まして、歴史の現実や革命の恐怖、期待はずれに終わる暴動から身を守りたいばかりに無為を貫いたり象牙の塔で研究したりするのはやめようではないか、と言ってくる。信条とその掟は世界の潮流の外にあるわけではない。

この掟は、自分がギロチンの刃の下にいることを認めることを拒んで自分自身のなかに立てこもる「美しき魂」が完全な幻滅に終わることをまだ認識していない。

心情の掟は、これよりははるかに勇敢な人物像に合致する、ある精神状態に関係している。この人物像はおそらくシラーの『群盗』に始まって、一八一九年つまり『精神現象学』のすぐあとに出版されたワルター・スコットの『アイヴァンホー』に至るまで、文学史に散見される「正義漢」のなかに具現されている。この物語は王権の復興という側面から戦いを位置づけている。他方でシラーが描くカール・モーアは本質的に法の外にあり続ける。そこで触れられた、人間の争いをワニのそれになぞらえる弱肉強食の世界観はスキャンダルを引き起こしたものであった。

問題は、このような競争的な環境に首を突っ込んでいる以上、おのれの元来の傾向に従っているときも、自分のなかで一番まっとうな感情にしたがっているときも、心情の純粋さは無傷のままではいられないということだ。それぞれの人間は、現実に直面したそのときは自分の内に記された正義を読み取ろうとするものだ。しかしその正義は揺れ動き、最良の者たちさえも、最低の犯罪者であることが明らかになった最悪の連中であるかのように責め苛まれる。心情がもっとも冷酷な掟に帰着し、そのまっすぐな意図が予期したものと反対の結果を生み出したとき、どうすればきりきりとするような矛盾を経験しないで済むというのか？「人間の幸福をつくりだすこと」[*53]から何を期待しろというのだろうか？

美しき善意にあふれた心情が見つめる世界と、そこで感じられた不公正とは、心情にとっては次第に自分自身の恐怖であるかのように現れてくる。この意味で、もっとも人道的かつ揺らぐことのない行為であっても、それが実現されたときには非人間的、悪魔的なものに変わってしまい、破滅的な結果を招くということもありうるわけだ。あまりに多くの場合で、人道主義と抗議活動はただの高貴な掟の姿でしかない。高貴とはいえそれは、あまりに道徳的なやり方で援用され、その見かけの普遍性がねじ曲げられた、善悪の彼岸に位置することなどあり得ないような掟でしかないのだ。おのれのちっぽけさや悪しき自己イメージに苦しんでいることを踏み台にして、世界の救援や大義のための戦いへと話はいきなり大きくなる。「［行為から］生じた人間性は掟と心情の統一によって生まれる幸福のなかでは生きられない。逆に［…］残酷な分離と苦痛のなかで生きるか、あるいは［社会的］掟を逸脱したために、自己自身が優れているという意識を持てないままで生きるのである」[*54]。現実の方が心情の掟に対して妥協し、その意図の英雄的な純粋さによって逸脱させられねばならないかのようである。かといって、「おのれの優れた意図と対立する他人の心情」[*55]と衝突しないというわけでもない。心情は自分の秩序を世の流れに押しつけようとしてもそのまっすぐな意志の実現が叶わぬものとなることを知る。理念的なものが政治的破局へと暴走していくことは避けがたいのだ（ヘーゲルは破滅と精神錯乱について語っている[*56]）。

　おのれの掟を現実に作用させようとする努力によって、心情は自分の外の至るところで、いかにそれがかかげた目的とはまったく反対の秩序に変質してしまうかを見ることになる。この種の経験から意識は、善悪は同じ生地で出来ていると感じとる。しかし、他人に対する嫌悪感を捨てることなしに、自分に対して嫌悪感を抱くというのはいかにも難しいことである。この重心の移動によって、ある形態の狂気が生まれる。善意あふれる個人と、かれの純粋さに刃向かう集団との逆説的な関係から狂気を抽出することによってその深刻な病理を指摘したのは、唯一ヘーゲルのみである。この症状――ヘーゲルの目には病理的なものと映った――は、一人の主体に内在するものというよりは、まずは関係論理に由来するものであるように思われる。

狂気とは、もっとも誠実な心情が、自分の幻影、つまりただ観念的なばかりの掟がおよそ一貫性を欠いたものだと否応なく気づかされてしまい、にもかかわらずそれを現実に押しつけようとするそのとき発症する。自分の当初の、そのときは素晴らしかった企図が逸脱するのを見つめるとき、心情は自分自身にとって見知らぬものになってしまう。抽象化が引き起こす事態に気づかないわけもない。その抽象化を口実にむなしい戦いが引き起こされるのだから。たいへんに高貴な原則から生じたしばしば血なまぐさい現実には目をつむり続ける。非現実的なものと現実的なもの、幻影と真理、それが同じ意識のなかで内破する。最善の意図がどのように変質してしまうのかを理解しないでいることは難しい。革命家は一つの町をまるごと移住させ、あるいはこの世界から分離独立させる。だが、最終的には――いわゆる悪から守るために――その都市に集団自殺という形を押しつけて終わる。このとき、この革命家は非現実性の境界に立っている。現実になった悪夢のようだ。自分に都合のいい口実を探すが、しかしその責任は自分の外に求めようとするのだ。悪の責任をとるのは自分ではなく他人である。「人類の幸福を願って高鳴る心情が［…］意識のぶちまける怒りへと変わり［…］このとき、意識は自分の外に自分自身の裏返しを投影している［…］。こうして意識は、普遍的な秩序が心情の掟とは正反対で［…］狂信的僧侶や飽食家の暴君が作ったものだと非難するのである[*57]」。

革命家は（善悪の彼岸にいる背信の輩たる哲学者とはまったく違って）外の世界に十分な数の罪人を探し出し、自分の企てが失敗したことを正当化する。このような意識は、至るところに陰謀が企まれていると察知し、それを自分がひきこもったり逃げ出したりする口実にするものの、《善》の名の下にかれが関与した大虐殺という誰の目にも明らかな結末を前に、これ以上自分に嘘をつくことはできなくなる。自分自身が狂っているのだということにしてしまうのなら話は別だろうが。自分を支えた動機が持ちこたえられないものになっていることはすっかり分かっている。《歴史》のなかですでに散見されるように、善良な伝道者は自分に原因のある自殺や誘拐などの責任を免れようと、このような破滅をなかったことにし、それは殉教なのだというありもしない形を押しつけようとする。こうすることで、社会全体に関わってくるはずの責任をすっかり放棄してしまうのだ。このような狂気、パラノイアの形態は悪党一味の親玉ばかりの問題ではない。こうした形態を伝染させるネットワークの集合を考えてみるべきだろう。かれらは狂信主義からお追従やおべっかを強制し、それが思い上がった狂気をさらにつけあがらせるのだ。『自発的隷従』〔ド・ラ・ボエシーの同名の著作を指す。〕はこの事実についていくつかのことをすでに述べており、そこでは権力側の欲望は、ある種の社会的倒錯を支える幾百万の人殺しの手を必要としていると述べられている。その倒錯によって実現されるのは、「個別者が相互に強化しあい、また解体しあうというむなしい戯れ[*58]」以外のものではあり得ない。真の背信の輩は、美徳の装いの下に隠れているだけの背信の輩よりも勇敢だろうという期待は持てるのだ。

美徳と世の流れ

世界との対決のさなか、反逆者のヒロイズムは——もっとも、山賊たちの名誉の掟なるものとそう変わるわけではないが――自分たちの最良の意図が実践的には惨憺たる失敗に終わることを目の当たりにする。この倒錯を前にしたヒロイズムは慎重になり、そのせいで個体は次第に風車と戦っているような気分になってくる。そしてついには、戦いによって悪を糺しているつもりだったものが、くたびれた、むなしくも空疎な言説に取って代わられてしまう。それは美徳の一形態ではあるが、ただの原則の確認以上のことは何もできない。かれらの責任放棄を見てわれわれは、あんなにも崇拝された英雄たちもただ自分のためだけに、自分の特殊な利益関心のためだけに行動していただけで、それで自分の情熱に囚われて独裁者になってしまったのだ、と学ぶ。こうなると、かれらは支配者としての意志だけを口実に行動することしかなくなってしまうというわけだ。

心情はその思春期に、つまり反逆への情熱に燃える青年期にあった。しかし幻滅は抗いがたくかれらを引きずっていき、翼の折れたかれらは次第にひきこもっていくようになる。世の流れのなかのもうどこにも理想的なものを見ようとしない、ありとあらゆる利害関心を失った賢明な隠遁者、というわけだ。ここには「イデオロギーの死」の一形態が見られる。つまり、理想が連想させるテロルよりは理想の不在を好む実践的な順応が見られる。死を招く理想よりは理想の死の方がましなのだ。「われわれの時代の文化において、この種の雄弁さがむなしいものであるということは、無意識的には確信といえるレベルにまで達しているように思われる」[*59]。これが、美徳ある個人が世の流れを前にして抱える逆説である。現実に作用しようとする行為とみれば見境無く引きずり下ろして、その反対のものにひっくり返してしまうのだ。どの世代にも見られる精神状態はこのようなものだ。政治闘争に疲れ切った結果、妥協と不信ばかりが募るのだ。かつての反逆者はあっという間に、しかも少々グロテスクなまでに、既存体制に反対する夢想家たちに道徳的な説教をするような人間に変わってしまう。

いまや異議申し立てをする個人こそが廃棄されるべきなのだ。美徳に満たされた批判の言葉は、かれらにたいして行使されるべきなのだ。なぜなら、かれらの古くさい闘いは専制的、利己的なうえに、個別性を排除したものであろうとする法に対して喧嘩を売るばかりの権利要求へと変じて、みずからを捨ててしまったからである。世の流れのなかで示される秩序のもとでは、貪欲な者同士がいがみ合い、そしてこの秩序自体も、さまざま営利目的や、およそ道徳的とはいえぬ利害の一致で結ばれた契約のあいだに張り巡らされた規制に従っている。しかし、実践的、政治的領域にたいする行動や発言に対する不信をいつまでも引きずって、倫理的、つまりは宗教的な儀式のそれのように硬直した諸規則からなるもっとも過酷な法——絶対的秩序——に味方する、などということがあってよいものか？　ここには違うかたちの圧政が覚醒しているのではないか？　こうした袋小路を前に、ひとはまだ美徳を甘受していられるのだろうか？　この困難に直面した美徳は当然、満足を求めてどこかよそに引きこもり、そのために、自分を世界の外に位置づける。無償の善意という名目でそうする場合もあれば、もっと悪い場合では扉の内側に隠れて居眠りし、そして安全な場所で自分の才能や能力、天分を育むという場合もあるだろう。[*60]「美徳の騎士」が戦いのなかで抱いている「唯一の心配は自分のぴかぴかの剣を汚さないことである」[*61]。

このように強い個体性へとひきこもることで、小説に似つかわしいような人間像が登場することになる。ドン・キホーテまがいのものもあれば、果ては聖マルタン〔四世紀のキリスト教の聖人。物乞いにマントを引き裂いて与えた故事で知られる。〕のようなものも出てくるだろう。他人や自分自身から得られる敬意をうっすら期待して、かれのまねをして仰々しい美辞麗句とともにマントを与えたはいいが相手は泥棒だった、という具合だ。このとき、世の流れは破竹の進撃を続け、そして野蛮さによって瓦解する。だが、言ってみればその勝利はむなしい勝利なのだ。「世の流れは、こうした人類の最高善やそれが被る抑圧について、さらには善のために支払われる犠牲についての華麗な言説によって勝利する。そしてその才能を浪費する。この種の本質や理想的目標は、心情を高揚させる空虚な言辞同様に崩壊し、空虚な理性を残す。［…］自分も他人も得意満面だが、中身なくむくんでいるだけでしかない」[*62]。

なにもしない美徳以外に何一つ価値あるものがない、というこの息苦しさ、この無行動を前にして、真摯な個人は暴発してしまう。そして「意識は、まるでひとが足下につまらないマントを投げ捨てるように、善それ自体の表象をなげうってしまう」[*63]。言ってみればタオルを投げるのだ。次第に「情熱なくしてはこの世で何一つ偉大な事績は達成されない」[*64]ことに、そして世の中は美徳あふれる精神が示唆するほどには悪いものではないことに気づき、そうして純粋な美徳を捨てるのだ。「個人は、自分はこの世の流れのなかで自分自身のためにだけ、あるいは利己的な利害関心によって行動していると考えるかもしれないが、しかし自分でそう思っているよりはましである。かれの活動は同時にそれ自体で普遍的な活動でもあるからだ」[*65]。

理性の狡知

中立という道徳は罠にもなる。たんなる中立としての美徳はいささかの美徳も持ちあわせないからだ！　われわれの生活や欲望に影響しない、中立で純粋な行為なるものは存在しえない。それがあるとしても、それは単なる幻影でしかない、現実と関わりを持とうとしないみすぼらしい傾向でしかないだろう。ヘーゲルもまたこう断言することになる。「普遍的《歴史》において、われわれは現れてくるがままの《理念》と関係する」。われわれの傾向にたいして中立的な「かくあるべき」《理念》ではなく、われわれの体質そのものに入り込んでくるような、つまり「人間の意志と自由という境位にある」[*66]《理念》である。意志の源泉は下劣と見なされた情熱に対して中立ではいられない。理念的なもの、という名の中立な青空に宙ぶらりんに保留されているものなどない。悪はわれわれの偉大さを構成する一要素である。悪が示すのは、忌むべきもののおぞましい名を冠した禁じられた領域、烙印を押された一帯である。

もうすこし穏当な言い方をすれば、情熱とは無意識の手先で、《歴史》はそれを利用して動き出す。しかし、われわれの行動がただひたすら強欲だと仮定しても、それが実現可能な秩序とは両立しないというわけではない。「同時に何か隠された別のものがそこに生じてしまう。意識はそれに気づかない。その視界には入らないのだ」[*67]。まさにこの種の運動こそ、『精神現象学』がその犯罪計画を通じて引き起こそうとしているものである。その計画においては、意識は古い意識のなかに隠されていたもの、今現在のあり方のなかに含まれていて、そのマスクがはがれたときには《歴史》の新しい一章が開かれるような普遍的なものを発見することで、新たな形、新たな段階へ移行する。この理性の狡知のもとでは、普遍的なものは特殊という仮面を付けている。「直接的行動が同時にそれを行った人間の意志や意識の考え以上に広範な何かを含んでいることもあり得る」[*68]。

たとえ最悪に利己的なものであっても、それぞれの身振りのなかには、自分の利害関心のためにそれを行った人間の個人的意図を超えた結果の連鎖が隠されている。「活動している者はつねに個人的である。行動しているときのわたしはわたし自身であり、自分自身の目標を達成しようと努めている。しかし、この目的は良い目的でもあれば普遍的な目的であるかもしれない。利害関心はまったく特殊なものかもしれないが、しかしだからといって《普遍》と対立するとは限らない。普遍は特殊によって実現されるはずだからである」[*69]。ここに見られるのは、非常に斬新な普遍性概念である。それはエネルギーに、生きた個人の決定に従属しており、そのもっとも個人的な利害関心を突き動かしたであろうもの、その心の琴線や意志を動かすもっとも強い原動力となったであろうものを実現するために、いっさいを犠牲にする。行為者がおのれの特殊な行動がはらんでいる普遍的広がりを意識していなかったとしても、ことは変わらない。普遍が実現されるときには、力能への意志の一形態が伴ってくるものなのだ。それは弱さの隠れ蓑、つまりは目標に到達できない力能を偽装して正当化したに過ぎない美徳の産物ではない。ヘーゲルの偉人賛歌やナポレオン崇拝はこのような、ニーチェとも相当に近い関わりあいから理解せねばならないのだ。だからナポレオンに嫌疑のかかっている諸々の犯罪も大目に見てやらなければならないというわけである。

偉人とは英雄である！　偉人というのは、一つの時代がかれの意志やその非常に個人的な目標のなかに隠してしまったものを、おのれの力能によって無意識の世界から解放することができる、そんな人物像のことなのだ。英雄のまなざしのもとで、特殊な行動のなかに身を潜めていた普遍が、はっきり目に見えるものになる。その時代の創造的な価値をもっとも高度に表現するのがかれなのだ。このとき、情熱に駆られた行為には、直接的な利害関心に偽装された高次の目的が与えられる。偉人たちの創造的な身振りには、超人的な何かがあるのだ。「平穏無事を司るシステムとして、体制によって管理された世の流れのなかからは、自分の目的や役割を汲み取ろうとはしない」[*70]。かれらは犯罪者のように嘲笑され、非難される。一般常識の決まり事や多数派に共有された良識に漬かったひとの真似を決してしようとしないからだ。英雄が見ているもの――そして世論によればそれこそがかれの犯罪なのだが――、それは美徳の支配する多数派の見解から抜き出したものではない。そういう個人は、それを隠し立てしたり、つまらない意図をごまかそうとしたりはしないのだ。偉人は自分が否定することになる支配的価値観を前にして言い訳をしようとはしない。かれらはその異議申し立てのゆえに否応なく否定者、反対者、背信の輩にされてしまう。「かれらは自分を正当化するが、それは既存の秩序からではなく、別のところから引き出されたものだ。それが隠された《精神》である。それはいまだ地下に潜んでいるため、いまここにあるものとなってはいないが、しかしそれでも現在の世界に衝撃を与えている。なぜなら、そのせいでこの社会が自分の中身に見合わない殻のようになってしまうからだ」[*71]。偉人とはあまりにも違う者なのだ。偉人はその時代の声に耳を傾け、そしてそこからすべての可能性を引き出そうとする。道徳はそうした可能性を無に等しいものと見なそうとするが、偉人はおのれの力能と意志を足場に、創造という名の自己関係に持ち込むことでそれと戦う。かれは新世界の冒険者である。その世界はかれのなかで扉を開いている。もしかすると、かれは意識的にはこの真理を知らないかもしれないが。そして、おのれの強欲な利害関心を一枚めくってその下からこの真理を引き出したそのときは、かれこそがこの真理の名となるのである。繊細極まりない花はどす黒い土地に芽吹く。復讐に燃えたこの人物は、腹の底から湧く勇気をもってその定式を、つまり自分がただ一つ意志する対象と認めた同時代に固有の概念を、生きたかたちで分節化し現実のものとする。「偉人たちはこうやっておのれが望むものを知る。それは肯定である」[*72]。ヘーゲルを読解するドゥルーズは、ただその否定的、反動的な側面しか見て取ろうとはしなかった。かれの素晴らしいニーチェ分析との関係もあってそうせざるをえなかったのだろう。だがその読解をこの定式と共鳴させてみたら面白いことになるだろう。

作品

われわれはここで、事物として具現化される《精神》をこの世界に到来させる段階的な運動として辛抱強く展開された哲学的犯罪計画のターニングポイントにたどり着いた。「一つの事物、それは自己意識によって自己意識のものとして生みだされた対象［…］でありつつも、対象、正確な意味での対象、つまり自由な対象であることをやめない」[*73]。この世界で、意識はまずはまったく見知らぬ現実に注意を払っていた。「塩の欠片」としての対象も、抽象的な法則に支配された遙か彼方での星々の運動もここに位置する。しかし、意識はやがて自分自身に焦点を移し、生産物、労働による人工物、消費の対象を眼前にする。そのとき意識は自分自身の欲望や大地がそっくりそのまま与えてくれる果実ではなく、人間の手によって作られた産物に目を向けているという意味で、克服された動物性を感受できるのだ。だから、パンとワインのもとに《神》が象徴化されるわけだ。しかし、これらの産物はまだあまりに外的で、理性や偉人を心の底から満足させるには足りない。かれらにとってはその利害関心は作品に、あるいはヘーゲルがかれらの「行い」と「努力」と呼んでいるものに向かっているということを、われわれは見てきた。

自然の対象、さらには生産物さえも持続するたぐいのものではない。本質的に交換可能で偶然的なものである。地獄のような消費のループのなかでリサイクルされていく古い家具のように交換のサイクルに入り込んでいるのだ。ヘーゲルが「事物自体」と呼んだものもそれは同じである。事物自体 *Die Sache selbst* は「事物」(*Ding*) でもなければ「対象」でもなく、「現実化された目標」である。いっさいあまりを残すことなく、精神と質料とが結びあわされる真剣な事案である。作品を作るものと、作品として作られた事物は《絶対者》の姿のなかで交錯する。それは意識にとっては鏡のような姿である。というのもそこでは、実体と主体、質料と精神とが一緒に具体化されるからである。このように言ったからといって、われわれはまだ具体的な《歴史》の跡をたどれているわけではない。《精神》はその道に沿って世界へと足を踏み入れ、しかるのち芸術、宗教、あるいは政治の登場というかたちでおのれにたどり着き、おのれを再認するのである。われわれは、すでに分析した諸形象や諸構造をさらに高みへともたらす世界の精神的契機を把握していない。『精神現象学』はいまやその物語を再開し、それを一つの創世記、一つの《歴史》のなかで再始動させねばならない時に来ている。それは段階的な《歴史》であり、人類はそこから世界をつかみ取り、そこに超人的な痕跡や諸々の外化を残して去っていく。事ここに至っては、もはや思惟とは目の前に置かれたすべての作品を通じて、この外化のなかで一者を構成しているものに過ぎない。

意識は自分の置かれた時勢と調和するために、諸々の時代を通ってゆっくりと前進する。意識はその時勢に向かってまずは光を投げかけ、刃を投げつけるが、しかしなぜ自分が調和を感じないのかは必ずしも分かっていない。ゆえに、この諸時代を再考する必要がある。街を眺める、寺院を眺める、あるいは絵画を眺める、それはよくわからないでそれを見ている人間にも衝撃を与えることはあるかもしれないが、しかしかれらから心からの賛同を獲得することはない。芸術、科学、あるいは政治、それは辛らつな批評なしにはやっていけない。さもなくばそれは、敵などもはやものの数でもないのでしきたりを逆なでする連中など殺してしまおう、という状況で砂漠を横断するのと似たようなものになってしまう。しかし、だからといって統制や再占領に抵抗する必要がなくなったということではない。事態が緩和したと信じさせるためのマスクとしてそれを利用する必要も時にはあるからだ。あきれるほど多くの場合、その時代の行為者たちは、自分の環境のなかでは心痛と不満しか感じていない。一方では自分の作品を我が物顔で利用する社会に、他方では公序良俗からすれば犯罪であろう自分自身の意志の狭間に立たされているからだ。自分が再認されるにはまだまだ遠い時を生きているのだ。かれがそこで現実化しなければいけない事物はデフォルメされ、その質料はといえば概念形成には適さずその妨げにさえなることに落胆させられる。ヘーゲルはわれわれの有限性を強く意識していた。作品がいかにそれを作り上げた人間の手を逃れてしまうか、どうやって作品の方が作者より長生きするのか、しかしそのために作品は作者を打ち棄てて、予見できない運命と流転のなかに疎外されてしまうのではないか、そういったことを最初に記したのはヘーゲルだった。「したがって作品は一般的にはかないものであり、別の力や利害関心からの反作用でかき消されてしまう。つまり、むしろ失われていくものとしての個体性の現実を表しているのである」[*74]。その価値を認められず、あるいは本来の意味を逸脱させようという意図に巻き込まれ、さらには「注いだばかりのミルクにたかるハエのようにやってきては我がことのように画策し」[*75]作品を裏切る解釈に取り込まれる、そうした扱いを受けて、作品はその作者を手放してしまう。このような精神の動物性、つまり、作品を笑いものにしたり、あるいはその甘い汁を吸ったりすることでその作品を自分のものであるかのように主張する横領が横行するようになると、作品は作者の当初の表現から遠ざかり、偉人や芸術家たちはその分ある種の困窮に陥って幸福を感じられなくなってしまう。「作品のなかに偶然性が生み出される。この偶然性が完成されたものの特徴なのである」[*76]。完成された行為は自律の道を歩む。作者はもはやそこには影響力をもっていない。マラルメがのちに言うように、詩は作者を表現するのではなく、漂流する紙の小舟のように極度の偶然性へと座礁するのである。詩を覆っているのは記号、それもその偶然のせいで作者が望んだものとはまったく違ったものを読み取ることを可能にする記号たちである。近代の困窮の特徴である彷徨に倣うかのようだ。この作品の運命に対して、作品の意図を度外視してそれを偶然的な意図へと巻き込んでいく宿命に対して、そんなことはまったくない、「骰子一擲は偶然を廃棄せず」と主張してみるべきではないのだろうか?

ともあれ、ヘーゲルが作品と事物自体を論じた箇所でアプローチしているのはこの困窮である。したがってわれわれとしては『現象学』全体を通じて、作品という死文あるいはその質料が《精神》と、そしてそれらを活気づける意味や自由と、再び結びあわされる奪還運動を捉え直さねばならない。『精神現象学』はこうしてそれぞれの世界の年代を、時勢の形によって生み出され表現される事物と精神とのあいだの葛藤のなかから考察することで、本当に能動的な段階へと移行する。時勢の形とは、事物を取り集めるものでもあれば同時にそれを失わせるものでもあり、かくして過酷で危険な奪還へと向かうのである。それが、新たな時勢を特徴づけるものなのだ。ヘーゲルの小説は、その歴史が世界へ浸透し《歴史的》になる物語である。それはただ並べられた章立てとしてではなく、ひと続きのシリーズとして理解されるものなのだ。精神は、事物のなかでその真の自己意識に到達したからには、この運動をすべてやり直し、そして多元的な《歴史》の意味を、沈黙のうちに働く心性の諸契機を、そこに重ね合わせるにいたらねばならないのだ。「自己意識の目には、感覚的確信そして知覚といった通常の事物はいまや自己意識によってのみその意味を持つことになる。ここにこそ、通常の対象と、原因としての、だれかにとっての事案となる《事物》の違いがある。意識はそこで、感覚的確信と知覚に対応する一つの運動を踏破する」[*77]。しかし、外見的には塩や巨石というかたちをとった質料に取り組んでいた以前のこうした経験とは違い、意識はそこにみずからの作品、倫理となった実体を見出す。事物はその解釈なしには無に等しく、その解釈はまた、その出自となる世界や社会に依存する。世界を生み出し、社会的現実を直に作り出す偉人たちを真似て、意識は諸法則や文化的構成のなかに自分自身の意味を発見する。これ以降問題になるのは、こうした作品を連鎖させ、諸時代のあいだを循環させ、比較させ、そしてマトリョーシカかタマネギの皮のように層をなす行程へと積み重ねていくことのできる一つの犯罪計画ということになろう。一つの円環の中の諸々の円環。それは時系列的なものではない。一つの回顧的な運動に含まれている。ヘーゲルはそのことを《絶対知》と形容することになるだろう。それこそ、かれの全《作品》となるに値する。「決して偶然を廃棄しない」骰子一擲。そしてここでは、個人はことを始めに戻して始める自由がある、ということが、一つの犯罪として感じられるはずである。

原注

＊1——「理性の確信と真理」、PH. E., p. 178〔邦訳上巻二六九—二七〇頁〕.

＊2——Georg Wilhelm Hegel, *Leçon sur la philosophie de l'histoire*, trad. Gibelin, t. II, Vrin, Paris, 1945, p. 195〔ヘーゲル『歴史哲学講義』武市健人訳、岩波書店、一九七一（以降『歴史哲学』と略記）、下巻一二四頁〕.

＊3——「理性の確信と真理」、PH. E., p. 179〔邦訳上巻二七一頁〕.

＊4——*Ibid.*, p. 179〔邦訳上巻二七一頁〕.

＊5——*Ibid.*, p. 182〔邦訳上巻二七七頁〕.

＊6——*Ibid.*, p. 183〔邦訳上巻二八一頁〕.

＊7——*Ibid.*, p. 182〔邦訳上巻二八一頁〕.

＊8——*Ibid.*

＊9——「自然の観察」、PH. E. 185〔邦訳上巻二八三—二八四頁〕.

＊10——*Ibid.*, p. 187〔邦訳上巻二八六—二八七頁〕.

＊11——*Ibid.*, p. 188〔邦訳上巻二八八頁〕.

＊12——*Ibid.*, p. 188〔邦訳上巻二八九頁〕.

＊13——「力と悟性」、PH. E., p. 141〔邦訳上巻二〇四頁〕.

＊14——*Ibid.*, p. 189〔邦訳上巻二九一頁〕.

＊15——*Ibid.*

＊16——*Ibid.*, p. 190〔邦訳上巻二九二頁〕.

＊17——*Ibid.*, p. 192〔邦訳上巻二九六頁〕.

＊18——*Ibid.*, p. 195〔邦訳上巻三〇一—三〇二頁〕.

＊19——*Ibid.*, p. 197〔邦訳上巻三〇五頁〕.

＊20——*Ibid.*, p. 192〔邦訳上巻二九七頁〕.
＊21——*Ibid.*, p. 193〔邦訳上巻二九八頁〕.
＊22——*Ibid.*
＊23——*Ibid.*, p. 198〔邦訳上巻三〇七頁〕.
＊24——*Ibid.*, p. 199〔邦訳上巻三〇八頁〕.
＊25——*Ibid.*, p. 209〔邦訳上巻三二五頁〕.
＊26——*Ibid.*, p. 214〔邦訳上巻三三五頁〕.
＊27——*Ibid.*, p. 216〔邦訳上巻三三七頁〕.
＊28——「自己意識とその直接的現実との関係の観察——人相学と骨相学」、PH. E. p. 223〔邦訳上巻三五一頁〕.
＊29——*Ibid.*
＊30——*Ibid.*, p. 226〔邦訳上巻三五六頁〕.
＊31——*Ibid.*, p. 235〔邦訳上巻三七三頁〕.
＊32——*Ibid.*, p. 237〔邦訳上巻三七八頁〕.
＊33——*Ibid.*, p. 245〔邦訳上巻三九一頁〕.
＊34——*Ibid.*, p. 223〔邦訳上巻三五一頁〕.
＊35——*Ibid.*, p. 235〔邦訳上巻三七二頁〕.
＊36——*Ibid.*, p. 220〔邦訳上巻三四六頁〕.
＊37——*Ibid.*, p. 222〔邦訳上巻三四九頁〕.
＊38——*Ibid.*, p. 216〔邦訳上巻三三八頁〕.
＊39——*Ibid.*, p. 246〔邦訳上巻三九四頁〕.
＊40——*Ibid.*, p. 248〔邦訳上巻三九七頁〕.
＊41——「序論」、PH. E., p. 34〔邦訳上巻二六頁〕.
＊42——*Ibid.*

*43――PH. E., p. 243〔邦訳上巻三八八頁〕.
*44――Georg Wilhelm HEGEL, *Esthétique*, PUF, Paris, 1953, p. 21〔『美学』第一巻の上、七八頁〕.
*45――ジャン゠リュック・ナンシーが否定的なものの不安について取り上げた意味がこれである。以下の著作の、特に第三章を参照。Jean-Luc NANCY, *Hegel, l'inquiétude du negative*, Hachette, Paris, 1997〔ジャン゠リュック・ナンシー『ヘーゲル――否定的なものの不安』大河内泰樹、西山雄二、村田憲郎訳、現代企画室、二〇〇三〕.
*46――Georg Wilhelm Friedrich HEGEL, *Principes de la philosophie du droit*, trad. R. Derathé, Vrin, 1982, § 198〔ヘーゲル『法の哲学』藤野渉、赤沢正敏訳、中央公論新社、二〇〇一（以降『法の哲学』と略記）、第一九八節、第Ⅱ巻一一八頁〕.
*47――PH. E., p. 223〔邦訳上巻三五二頁〕.
*48――*Ibid.*, p. 224〔邦訳上巻三五三頁〕.
*49――*Ibid.*, p. 255〔邦訳上巻四一〇頁〕.
*50――*Ibid.*, p. 273〔邦訳上巻四四六頁〕.
*51――*Ibid.*, p. 250〔邦訳上巻四〇〇頁〕.
*52――「自己を確信する精神、道徳性」の展開はこの方向性で読み解かねばならない。PH. E., p. 248-320〔邦訳下巻一九一―二六九頁〕.
*53――「心情の掟と思い上がりの狂気」、PH. E., p. 259〔邦訳上巻四一八頁〕.
*54――*Ibid.*, p. 259〔邦訳上巻四一八―四一九頁〕.
*55――*Ibid.*, p. 260〔邦訳上巻四二二頁〕.
*56――*Ibid.*, p. 262〔邦訳上巻四二四頁〕.
*57――*Ibid.*, p. 262〔邦訳上巻四二五頁〕.（一部改訳。）
*58――*Ibid.*, p. 264〔邦訳上巻四二八頁〕.（ここではより示唆に富むイポリットの訳に従う。）
*59――*Ibid.*, p. 270〔邦訳上巻四四〇頁〕.
*60――「美徳と世の流れ」、PH. E., p. 267〔邦訳上巻四三四頁〕.

＊61――*Ibid*., p. 268〔邦訳上巻四三六頁〕.
＊62――*Ibid*., p. 270〔邦訳上巻四三九頁〕.
＊63――*Ibid*〔邦訳上巻四四〇頁〕.
＊64――Georg Wilhelm Friedrich Hegel, *La Raison dans l'histoire*, trad. Kostas Papaioannou, UGE, 1965, p. 109〔邦訳『歴史哲学』、上巻八六頁〕.〔なお以降の『歴史哲学』のフランス語版はすべてこの版に切り替わっている。頁数の指示もそれにならう。留意されたい。〕
＊65――PH. E., p. 271〔邦訳上巻四四一頁〕.
＊66――Hegel, *La Raison dans l'histoire*, *op. cit*., p. 105〔邦訳『歴史哲学』には版の違いのため未収録〕.
＊67――*Ibid*., p. 111〔邦訳『歴史哲学』、上巻九三頁〕.
＊68――*Ibid*., p. 112〔邦訳『歴史哲学』、上巻九四頁〕.
＊69――*Ibid*., p. 107-108〔邦訳『歴史哲学』には版の違いのため未収録〕.
＊70――*Ibid*., p. 121〔邦訳『歴史哲学』、上巻九七頁〕.
＊71――*Ibid*.
＊72――*Ibid*., p. 123〔邦訳『歴史哲学』には版の違いのため未収録〕.
＊73――PH. E., p. 281〔邦訳上巻四六一頁〕.
＊74――「精神の動物の国と欺瞞あるいはもの自体」、PH. E., p. 279〔邦訳上巻四五七頁〕.
＊75――*Ibid*., p. 287〔邦訳上巻四七〇頁〕.
＊76――*Ibid*., p. 280〔邦訳上巻四五九頁〕.
＊77――*Ibid*., p. 281〔邦訳上巻四六一―四六二頁〕.（一部改訳。）

第四場

社会的創造

ここではフロイトもラカンも、ヘーゲルほどの勇気を持ってソフォクレスを徹底的に読み込んでいなかったことが明らかになる。それは時代に先駆けてアンチ・オイディプス的であり、かつ反精神医学的でもあった。ニーチェとヘーゲルは、両者ともが企てていた悲劇へのアプローチにおいても、道徳の系譜学のアプローチにおいても、すでに一致を見ていたように思われる。かくして、ヨーロッパのニヒリズムの幕が開く。『現象学』は、われわれの社会の周縁すなわち悪と罪のなかで行われた冒険を通じてこのニヒリズムを診断している。キリストについては、ヘーゲルがおのれの創る哲学のなかでその犯罪を甦らせようという目的をもってキリストの死を理解し判断を述べる際の、反キリスト的なニュアンスを聞き取ることを学ばねばならない。

精神

ヘーゲルのおかげで、《精神》を意識のもっとも奥底に埋め込まれた主体にとっての現実として、接近不可能な内面を掘り下げたその下にあるものと考えることはもはや問題外となった。《精神》は本質的には、肉体とは区別される違う世界に属する秘密の隠れ家のなかにそれを追求しようという、心理学的研究に属するものではない。《精神》が骨や脳機能の集合ではないとしても、それでもそれは客体的であり、事物自体のなかに属するのだ。この塩の一欠片のような対象のなかでもなければ、麦のような生産品のなかにでさえもない。人間という作品に属するのである。これ以降は、無媒介に意味をもたらし、共有され、そしてわれわれを結び合わせる事物としてその作品を構想することが問題となる。

どう見ても他者とは単に、触れることのできない領域へと高められた帽子やコートでない。そういったものは、デカルトのケースがそうだったように（そして別の意味では、フィヒテにとって。かれの場合自我は自己と完全に同等である）、わたし自身がいまここにあることよりも確かだとは言い難いのだ。他者たちはすでに《精神》の内に存する論理に属している。それを一つの織物であると言ってもいい。なにかがただ単に目に見えるものになるだけでよいというのであれば、知覚はべつにそんな織物を必要としない。しかし、たとえばここにあるこの彫像が存在するとしよう。それをまなざしのなかに保持して、その隠れた部分を検証してくれる、そんな他人がいないとき、この彫像はどうなるのか？　この彫像の背後にいる他人が保証することで、この彫像は保持されているのだ。このときその他人は、考え得るすべてのまなざしのあいだで織りなされた普遍的《精神》によって共有された視点を引き受けているわけである。[*1]　おそらくこの彫像は、精神的な動物の国の特徴である諸解釈のあいだの葛藤や、われわれを対立させるさまざまな利害関心の闘争によって引き裂かれているだろう。そしておそらく、作者が与えようとした当初の意味が逸脱していくのを見ることになろう。しかし、他者に読み取ってもらうことも叶わぬまま、その作者の前にひとり留まり続けねばならなくなれば、この彫像は即座にいまここにあることをやめてしまうだろう。止まり木に宿るかのようにそこに羽を休める鳩たちにとって、この彫像は存在しない、というのと事情は一緒だ。鳩たちはそこに、木の枝に対するのと同じ程度の無関心さしか示さない。しかしそれが人間の問題となるやいなや、この人間が表現される実体を探さねばならなくなる。しかしそこには不可避に他者が混入してくる。このような事物と集合意識の連結については、ただ《精神》だけがそれを説明してくれる。それは自己意識を基礎づける内観のなかよりも、むしろ一つの物体のなかに見出される。《精神》は黙想を誘う孤独な瞑想のなかにあるのと同じくらい確実に、カテドラルやロマネスク様式のポーチの壁の上にもいる。

事物と作品の実体そのもののなかで検討されるものとなった以上、意識はもはやこれ以降、事物が見せかけとして出現することを可能にする諸規則の認識論的な状態を問いただすという意味での認識という唯一の領域に位置するものではなくなる。もはや認識能力だけがこうしたプロセスに取り込まれているわけではない。しかし、それならば実践理性の出番だということにもならない。カントにとってそうであったように、実践理性はただ義務ないし主体の自律性によってのみ明らかにされることは確かだが、問題はそこではない。ひとは一挙に別の次元に、つまり美学的、宗教的ないし政治的次元に位置づけられることになるのである。つまり、最終的には《歴史》においてだ。事物は、その事物を形成した多様な契機に応じてこの《歴史》のなかに巻き込まれていく。それによって、この事物は完全に精神的なものへと変わる。とはいえ、クオーツのように堅固で安定したままであることに変わりはない。というのも、すでにその精錬の過程で死すべき個体の生からは解放されているからだ。本質とはもはや単純に思惟するものとして思い描かれた自我ではない。本質とは「自分自身を担う絶対的な現実的本質である。そして、以前の意識の形象はどれもみなその抽象化なのだ」[*2]。ここに至るまでひとは、いくつかの行動モデルを考えることによって、事物が諸存在の認識の側にも、自己の認識の側にも同様に登場してくるようなやり方でものを考えることに満足してきた。この作業は以下のように成り立っていたわけである。「精神はみずからを分析し、おのれの諸契機を差異化し、いくつかの特異な契機に足を止める。これらのさまざまな契機で行われるこの個別化の作業は、《精神》をあらかじめ存在し、かつ存立するものとしており、さらにいえば、それがいまここにあるとすれば、それはいまここにある《精神》のなかだけである」。

このときひとは以前の形象をとどめている。それはちょうど、厳格ではあるがしかし単に知性的なものでしかない形式にしたがって区別される「現象的構造」に留まっているのと同じようなものだとも言える。これ以降問題となるのは、純粋洞察から《いまここにあること》、《理性》から《歴史》へ、諸形象の運動から具体的なものへの生成過程で捉えられた運動へと移行していくことなのだ。ここまでわれわれが、はっきり区別された諸形象に沿って切り分けてきた諸契機は、《存在》の幻影を「そのようなものとしての見せかけを」与えかねないものであるが「それらが展開しおのれの基礎および本質へと立ち戻るのを見てみれば、それが諸契機ないし消滅する量的大きさに過ぎなかったことがよく分かる。そしてこの本質こそがまさにこの諸契機の運動と解体なのである」[*3]。だから、同じ一つの出来事を多元的な解釈によって区別していくためには、解釈の手がかりを結び直して、すべてをやり直すことが必要となってくる。いまここにあるものの運動を追っていくのはわれわれの役目である。いまここにあるものの運動こそが、これらの諸形象のすべてが生成の力によって互いに対立し変容するようにしむけ、そうしてそれらを、その置かれた状態や不動性のなかから引っ張り上げたのである。これが否定である。諸々の視野の対立である。それこそが、こうした諸形象を不動の状態から突き動かすのだ。《精神》にたいするこのような新しいアプローチのもとで、「《精神》が持っているこの理性」が完全に「存在する理性と見なされるようになる。さらにいえばこうである。《精神》のなかで現実に作用している、そして《精神》の世界そのものである理性、それはここでおのれの真理のなかにある。それは精神であり、現実に作用している倫理的本質である」[*4]。これまでは、キュビスムのように視野を多元化することで、固定した同一性をすべて否定的に引き裂いていくような、社会的で、多様な文化形成のなかに置かれた諸々の「現実の精神」という理解のもとにアプローチされていた諸段階を、これ以降は何もかも考え直さねばならない。「ただ一つの意識のさまざまな形象というだけでなく、一つの世界のさまざまな形象になったのである」[*5]。この意味で、ひとはギリシャの都市国家から自己形成の国へと、あるいはここから発して信仰の世界へ移行し、そして啓蒙を経由して革命から自己確信する《精神》の時代へと達するのである。この倫理的、政治的な歴史性のもとに、さらにべつのかたちの《歴史》が重なり合ってくることを考察することもできる。それは言ってみれば、ヘーゲルが人倫に続いてアプローチする芸術と宗教の歴史のようにパラレルなのだ。

契機と形象

ヘーゲルの《歴史》に対するアプローチは、十分に洗練されてはいるが、しかしつねに異種混交の諸形象から構成されている諸契機に沿って行われている。同じ一つの契機のなかにあるにもかかわらず、その中の諸形象は非常に矛盾している。ここで矛盾と言ったのは、それらが共通のジャンルでくくられるものでは決してなく、むしろ一つの時間、一つの歴史的時期によってくくられており、そこではこれらの諸形象それぞれの輪郭や特徴が、それぞれにとって非常に特殊な葛藤を通じて浮かび上がってくるからである。[*6] 精神は真の意味で内的な差異を持たない、論理学的な意味での個別単位のジャンルではない。かくして、ギリシャの都市国家やローマ帝国でさえも、それぞれが《歴史》の特異な一契機を示すことになる。しかしこの契機は類似した、同質の諸形象をより合わせることで出来ているのではない。《精神》の一契機においては、絡み合ったさまざまな形象をその錯綜をフォローしながら考察せねばならないのだ。その錯綜は一時代を画すドラマであり、まったく正当にそれを『世紀』[*7]と呼ぶこともできるだろう。啓蒙の世紀のケースで言えば、これは政治の世紀、倫理の世紀、芸術の世紀だけでなく、これらすべての形象を「自由」という理念によって考察することのできる哲学の世紀とも関係している。ストア派はローマ世界に固有の契機に特徴的な哲学的形象の一つである。懐疑主義はこの形象と対決するに至るわけだが、しかし人格や所有権の法的規定をいまだ説明していない。そもそもそれらを所有する者たちはなによりもまず政治的なのである。それゆえ、異種混交したさまざまなレベルが、美学的、建築的なだけでなく社会的にも組成されているさまざまな形象からなるレベルが、《歴史》の各契機においてどのように融合するのかを考えねばならない。ローマ人の修辞学が持っている重要性とは、ここで身体は彫像のように固まったものではなく、一つの肉体の中に宿るようになる、という点にある。肉体の与えてくれる具体性や安心感が空白を埋めるのだ。しかしそのやり方はあっという間に懐疑的、ないしは喜劇的なものになり、そしてキリスト教を予告するような不幸な意識へと最終的にひきこもっていくようになる。それぞれの契機はいくつかの形象が重なり合って編み上げられていく。ローマのキリスト教が可能になったのは、人格を法的かつ匿名のものとして規定することによって、私的で内面的、信仰と祈りをもっぱらとする宗教を基礎づけたからであるが、このときと同じように、その編み上げ方にも平行に重なるものもあれば、分岐するものもあるわけだ。しかしこうした諸形象――異教に対抗しているキリスト教という形象も同時に存在する――は必ずしも同じリズムを刻むとは限らない。波長や持続が同じではないこともあるだろう。摩擦を引き起こすこともあるだろう。あるいはそこから、たとえば蜘蛛の巣のような罠が張り巡らされることもあるかもしれない。そこでは、誰もが他人の仮面をかぶっている。そうすればその相手をより上手に取り込んだり、その骨の髄までしゃぶったりすることもできる、というわけだ。一つの契機、それは比較的安定したシークエンスのようなものである。だが突然深淵へと転げ落ちることもあれば、一つの形象を受け入れつつも隙間を穿ってそこに身を潜め、戦端を開くこともあるだろう。契機は、互いに矛盾した流れの一時的な安定性の意味である。そして、もっとも危険な方向性を進む一つの力がその流れを奪取する。キリスト教という形象は、同じ一つの契機のなかで別の、たとえばキリスト教に先行し、地域の聖人や崇拝される殉教者、異端の罪人たちを通してしばらくは共存さえしていた多神教の形象と、どのように競合するのだろうか？ こういったものこそ、ヘーゲルが理解した意味での《概念》が説明すべきものである。

ドゥルーズはそういう意味でこう言ったのかもしれない。「ヘーゲルは概念を、その創造物の諸《形象》によって、そしてその自己定立の諸《契機》によって力強く定義した。形象は概念に帰属する。なぜなら形象は、諸精神の継起を通じて、意識によって意識のなかで概念が作り出される、という様相をもたらすものだからである。他方で契機は別の様相を作っている」[*8]。その別の様相とは、実体の様相である。ここで、精神のこういった諸状態が具体化され、統合されることになるわけだ。それゆえ、諸形象は意識の運動を表しており、ときとして暴力的でもある主体の戦略やポジションを表明している。他方で、諸契機はそれに対応する実体へと具現化した状態になっている。ここで、主体と実体は概念の二つの翼をなしており、また『精神現象学』の犯罪計画によって規定された年代ないし時期に応じた精神と世界との結びつきを形成しているのである。

したがって当然のことながら、主体化の形象が混沌とした矛盾する推移を経ていく過程では、さまざまなポジションが見られることになる。しかし、世界のさまざまな年代の再帰的弁証法によって、社会的実体化というレベルではそれらは安定化し、秩序をもつようになる。この弁証法は、歴史家たちの規則にしたがっていてはとうてい確立することなどできない、現実の葛藤のなかに彫り込まれた諸時代やその継起を作りあげていくことができるのだ。ヘーゲルはそれを《経験》、意識の経験と呼ぶまでに至る[*9]。この種の経験的な時代画定は、ヘーゲルが作動させる諸装置全体をカバーしているが、しかしかれはつねにはっきりとそれを表に出していたというわけではない。しかしながら、緒論のなかには経験のこの二重のレベルが暗示されていることに気づく。われわれにとってそれは「[…]本質はかつての形象にとっての本質だったものとは別だからである。この［矛盾した］要因が意識の諸形象の連続全体を必然性へと導いていく。[…]意識は新しい対象の誕生に気づくことはないが、しかしわれわれにとってはそれは言ってみれば背後で起きている。われわれに対して、その運動のなかで、即自存在の一つの契機が生み出されている[*10]」。

ヘーゲルの書物は二つのプランを展開する。しかしその構成速度は同じではない。われわれには出来事という名で意識されている活動的な諸形象――葛藤に満ちた――が解放されている系列と、それぞれの部分で、別の段階での解釈が再び繰り返される系列である。《歴史》の役者はおのれのしていることを読み取ることができず、おのれが企てた生成を無視するが故に、その繰り返しに気づいていない。こういった意味の系列は「背後で」生起する。その点は、よりゆっくりとした、広範な諸契機の系列と同様である。歴史家 - 哲学者はその沈静化された道筋を逆から溯及的に辿り直すことになろう。このプロセスの最初の分節化はギリシャ悲劇の時代に開始される。ヘーゲルはそれを通じて、客体的な、あるいは言うなれば実体的な事物の状態として提示されたある一つの契機を伴う主体の精神状態の形象を作動させる。この二つのプランの連結によって、つまりこの経験によって、すでに踏破した経路をたどり直すようにわれわれは強いられるのである。

ギリシャの都市国家

新しいアングルのもとで物語を再開し、さらに一つの円環をなぞってその最初の地点に戻らねばならない。つまり、感覚的確信、知覚、悟性へと戻るのである。しかし、隷従や支配を下支えする態度やメンタリティという側面、つまり不幸な意識の側面から、「世界」を探究しなければならない。それはしばしば無意識であるが、この構造に対応しており、それなしではこうした構造は日の目を見ることさえなかっただろう。しかし、意識の理論的モデルのもとに、主体が現実に押しつける知の形態のもとに、倫理的実体を再発見せねばならない。それは社会の培養士であり、《歴史》の各契機で違ったやり方でこうした区分を促進する人倫の形象である。いかなる契機も同じ形象を包含することはなく、また思惟の諸構成を通じて同じように世界の年代を分節化するということもない。ヘーゲルは『精神現象学』の名の下に、《精神》の生、そして《精神》の生成がこの連結、構築そして脱構築を自由に用いることができるようにしむけたのである。この生成は単に都市の政治組織にのみ属するのではなく、一連の記念碑的な芸術作品のなかにも、法や宗教による司法システムのなかにも、つまりは哲学の精神的宇宙のなかにも現れる。そしてこの哲学のみが、それぞれの時代に、《科学》、《政治》、《芸術》そして《宗教》を交錯させつつその時代の意味を考え直すのである。

こういったかたちでの心性の《歴史》の繰り返しは、まずはギリシャを目指すことになる。ギリシャ人の生活様式は都市という形態を生み出した。つまり、この特殊な倫理的環境を作り出したのである。その行動は一つの有機体、巨大な個体と同様であり、そこではそれぞれの要素が自分のあるべき場所と専門性を持ち、その形態はそれにふさわしく絶対的である。しかし、このときその誕生を待っていた近代《国家》も、別の価値観にそってそれを発見していた。ヘルダーリンや、あるいは若き日のシェリングでさえそうだったのだが、ギリシャの都市国家は再び現代化されるだろう、つまりドイツでリメイクされることになるだろうと考えることはできないし、逆にその他の倫理生活の形態に比べて劣っていると考えることもできないのだ。それらはアテネやスパルタにおいてのみ本来の状態にあるのであって、世界《精神》が別の地平へと移り住んでしまったときには、必然的に新しい形態をとる。この意味で、ヘーゲルにとっての歴史は累積的なものではない。歴史のそれぞれの契機は、われわれにとってはその形象を発見すべき特異な契機であり、それもその形象が語ったことについてではなく、その形象が何であるかを求めるべきである。それらの形態は絶対的な価値を持ち、よそで、別の世界で使い回すことはできない。《精神》はそのつど、それに似ている別のモデルを発見せねばならない。あるいはそこからは逸脱してしまうが、それが行使される《歴史》の契機のことを考えれば絶対的といっていい性格を持つある特殊な論理にしたがっている、と言えるような別のモデルを発見せねばならない。その形態はおのれの額面通りの価値を持ち、ある一つの形象を取りつつもそのままのおのれである。その形象こそ、ほかでまた生まれてくることはあり得ないであろう武器なのだ。たとえ黄金時代にノスタルジーを感じているかもしれないときもそれは変わらない。ヴェニスはスパルタではないし、ドイツ国家はフランス革命が生み出した国家と同じではない。ギリシャの模倣に、というよりは、それ自身の《歴史》にしたがっているのである。

　ギリシャの都市国家は、かれらの犯した殺人や犯罪も含めて、絶対的な特異性を構成している。ヘーゲルはそれを通じて《精神》の歩みへと、かれ以前には誰も夢想だにしなかった一つの《歴史》の弁証法へと踏み入る。そこにはパルメニデスの口を借りて、存在との美しい統一を断言する（存在はその存在においてその思惟に一致する）感覚的確信と同程度に強力な自信があふれている。このような精神状態では、個人の生、そして個人が望み思惟することと、その個人の根ざす倫理的環境の生とのあいだに分裂が生じることはありえない。しかし、この美しい秩序はすっかり風化してしまい、ギリシャ人のこの完璧な世界も闇に沈んだ。この黄金時代の美しい調和のもとでは、夜の闇に潜伏する部分や劇場で語られる歴史物語、たとえばアイスキュロスやソフォクレスの物語が示す、ある種の暗い痙攣が抑圧されてしまっていたことは認識しておかねばならない。ギリシャ悲劇は美しい統一とは違うものを一瞬で感じ取っていたのである。それは矛盾であり、犯罪である。おそらくそれらが隠された背景のキャンバス、こうした実存様式の見えない糸、その無意識の横糸を形づくっていたのである。ヘーゲルはそれを次第に明らかにしていく。

　ギリシャの都市国家での生――穏やかなのは見かけだけだ――については、そこで抑圧されている裂け目を探るための考古学が作られるべきだろう。この抑圧に関しては、デリダが『弔鐘』[*11]でギリシャ家族における性的差異を中心に行ったヘーゲルについての分析で、瞠目すべきかたちで示されている。倫理的環境は近代人の道徳のそれ（*Moralität*〔道徳性〕）とは異なっていることは一目瞭然である。戦略性や立場がより重視されるのだ。そしてこの立場はある網の目に囚われ危険にさらされている。というのもこの網の目は、何かの素材というより、取り憑いた死体によって一筋一筋織り上げているような代物だからだ。倫理、*Sittlichkeit*〔人倫〕、そこに示されている語源は、集団（*ethos*）のなかでのポジションや立場を意味する *sitzen*〔すわる〕や *setz*〔すえるを意味する接頭辞〕とさほど遠くない。この立場、この *setzen*〔すえる〕はさらに置かれた *s'impose* ものや法（*Gesetz*）にも呼応している。これらはあっというまに異種混交の諸体制へと分裂していく。この素材を織り上げ、結びつくのが当たり前なわけではないこれらの一筋一筋に働きかけるには、二種類の糸を区別する必要がある。都市でのわたしのポジションが作られるのは、一方では人間的諸規則を規定する国家のまなざしのもとであって、その規則はわたしを訓育した規則と摩擦を起こすこともあり得る。他方では家族そして神々のふところのもとである。かれらがわたしに向けるまなざしは同じではない。一方のまなざしは、たとえば戦争で人を殺せとわたしに命じる。他方は、殺人とは逸脱的で許し難いものだというイメージを授ける。クモもそうだ。クモは二本の軸線を引いてそこを歩いて、一方は螺旋状に、他方は輻射状に糸を張って巣を作る[*12]。一方では、オイディプスはもちろん王である。他方では、父を殺して母をめとった者でもある……。そしてこの行為は「知とは無縁の別の側面をおのれの内に隠したままであり〔…〕息子に対してはおのれを侮辱しそしておのれが殺したものが父であることを見せようとはしないし〔…〕おのれがめとった女王が母であることを見せようともしない[*13]」。螺旋と輻射線は、最終的には錯綜してしまい、即自的には倫理的に見える者は、もはや対自的には倫理的であろうとする者ではなくなってしまう。「倫理的次元は深淵に転落する[*14]」。

アンチ・オイディプス的家族

それゆえ、社会生活、政治生活――客体精神と言ってもいいかもしれない――は、もはや哲学にふさわしからぬ領域というわけではなくなった。意識が一貫性のある世界を考察するに至るには、関係ない し諸形象の秩序を踏まえるのでなくてはならなかったが、そうした秩序にしたがって知覚し、経験し、行動するのであれば、客体精神の重要性は、主体精神の側で働いている内面性の紆余曲折と変わるところがない。哲学は「我思う」とは大きく異なった新たな対象を発見する義務を無条件に負っている。『精神現象学』は、倫理的世界をその問題や特殊概念も含めて真剣に受け取った最初の哲学的著作の一つである。このようにしてヘーゲルは、たとえば家族を、プラトンが魂や自己認識の問題を扱うときに用いたのと同じ要求をもって分析した。これからは、いかにしてギリシャ世界は失敗したのかを、おそらくその社会全体を活気づけそして滅ぼしたであろう焦点にそって理解するために、深い闇に隠された集団構造へ向かって諸《観念》の歴史の下部までをも冒険せねばならないのだ。こうした無意識の矛盾こそ、ソフォクレスが力強くプロットに組み上げたものであった。とくに『アンティゴネー』である。この悲劇に対する情熱はヘルダーリン、のちにニーチェがヘーゲルと共有するところとなろう。

ヘーゲルとともに、《精神》とはまるで自分のことをずっと待っていてくれたものであるかのように、生まれたときから自由に扱えるものとしてそっくりそのまま与えられるものではない、と認めたとしても、いつから人間は《精神》を熱望するようになったのかを知るのは非常に困難に思われる。真の意味で精神の王国へ足を踏み入れ、精神となるには、おそらく死後の生を続けることが必須条件だと認めねばならない。それは都市の中で起こる。都市のなかでは、おのおのは自分の行為によって、作品や制度の集合的記憶に残した痕跡によって生きのび、存続するからだ。しかし他方では、社会空間のなかで存続する以前に、個人はより私的な出自を記録するための、守るべき名を受け取ったはずだ。ひとが精神となり、同一性を獲得するのは家族の内部においてのみである。家族のなかでこそ、ひとはその血によって、言ってみれば個体の生よりも長く持続する名の名誉によって自分自身よりも長く生き続けるのだ。ユリシーズの言葉はこの意味で解釈せねばならない。「人間たちは生まれたかと思えば冬の麦のように倒れていくが、しかしその名は決して滅ぶことがない」。

この永遠性は、アキレスのような名を別にすれば、都市のなかでの政治ポジションの確保によって具体化される。しかし、それはおのれが冠するその名前なしには不可能だろう。問題のすべては、いかにして個人の意識が動物的生から見れば新しい織物へと、つまり普遍的実体へと、あるいは自然な誕生と死のような偶然的契機を超えていく生へと、足を踏み入れかを示すことにある。精神が現実に作用するものとなるのは、事実としていまここにあるものを拡張することのできる一つの空間へとわれわれが入り込んだときである。このいまここにあるものこそがわれわれの特徴となるものであるが、当初は制度という作品や、家族が保持する名の名誉によってわれわれの生を持続可能なかたちでとりまとめる、というやり方も用いられないわけではない。というのも、都市や家族の側から提供されたこの環境を経由する以外には、ほかに生き延びる術も、精神性といえるようなものも存在しないからだ。都市と家族はわれわれに、生の全体を提供してくれる。そこでははかなき個人は世代継続によって、そしておのれが守っている一つの共有財産によって維持されている。ここには、この共有財産を積み上げてきたすべての死者の声が反響している。それは先祖すべての遺灰を収めた骨壺にちょっと似ていなくもない。ここでこそ、精神が、そしてその《歴史》が始まるのである。

家族によって、死は偶然性、あるいは偶発的性格を失う。陽射しのもとで腐敗が進行し、生き物としては崩れ去って風化していく、そんな有機体の死ではなくなるのだ。死の崇拝は、身体が自然に消滅し、石棺と変わらぬ堅固さで残り続ける一つの実体へと変わることから起きる。死とは見かけには苦痛に満ちたものであり、だからこそわれわれは、ハゲタカのくちばしや爪に、ハイエナの牙に捧げられる事物として扱われてしまう。その身がかれらに引き裂かれるがまま放置されてしまうのである。[*15] 死によって、われわれは諸要素の一般的分類へ逆戻りする。つまり、解体された同質の要素の寄せ集めに変えられてしまう、そんな道がわれわれのまえに開かれるのだ。意識はその不自然さのゆえに破滅する。自然界の交代作用や解体作用に屈する。そしてただ家族だけが、この凋落から死者を救い、諸々の要素に還元される残酷な運命に委ねられた死者をその事物としてのありようから保護するのだ。ただ家族のなかでのみ、名は存続し、個人が自分自身について抱いていた意味や意識を支える。それは死者を精神的な位置へと押し上げる近親者の配慮によって、その個人が精神であり続けるからだ。同様に、墓に対する配慮についても、自然の盲目的生から人間性を引き上げようという根本的な配慮として考えることもできる。「死者は［…］他の事物にとっては空虚な個別であり、単純な存在に過ぎず［…］ありとあらゆる賤しく理性を持たない個体に、そしていまや自分より強くなってしまった力に、なすがままに扱われる［…］」。死者をこのように解体してしまうことは「死者を侮辱するものであり、家族はそこから死者を守り［…］大地のふところへと、基本である不滅の個体性へとおのが身内を委ねるのである[*16]」。

自然の事物を考慮すれば、こうした避難措置はただ家族が葬儀によってその保護を保証する死者にのみ適用されるのではない。愛という倫理的プロセスにおいても、つまりセクシュアリティと家族の世代交代を通じた個体的生の延長の過程においても、同様に起こることなのである。家族という枠組のなかでは、愛はその暴力的な本性を失い、雄同士の覇権を賭けた戦いの舞台となる偶然の選択から抜け出すことになる。より繊細微妙な結びつきを獲得することで、脱‐性化が、昇華が起こる。これは都市とも密接に関連している。両親の愛は、まず子どもに向けられた、性器的ではない愛情によって脱‐性化される。純粋に無償の感情と言ってもいい。子どもの方からは両親に何もお返しをしないまま両親の手を離れてしまい、市民となって世間へと目を向け、こうしてすっかり都市の退廃した将来に取り込まれてしまうという点を考えれば、そう言っても構わないだろう。例外は、先祖の墓地を保証したいと願う家族としての気遣いだ。きちんとした葬儀をあげてやることで、両親の思い出についても、少々体裁を整え、防腐処置や場合によってはミイラ化だって施してやれる。[*17] そうすれば、かれらの思い出は自然の存在であったときのイメージの価値を失う。棺のなかに収められ、できるだけこぎれいに保たれた死体となったかれらは、むき出しに曝されることはない。子供たちの起源は秘密のままだ。死体は死に装束で飾られ、香水を振りかけられ、性的なものを洗い落とす。こういった殺菌処置のおかげで、子孫なるものも男女の性的ゲームの産物や、あるいは遠ざけるべき本能の産物であるとは見なされず、逆に死者についての脱自然化されたイメージを、完璧なものにされた思い出のイメージをまとうようになる。こうしたありとあらゆる障害を用いてでも、家族は生命の源泉を遮るスクリーン、「起源を消去してしまう分離」[*18] によって隔てられねばならない。この切断は源泉を干上がらせてしまう。そのあと、子供たちがそこに里帰りするのは、ただ死者たちを脱－人間化、ないし崇拝する機会があるときだけだ。こうして両親、自然な意味でのわれわれの起源は、もはや血と肉を持ち、近親相姦的欲望を企む動物ではなくなり、名の名誉のうちに保持された死者のイメージへと帰って行くことになる。

　こうして脱－性化された家族の愛は、自然な有機体の死とは別の様相を装った死にまで高められるのみならず、兄と妹の関係、真の器官なき身体[*19]を実現する無償の関係を通じて最高度の完全性に向かって完成されていく。「互いに同じ血統に属しながら、この血統はここにおいて静止と均衡に達する。だからこそかれらは互いに求め合うこともないし、互いに身を委ねることもない[*20]」。妹は兄に対して、たとえば母が息子に対して抱くようなセクシュアリティや自然の感情に動かされたわけではない関係を育んでいる。同じ血統を分かち合うが故に、この血統はかれらの愛によって性的興奮をいっさい失った関係に入るのである。自分自身を黙想することの快感から築くことはできない、純粋な関係だ。兄と妹のあいだには、いっさいの自然性やナルシシズム的な利害関心を取り払った相互再認ができあがっている。妻としては、夫が亡くなっても、誰でもほかの人間に取り替えることができる。母としては、その男から二人目の息子をもうけることもできる。しかし、妹は片親の違う兄弟でもなければ変わりを見つけることはできないはずだ。ということは、相手が突然死んでしまったとしても、相手を取り替えることはできないままである。兄とは唯一の者であるということが家族としての精神を宿し、妹が兄の死を崇拝するようになると、兄の名は普遍的な重みをもつようになる。兄がこの都市のなかで完成させた諸作品に対する妹の私心なき慈悲の心と自制のない尊敬の念は、かれを忘却から救うことにもなろう。ここにアンティゴネーの立場がある。それは矛盾に突き動かされているが、おそらくギリシャ社会ではその矛盾は正当化できるものだったのだろう。

反ティゴネー Anti/gone

ソフォクレスの悲劇は、ギリシャ倫理の設定するアンチ・オイディプス的解決が混乱そして病理学的形態に陥った危機の契機の特徴を浮き彫りにしている。ここには、両親と子、《国家》と家族、神々の法と人間の法が入り乱れて都市の破壊をもたらし、倫理的生活の諸々の構成要素のあいだで維持されてきた距離が解消されてしまうに至る。人間の法と都市の法が混同されてしまえば、あるいは家族と権力が重なり合ってしまえば、厳格な差異のみが維持することのできた美しい統一もおしまいである。ソフォクレスの物語は著しく逆説的でひねくれた、そしてことのほか悲劇的なものに見えてくる。これらの状況下では、いきおい犯罪が居場所を見つけてしまおうというものである！

双子の兄弟はよく似ているがゆえに権力闘争で殺し合うよう強いられる。もっとも縁遠いはずの領域がごちゃ混ぜにされてしまうのだ。[*21] ポリュネイケスはアルゴスの軍に助勢を受け、兄のエテオクレスの治めるテーバイの王位を奪おうとする。エテオクレスは協定に反している。兄弟の間の自然な信頼関係から予想される政権交代を拒否したのだ。この交代こそが、倫理に違いがあることを固守し、家族で内々に語られた協定を尊重することだったはずだ。運命を動かす最初の出来事がこれである。家族の法が禁ずることを逸脱したのだ。その法はもちろん、いかなる兄弟殺しも認めはしないだろう。兄弟のできが死んだのを見たクレオン王はジレンマに立たされる。解消された差異を再度立て直し、家族が兄弟愛の名のもとに交代を約束することで、戦略的にその間隔を設定していた距離感を維持するべきだ。[*22] 双子であることや犯罪が行われたことでごっちゃになってしまったそれぞれの持ち分を立て直すことについては、クレオンは叔父という資格で内側からそれらの持ち分を再度設定すべき立場にある。しかし、権力を握ることになるのは叔父ではなく君主である。そして君主は家族の恥から都市の法を守るべきである。政治にとっての法、人間にとっての法を、その下に潜む家族の法に対抗して再構築するのはかれの役目だ。クレオンは断固として「アンチ・オイディプス」的態度をとる。ポリュネイケスを、そしてかれの兄殺しを——家族に影響されることなく——《都市》の視点に立って裁かねばならない。ヘーゲルはこの視点が、親族のそれと比べて力量も正当性も劣るものではないことを示すだろう。

重要なのは、「アンチ・オイディプス」的な隔たりや距離が解消され、パトスへと沈んでしまうときに、そこに芽生える家族としての際限のない復讐への衝動から抜け出すことである。そう考えたからこそ、クレオンはポリュネイケスを祖国への裏切り者と見なす。その振る舞いがエテオクレスからの侮辱に応じたものであっても、だ。正義を再確立するために、かれはポリュネイケスの遺体の埋葬や葬礼をいっさい禁じる。それは家族の法と完全に逆行する。われわれが見てきたように、家族の法は死者を見送り、そして死者が動物のように腐壊せぬようにすることをその使命とする。ポリュネイケスお気に入りの妹、オイディプスの娘アンティゴネーはそれゆえ、断固としてこの決定に反対する。兄とはカップルなのだ。しかし、それは性的な意味ではない。本能でも欲望でもない、自由選択による愛が掲げられているからだ。こうして彼女は、ポリュネイケスの遺体をひとつかみの土で覆い、家族として死者の名の名誉を守り、自然から、動物たちの爪牙から死体を保護する権利を主張する。現場を押さえられた彼女はクレオンに食ってかかり、《国家》に別の法の観点を導入することを求めようとする。それが家族の法であり、ただその法にしたがうことでのみ、死体を自然界から取り戻し一つの霊〔精神〕へと変えることができるのだ。そう要求することで、アンティゴネーは家族としての立場から抜け出してクレオンと対決する。しかしこのとき、彼女は家族と《国家》を分かつ必要不可欠な境界、有益な隔たりを抹消してしまう。諸々の倫理的秩序の差異をふたたび同一化させてしまうのだ。政治と慣習、人間と神、都市と家族のあいだの区別を再確立することを目指すクレオンは、ぜひともそれを避けたかった。

クレオンに対し、アンティゴネーは《神々》に由来する正義を主張する。その法は明文化されてこそいないものの、人間の下す決定の偶然性を超えたところに位置している。テーバイの法はスパルタの法とは同じではなく、あるいはほかのどの都市の法とも同じではないことは見ればすぐに分かる。地勢と固有の領土とに特有の、相対化された法だからだ。限定された価値しか持たないのだから、テーバイでは有効かもしれないが他の地方には関係ない。人間たちの了見の狭い正義を超えたところに、死者への敬意のような、いかなる国境も認めない普遍的、絶対的な正義がありはしまいか？　国境に縛られた枠内で行使される慣習法、実定法を超えたところに、誰もが自分の心のなかに読み取ることのできるより広大な法と倫理的姿勢が支配していると想定できはしまいか？　兄弟を埋葬させず、かえって公共の場所でハゲワシどもにさらすなどしてしまう、だれでもすぐにそんなことは忌むべきことだ、不当な性格を持つものだと認識できる。《正義》をこうした行為のために持ち出すことはできない。さて、ヘーゲルの独自性は、合法性と正当性のどちらかに与することなく、《正義》、アンティゴネーのケースでは正当性だが、それを別の側面、すなわち倫理的グループの差異や隔たりを維持しようと努めたクレオンの判決の側からも同様に考えることができる、と証明した点にある。

アンティゴネーはおのれの性に定められた倫理的差異を抹消することで、みずからの役割や立場を離れてしまう。その発言によって彼女は家族の法を再設定するのだが、しかし同時にクレオンに対立する立場をとってしまうことになる。彼女はまるで男がするように、《国家》の命を侮辱し、《国家》の利害関心に対して家族としての自分の立場を押しつける。それは自分と同じ名を持ち、その追憶を抱いている兄に対する妹の立場である。クレオンはそのことを理解しているがゆえに、家族とは違う立場から彼女に対し、彼女は家政を預かるべき女であり、そうである以上法を制定する権利はないと拒否する。そして死刑を宣告するのである。クレオンはアンティゴネーを洞窟に幽閉し、私的な内部という内輪の世界へと連れ戻そうとする。彼女は決してここから出ることはないはずであった。つまり、彼女がみずからの倫理的場の規範を失ってまで、この動かしがたい壁を乗り越えることはないはずだった。クレオンは叔父という立場やアンティゴネーに対する愛情にもかかわらず、人間の法を採用する勇気を持っていたのだ。その法は家族の外にあり、脆弱だが、しかし都市を家族の問題から抜け出させることができる法でもある。祖霊の目から見れば犯罪的であってもアンティゴネーを告発するという高貴な立場をとったのである。このことによって、アンティゴネーを失った息子のハイモンを失って妻のエウリディケが自殺することになっても、クレオンはおのれの利害関心や直接的欲望に反した解決策を選んだわけだ。クレオンは家族内で相次ぐこうした突然の死によって孤独に陥り、すさみきってしまい、すっかりうちひしがれてしまう。クレオンは家族に対立してまで人間の法を、自主独立した《国家》ごとに相対的なその法を対立させる勇気を持っていた。それは家族にとっての必要から生じる犯罪計画に対して、人間の権利の自由を守るため打ち出されたものだったのだ。

罪と罪責感

アンティゴネーの人間像は一つの結節点となっており、それによって『精神現象学』がその犯罪計画をとりまとめ、その著作を創造的な繰り返しとして構成し直すことが可能になっている。あるいは悲劇的可能性による反復として、と言ってもいい。運命の陰謀を乗り越えることを可能にする近代の悲劇がこのヘーゲルの著作に実現されていると感じ取れる、というのもあながち間違いとは言い切れないほどである。この陰謀の機構は、どんな行動をとろうが罪責感を感じるという事態を招きかねないものだ。活動なり行動なりといったものは必然的に犯罪へと通ずるというわけだ！　この真理、この必然性は、クレオンとアンティゴネーのあいだの諍いから明らかになる。かれらはまさに概念的人間像であり、その犯罪計画を最初に理解したのがヘーゲルだった。

アンティゴネーが何をしたのであれ、その罪責感からは逃れ得ない。罪びとたることは彼女にとっては絶対に避けがたいことである。家族の法が葬儀によって遺体を自然的腐壊や動物に食われることから守り、名という記憶のなかへ送り込むものだとすると、そしてもし妹としてのアンティゴネーにこの家族の法が（あらゆる性的相性とは無縁に愛される）兄を埋葬する義務を課すのだとすると、クレオンに従いその決定を受け入れることで彼女は自動的に、忌むべき犯罪の咎人ということになるはずである。しかしもし逆に、彼女が《都市》の法に従わなければ、つまりポリュネイケス（《国家》の秩序を乱し、双子の弟エテオクレスを殺した）の埋葬を禁じるクレオンに従わなければ、公共秩序を監視する人間と法律の観点からは、彼女はその振る舞いによって咎人となり、犯罪者となる。家族に従うことで《国家》の観点からは咎人となる、あるいは、クレオンの命に従い家族にとっての咎人となる、どちらかである。さて、もちろん彼女は何かをしなければならない。一方ないし他方の意見に沿って行動しなければならない。「ただ何もしないときにのみ無罪である」が、しかしそれはわれわれを「石のような存在へ」[*23]変えてしまうだろう。同様に、一つの決断を下すやいなや、その決断は自殺的なものでしかありえず、倫理的なダブル・バインドに直面した犯罪的決断ということになってしまう。このダブル・バインド double bind は解消できない。唯一それを解決できるとしたら、それはヘルダーリンがギリシャ悲劇の翻訳のさなかにおそらく経験したであろう狂気によってのみである。[*24]アンティゴネーはその行いによって、その活動によって、一つの宿命のように過ちを経験する。それは避けがたいが故に悲劇的な運命である。そこから抜け出すこと、このゴルギアスの結び目を逃れることは不可能である。彼女が何を企てようと、どちらかの側から非難され、どちらかの倫理的グループから中傷されるのである。

ポリュネイケスを埋葬すべきか否か。そのことで彼女は、人間の、あるいは《神》の怒りを被ることになる。そしてどちらの場合も、不条理で忌まわしい結末へ、悲壮な最期へと導かれる。しかしそれはクレオンにとっても同様である。かれはもう一日たりと生きていたくはない。かれとて、自殺した姉の前では咎人であり、また息子がかれのせいで許嫁を亡くしたことを思えば娘を亡くしてもいるわけである。両者ともに結末は悲惨である。「相対する諸々の倫理的力の運動は［…］それぞれが同じように力を失ったときにのみ真の結末に達する。いかなる力も他に対してなにがしかの優先権を持っていることはない」[*25]。この犯罪機械から逃れることのできる筋書きを構想することができるのか？『精神現象学』は、倫理的生活の二つの次元、神と人間の二つの世界を、狂気に沈むことなく、かといってある種のパトスの働きを否定することなくまとめることのできる弁証法の道をさまよい分け入っていく《精神》の語りではなかったのか？ヘーゲルは弁証法という様式に則って、ギリシャ悲劇のパラドクスを構成するダブル・バインドを再機能させるプロジェクトをヘルダーリンと共有をしているのではなかったか？概念へと到達するためには、あるいは概念に導入されるものとなるためには、犯罪はその外見も本性も変えねばならない……。しかしそれは長く困難な歴史そのものであり、思惟はその暗い歩みを通じてそれを担うという段階には、まだ至っていないのだ。

《帝国》

都市と、家族の権勢と、これらが無慈悲な暴力と戦争の原理となる。ポリュネイケスのエテオクレスに対する戦争、つまり双子の喧嘩だ。さらにアンティゴネーとクレオンのいがみ合いもある。死者の空白の位置をめぐる失望のあまり、他の諸都市に立ち会いを求め正義を追求することになったのだ。諸都市のあいだには親族としての絆が常に存在している。つまり、互いが血統によって支え合う犯罪計画が存在している。この点は、トロイア戦争の発端となったヘレネをめぐるヘクトールとアキレスの対立がすでに示してくれていたとおりだ。《倫理》的世界は絶えず紛争に見舞われている。《都市》が抱える運命、そこに満ちているのは、攻撃の当然の帰結としての復讐と破壊、起こってしまった過ちの修復であり、傷つけられた名誉が武器を取って正義に訴えかける、そんな光景である。《精神》は、まずは《都市》のなかに姿を現し、人間は死者を崇拝することで、その動物性と縁を切る。欲望を超えたところにいるカップルたち、特殊な利益を超え、真の家名を担う、純化された関係にある兄妹関係のあいだには脱－性化が起こる。しかしこの名は、たとえばヘレネの名のように、争いの種をまかないわけではない。名には無慈悲な運命のもとに置かれた影や幽霊、亡霊に怨霊がつきものだ。したがって、精神がことのはじめからいまここにあるもの、すなわち家族という培地から抜け出て、血統から解放され、オイディプスもアンティゴネーもまとめてやっかい払いすることが必要になるわけだ。

できの個人に宿る《精神》の同一性は家名や、兄、叔父、妻といったかたちの家名の継承とは別の立場によって獲得されねばならない。血縁のネットワークを離れることで、精神は別の個体化や現実化のラインを求めることになる。そのとき優先されるのは、その本質も誇りとするところも、その法的地位に由来する人格である。ここで問題なのは、ローマ《帝国》が示すように、世襲を完全に排除した役職であり、官吏であることだ。かれらにとっての英雄、かれらの名は（《カエサル》のケースがはっきりそうであるように）自分が担う法的、政治的役職を通じて、あるいは世襲の組織図や血統とは無縁の、軍や民会での役割を通すことで、はじめてその本質を手に入れる。この脱人格化、ないしは法的人格化は家族という世襲の組織形態を根幹から揺るがすものであり、そのもととなっているのは《帝国》の論理である。というのもこのとき、人格はただ政治的帰属を通じてしかおのれの人格性を持たなくなるからである。それは巨大な《器官なき身体》であり、人格は親族から完全に離れたかたちでそこに統合される。そしてその代償として、領地や地代ないし私有財産を受け取る。この所有システムのなかでは、セネカがそうであったように友情こそが家族のもとに見られる愛情よりも優先されるのだ。

ローマ《国家》は民族集団、倫理集団という域を脱し、広大な領土を獲得する。そこでは、まったく異なった民族と、世襲ではなく《帝国》内部で行使される役割に応じて受け取られる、血統とは無縁の所有財産とを共存させることができるのだ。果たした役職に応じた地代や所有物を受け取ることで、個人の地位は法的なものになる。それは役職の表現となる。そしてそれを息子が受け継ぐことができるとは限らない。人格は責務を、任命や資格付与という空虚な仮面を引き受けるものである。《精神》は具現する先を失い、その同一性を失う。つまり、社会的実体のなかに囚われてしまう。ここでは、主体の地位は機械的な集団のなかの役割以上のものではなくなってしまう。この機械が、最終的には《帝国》と名付けられることになる。[*27] ここに「全員が——個々人として——人格として認められる同一性」[*27]がある。そしてこの人格の故に「人格の空虚な単一性〔…〕、偶然いまここにあるもの、本質を欠いた事実と行為の寄せ集め[*28]」以外には誰もいない〔il n'y a personne 人格が存在しない〕ことを改めて理解せねばならない。

《国家》のなかにはもはや真の主体化は存在しない。そこから見れば人格としての個人とは、その家名を捨ててただの数字へとその身をやつす者である。数、登録ナンバーだ。他方で、社会的紐帯も解体し、ノマド的な友情、つかの間の紐帯というかたちでアトム化していく。そうした紐帯はひどく不安定で、軍隊仲間や個人が行使するに至る役職に応じて変わってしまう。ここにはただ「形式的普遍性」があるばかりだ。そして「形式的普遍性はもはやそこでは生き生きとした精神として内在するものではなくなった。そして、その個人の持つ純粋な緊密性は、多様な点へと散乱していく[*29]」。帝国は多様体〔マルチチュード」である。しかし、ガスのような――分子は同一性のない空間に統計的に振り分けられている――多様性[*30]、あるいは「堅く脆い」[*31]分子的個人の集合のような多様性だ。この集合は「それぞれが現実に作用することから逃避し」、私有財産や自己という砦についてのストア派的考察に閉じこもることによって、そして自分の所有する事物のなかに囲い込まれることによって断片化される。社会的紐帯については、もはやレトリックしか残っていない。その痕跡は懐疑論者の修辞家の才能に、雄弁家の空虚な言葉と身振りに残されている。「わけのわからぬ饒舌をふるう否定的なものは、存在そして思惟へとうろうろと偶然のままにさまよい歩き、こうしてそれらを解決してしまうが、同時に意識の自律のなかにそれらを再度生み出してしまいもする」[*32]。島国根性的な自律性と言ってもいいかもしれないが、それは縮こまって、田舎に、つまり従属的な属領で孤立しているうちに失われてしまう。

ヘーゲルは人格の法的規定のなかにはいかなる《精神》も認めていないし、「個人を人格と呼ぶことは軽蔑の表現である」[*33]と見なしていたことがここで理解される。《皇帝》本人は揺れ動く波打ち際の巨大な空虚を表現するものでしかない。そこを行き交っているのはただ法的なアトムでしかなく、かれらから安定性など得られようはずもない。煙か霞ほどの容易さで消え去ってしまい、そこには安定した友情や長続きする信頼の証しを立ててくれる確固とした個人など存在しない。もはや「自分自身が孤独で影響力を欠いた力なき者」[*34]にすぎないのだ。ここで、不幸な意識という仕組みが登場する。この意識は自分自身が見知らぬもののように思えるがゆえに、自分のひきこもっている世界と持続的な結びつきを持つことができない。法的価値、役職の仮面、レトリック的な行為の象徴に過ぎないからである。それゆえ、権威に裏打ちされた公共生活を不安定化すること間違いなしの《精神》が芽生えるのを目にするためには、また別の世界を期待せねばならない。『現象学』はハッピーエンドに終わるとは思えない新展開を繰り広げる物語によって、読者を引き込んでいく。ことは反復のなかで引き延ばされ、終わりなきもののようにも思えてくる。ヘーゲルのエクリチュールが、《西洋》を構成した犯罪計画の謎解きの技量を見せるときにも、そのことが影響を及ぼしてくる。ローマに淵源を発するキリスト教がこの《帝国》のストア派の論理のもとに、新しい進展を可能にするであろう分岐点と培地を見出したことは間違いない。

彷徨

諸個人を統合困難な群衆〔マルチチュード〕へと散り散りにしてしまう社会的アトミズムを脱するにはどうしたらよいのか？　私有財産の壁、ありとあらゆる実体へひきこもろうとする、法的、官僚的、あるいは「人格」という規定しか付与しようのないこの偽りの人格性の壁を打ち壊すにはどうしたらいいのか？　所有者といううわべの快適さから抜け出すためには、内面の底へとひきこもる可能性を拒んで、おのれを捨て独立を放棄し、そして夢想でしかない隠れ家を放棄しなければならなかったのではあるまいか？　同じように家族も捨て、ごく若いうちに他者の《近習》、つまりは《神》の僕となって、自分の所有物に安息を求めることをやめた放浪の騎士、高貴な精神に付き従うべきだったりではあるまいか？

こうした冒険を通じて、個人はおのれを帝国内の役職に過ぎないものと単純には認めようとしなくなる。この冒険は彷徨という、ある種のイニシエーションの旅のようなかたちで生み出される。ここには暴力性が潜む。隠れ家の陋屋を本当に捨てるという暴力である。おのれの本質を捨てることになっても、おのれから出て行くこと。たいていの場合は単なる仮面でしかない、ローマ法の下の《国家》の囚人番号でしかない自分の人格を放棄すること。そこでは、各人は、他人は理解してくれないかもしれないと疑い、誰もが互いを信じられなくなる陰謀の可能性を疑い、匿名や果ては偽名というコードによって守られていることを求める。表向きを繕い、《帝国》の礼儀作法の不備を埋め合わせるには、新しい友情、つまり他者はつねに自分より価値があるという従属的な結びつきをもたらす友情が必要となる。この関係においては、自己も、また私的空間への引きこもりも、完全に破綻させられることが分かる。おそらくこれは、別の世界、彼岸への信仰の名の下にもたらされたものだ。《他者》と融合したいと望む者はそれを求めながら生きていく。しかし、この同化は困難であり、それゆえあきらめにも似た感情がまたしても根付いてしまう。不幸な意識である。その惨めさが、互いを分かつ隔たりを、裂け目を物語っている。それが無限へ向かう旅を断念させてしまうのだ。こうして「現在とは、その彼岸に直接的にその対立者を持っている［…］同様に、この彼岸は、いまや自分にとって見知らぬものとなってしまったおのれの現実としての「いまここ」にその対立者を持っている」[*35]。「いまここ」の世界はその意味を手放してしまう。それはあたかも、神のものは神のもとへ、カエサルのものはカエサルのもとへ返さねばならないかのようだ。この二分法を解消し、信仰の深さによってこの世界を逃れ、しかし同時に、自己の探究によって実現されるであろう自己形成の獲得を通じて現実に機能しているいま現在に適応する道を探らねばならないのだろうか？

所有物や慣れ親しんだおのれの顔からの「逃避」[36]はしばしば不幸なものだが、そこには騎士道的な主体化の形式が生まれている。遍歴、あるいはみずからが見知らぬものに変わってしまう懸念と言ってもいい。ヘーゲルはひどく遠回しなかたちでそこにアプローチしている。やんわりとした言い回しで、当初の封建的空間が破綻し、《王》でさえそれを押さえ込むことはできないと説明するのだ。「自分自身の内で作り上げられた内在的な精神を持つものなどいない。すべては自己の外にあり、外部の決定に委ねられている――全体の均衡とは、自己自身に留まる統一性のことでも、自己自身に回帰する安らぎのことでもない。反対物という異化に居座ることである」[37]。《帝国》の瓦解に続く君主制の誕生に先立って、主体化の契機を明らかにする絆と誓いのネットワークが存在している。個人はその中での新しい身分を求めている。それは文化受容の複雑な段階を経験した絶対的な不安により生じたものだ。この文化受容はその身分を新しい社会形態へと結びつけることができる。そのときその社会形態は最終的には安定するとはいえ、この遍歴の宇宙が失敗に終わったことを物語る絶対主義へと厳格化していくことはやむを得ない。

とはいえこの引き裂かれた世界を通じて、厳格な教育の経験がなされていたのである。それは自己形成や信仰を相伴った冷厳とした外化であり、個人を引きこもりから追い立て、ついには十字軍という集団移動にまで至るわけだが、われわれは現段階ではこれをアンシャン・レジームの構造そのものに沿って考察せねばならない。それは迂回、自己の亀裂である。《啓蒙》の世紀が異論を唱えるのはこのことであり、そのために《精神》を地上に引き下ろし、個人には彼岸を探すのではなく、自分自身を好きに動かす力を取り戻させるのである。

自己形成過程

自己形成過程とは、安心感を与えるような確信とは手を切って、《他者》へと、《見知らぬもの》へと開かれることである。この自己喪失、これまで手にしていた自明性や保護の喪失の運動こそ、ヘーゲルが《自己形成》と呼ぶものである。自己否定であり、また同時に自己の領域や内面に抱く確信を否定するものでなければ、自己形成などないも同然である。《異化》、それは差異に心を開き、その流れを把握し、住処を変えるために巣を取り払う運動である。この観点からは、われわれが何者であるか、あるいはわれわれは何を自由に扱えるのかをしっかり説明してくれるあらかじめ認められた自然権には何の意味もない。つねに領土を捨て、どこか遠い異国へ旅立つことが必要なのだ。

このようなかたちで、疎外の一形態が存在する。自己形成の運動にはつきものの不安の一形態と言ってもいいし、ものごとを違う角度から受け取り、側面を歩くためのやり方と言ってもいい。それはちょうど、クモが巣の全体を織り上げる際に糸を変えるようなものだ。彼岸へと向かうこと、家族や世襲の血統のような最初の形態を捨てること。それらが旅行や巡礼といった中世の大移動を構成している。それは同時にまた修道院の禁欲生活の運動をも構成しているのだが、この場合は、自分自身を閉じ込めることがすでに逃避でもあれば、祈りや研究のなかで自己を忘れることでもある。「この世界でいまここにあるものとは［…］自己意識が人格へと解体しそれを疎外し、こうすることでおのれの世界を生み出し、またこれから征服すべき遠い見知らぬ土地であるかのようにおのれと関係を持つ運動に基づいたものである」[38]。人格というのは、自分で自分の伝記を記録するようないらだたしい身振りであり、そんなものがなんであれ自己形成の行動を動機づけることなどあろうはずもない。哲学はプラトン以来、注意深い精神とはおのれを称えるばかりの、名声に有頂天の意識の自己中心主義には関わらないものだ、と知っている。むしろ逆に《イデア》を前におのれを消去するものなのである。哲学はその媒介となるのだ。というのもこのとき、哲学は非人格的な真理のその前にある。そこに近づくことができるのは、語る者としての自負を捨てたときのみなのだ。こうしてそれが、瞑想という個人的とはおよそ言えぬ能力を解き放ってしまうこともないわけではない。

もちろん、別の実体のもとで行われる自己形成過程もある。「即自存在であることを断念することそれ自体が、現実に作用しているものを生み出すことである」[39]。それは、意識が普遍性からの要求に、つまり、自ずと意識そのものを不安定にし、見知らぬものに変え、私的人格のもつ特殊性にあったときとはまったくちがったものにしてしまうより大きな企図にその身を任せるときに見られるものだ。もちろん、この切断点、ブランショ風の言い方をすれば「彼岸への一歩」[40]に到達した個人を崇拝することもあるだろう。しかし、このような評価も名声も、死を前にしたそのヒロイズムの産物、あるいは訓育の産物かもしれない。このような訓育を通じて、自己切断の誘惑が同じ欲望に駆られている者を動かすのである。かれらは他者になりたい、紙の上の抽象的な人格で評価されるよりも、自分自身の「本質性」と違ったものになりたいと熱望しているのだ。

《自己形成》を単純な手法、あるいは制度から得られる評価と混同してはいけない。『精神現象学』の時代のヘーゲルはそんなものを享受してはいなかった。というのもかれは、《大学》からは色々と爪弾きにされていたからだ。個人的な成功は、いかなる面でも特殊なものでしかなく、むなしいうぬぼれの「たぐい espèce」に過ぎない。この語はフランス語で、「あだ名のなかでももっとも恐るべきものである。というのも、これは凡庸さを意味しており、最悪の軽蔑を表現しているからである」[*41]。自己形成とは、他者のために労働することでみずからを教育する奴隷のケースがすでにそうであったように、強風に、つまり自我を海の真ん中に放り込んで、深淵がどこかしこにも口を開いているただ中に放置してしまうときのような苦痛に取り憑かれているものなのだ。仕事も、世俗の名声もそこから自我を助け上げることはできない。ヘーゲルが疎外 *Entfremdung* と名付けたこの運動が意味するのは、逐語的には外にあるものにすること、「異化 étrangement」という形式で現実のものとなることである。イポリットはこれを「異物化 extranéation」という造語で訳している。ただ人格形成のみが、この深淵の深さを測り、対自的な暴力という形でそれを手中に収めることができる。それは力であり、「性格のエネルギー」であり、あるいは無論、力能への意志[*42]と言ってもかまわないはずだ。それはこうして自分自身を生地にして別の世界を、前代未聞の実体を作り出している。しかし同時に、それらがわれわれに由来するものだということは無視されたままだ。この危険な自己形成の運動が同時に、自身を安定化させる要因を生み出すことは避けがたいことであった。外部の苦しみのなかでは、より確固たる絆が動物行動学的なニッチを、エートスを、倫理的な軸を再構築してしまう。そのおかげで、かれらは見知らぬ環境を区分化してその手中に収めるのである。自己形成過程は必然的に、この外部を特徴づけ、それに耐えることが可能になるような一つの道徳を導き出す。それは絶対的な「善」と見なされる価値と、それに対立して「悪」と見なされる価値である。こうして、一つの判断形式が出来上がる。ヘーゲルはその系譜学を生み出し、その幻影的な性格を論じることになるだろう。

善悪の彼岸

この系譜学の独自性は、カントのケースのように純粋な義務の感情に基づいてじぶんの道徳を基礎づけようとはしない点にある。経済的に解釈された諸々の力と、その（しばしば不可能な）政治的な規制の働きのなかにその起源を見出しているのだ。善と悪の感覚は依然として利害関心とは切り離せない。それはまずは非常に生理学的なもの、圧倒的な欲求であり、ついで、私的な意味でわれわれを魅了するものを万人の利害関心でもって分節化することが必要になる。一般意志を前にした特殊意志、《国家》の観点から見た市民社会……。この分節化はカント的義務のなかにその結節点を見出すことになろう。というのも、個人的でありながらしかし万人に関係する感情が問題となるからだ。だがヘーゲルはこの連携とは縁を切る。かれの目にはそれが虚構に思えるのだ。そして、あらゆる美徳を離れたところで、政治と経済の関係を考察するのである。《国家》の権力と私有財産の富はかれの分析する世界の二つの客観的領域に、あるいはルネサンスによって告げられた近代精神に相当する。そこでは商人たちは都市の庇護のもとに整備されたエリアに店を構えねばならない。しかし閉ざされた堅固な城塞さえも、絹や香辛料、そして黄金を夢見る諸個人を遙か彼方の世界へと開放してやることがないわけではないのだ。金銭のもつ盲目的な力（下品なものだとやみくもに判断されがちだが）は、これまで不潔なものだと見なされてきたが、それが洗練された作品や大事業を成し遂げるのだ。より高貴なものと見なされる意図や、時としてあまりに窮屈な観点の持ち込まれるイデオロギー的諸制約についてもこれと同じことが言えるかといえば、それは無理だろう。このことは、たとえばヴォルテールが示したとおりである。かれはイギリス滞在中にクェーカー教徒の厳格主義的な特徴を描き出している。かれらの掲げた美しい意図にもかかわらず、この集団が成し遂げた作品はほとんど残っていないのである。

ドイツの諸都市は――ブルージュやヴェネツィアとちょっと同じように――ライン川流域で発展した。それを支えたのは旅行者や中世の放浪者、そして流通である。言ってみればそれは、非人格的な泡がふつふつと沸き立って攪拌されることで支えられていたようなものなのだ。それはどこか呪われた部分にも似ている。しかし、商人や金銭が姿を消せば、芸術もまた姿を消す。それはあたかも、非人格的な何かがそこで出資をしていたかのようでもあり、また金銭が普遍的であるかのようでもある。しかしそうしたものの方が、創作家や愛好家、芸術家やパトロンの勢いにむしろブレーキを掛けてしまう傾向のある道徳的主張よりもずっとのびやかだ……。下品な利害関心を抱くさもしい根性からある種の気前よさを引き出して、それによって目の前に宮殿を建築させた人間たちが見ていたのはこのようなものだったろう。富は盲目的な力を持つ。それはなにがしか匿名的なものであり、気配さえ感じさせない計画に基づいた建設的な狂気である。それは道徳的な狭いものの見方よりも包括的であり、完璧な無私無欲さを表現しうる。他方で、文化的表現に比べて直接的意図はしばしば非常に身も蓋もない代物である。アダム・スミスを読んだことが、ヘーゲルの道徳ないし政治の分析に深いインスピレーションを与えている。一七九六年にガルヴェによってドイツ語に訳された『国富論』については、ヘーゲルはその若書きの著作で引用している。

アダム・スミスは、利己主義的な利害関心と、個人の懐に収まる富の集積によって支配される社会がいかにして生き延びるか、と自問した。そして、目先の利益の背後に神の見えざる手が働いていることを見出した。その働きの及ぼす効果は沈黙と影のなかに感じ取られる。ある意味で「緑の手」〔栽培上手〕と言ってもいい。その手は、個人は意識していない普遍的な動機に奉仕している。これが「理性の狡知」である。これについては、われわれはすでに『現象学』におけるその無意識の弁証法を見てきた。[*43] 道徳というテーマに関しては、プラグマティックな運動に固有の概念の本性について、二人の思想家は一致する（たんなる影響関係と低く見積もることはできない）。各人の本分は不動であり、永遠に続くと見なされていたが、この永遠性が生成へと取って代わられる。道徳は利害関心や欲求の彼岸に、永遠の《イデア》の宿る無垢の天上界にあるのではない。「善」と「悪」の感覚はそれぞれの選ぶ視点に依存する。あるいは、個人と集団、主体と実体が関連づけられる際に《概念》が繰り広げる、より複雑な運動の流れに沿ってひとが思い描く形象に依存する。その関連づけは一つの変奏をなぞって繰り広げられるが、その変奏の複雑さたるや、《自然学》[*44] の世界で四大元素が繰り広げる変奏の複雑さにもひけをとらないほどだ。

ヘーゲルとともに、道徳の自然学を、美徳の生理学を、それらを構成する基本要素の関係にしたがって理解した上で説明せねばならない。悪が善と見なされるものに影響を及ぼすのと同様に、犯された悪のなかにも善を観察することはできる。悪のなかで善が占める領分、あるいは悪から取り出された善の過剰、それらは抽象的道徳の天下り式の卓越性の高みからは規定できない段階や閾値を表している。善はあまりに安易に法の不変性あるいは単一性という側面から把握され、他方で悪は、個人の貪欲さがすべてを混乱と生成の渦に巻き込む際にその逸脱によって生じた不安定性へとおとしめられてしまう。「本質の持続的解体という絶対的プロセス［…］。しかし、《善》と《悪》のこういった単純な考え方も、やはり直接的に自己の疎外となる」[*45]。

それらの分節化を、客体的な諸事実の組成を特徴づける契機として考察する方がより当を得ているのだろう。この自然学においては、たとえば都市の諸制約と経済的争点のあいだでの揺れ動く判断の対立が起こる場合のような、さまざまな対立状況を見て取ることになる。《国家》という作品、事物そのもの、あるいは奉仕制度は、各人のきわめて多様な活動が入り交じる無数の諍いやライバル関係そして競争によって作り出されるこうした別の傾向と、無縁でいられるわけがあろうはずもない。それゆえ、この公共生活という汚れなき作品は「直接的に自分自身の反対物、すなわち富になる」のであり、この富とは「享楽している人間は万人を享楽させており、労働している人間は他人のためかつ自分のために労働しており［…］そして万人は各人のために労働している」[*46]という意味で理解される。

当初、善は必然的に無私無欲、ないし公共的実体や一般意志への服従といった、よこしまな意図や特殊な欲望そして享楽を滅却させる普遍的な相のもとに位置づけられる、と考えられていたかもしれない。しかしそれでも、別の、より繊細で精緻化された視点からの道徳的分類を考えることもできよう。かといってこの視点が非道徳的というわけではない。単に新しい、こう言ってよければ無意識の分類規則に則っているということである。権力や公共的実体は堅固であり、個人はそれを前に、「おのれ自身を考える。この権力は彼にとっては抑圧的本質であり、悪である［…］その反対に富は善である。富は普遍的享楽に供され、万人のために働いて、かれらがおのれの自己意識を得られるよう努める［…］。財は即自的に普遍的な善行である［…］すべての特異な個人に流通して、多くの手を経て恩恵を施すのである」[*47]。

享楽の効果によっていたるところで、間近で見ればじつにばらばらな行為が山ほどなされている。しかしそれがひとまとまりになると、集団的作品と一つの世界の確立とがそこに融合していることが分かる。その世界は、水に浮かぶ都市ヴェネツィアにもひけをとらぬ驚異である。おそらくそこには、より高度な道徳があり、それは単に完璧な無私無欲という側に位置しているわけではないはずだ。「善悪」は弁証法のなかに組み入れられているのだから、この善悪を厳格な分類で画定することは不可能だ。善と悪は互いの対立のなかでその規定を交換し合い、だからそれは「脱‐道徳」ないし「超‐道徳」という視野に収めて理解せねばならないものになっている。そうした視野は、栄光に満ちたものとはとうてい言えぬおのれの規定の起源を無視している義務と服従の厳格さよりも、より豊かで深遠である。

下賤な意識、高貴な意識

歴史的観点から既存の価値観を考察すること、そして道徳の敬虔な祈りを放棄することで、ことは厳格な清教徒的視点からかくあるべしと思われる事態とはまったくちがったものに見えてくる。かれらは信仰から来る単なる偏見をあまりに事実と混同しすぎるからだ。その歴史的経緯から把握すれば、「高貴な意識」は理想的性格ではなくなる。高貴さは権力と経済とに完全に密着しており、公的問題の運営の際も、まるで私生活をやっていくのと同じように居心地よく感じている。《国家》経営においても厳格であり自己犠牲を要求するが、しかし家産の利殖にもおのれの経済力にも依然として利害関心を持っている。高貴な意識の側には、市民社会での実践活動から得られる富を犠牲にすることなく公的生活の規範を読み解く能力がある。いっさいの価値やイノベーションは、高貴を自称するこの意識から生まれるのだと考えてもいいくらいだ……。

ヘーゲルはかなりの場合、政治分析に関しては相当に保守的に見えるが、かれはダイナミックなもの、創造的なものはすべて「下賤な意識」の側にあると見なしていたことはわれわれとしても認めざるを得ない！　自分の利害関心や見返りの特権に引き合うよう権力の継続を願って、それゆえその権力を尊重している以上、高貴な意識の側には革命的なものは何一つない。最終的には、反逆しない奴隷という形態に留まるのである。他方で下賤な意識は、見かけは服従しているように見えても、突然その弱さの否定に転じる、つまり否定の否定を見せつける。この否定の否定によってわれわれは、この有名な従属形態のなかから暴動的な反抗の持つ意味をピックアップするよう導かれる。犯罪とはこのような本性に由来するものだ。服従するような顔をして、いまその本当の広がりを見せつつある反抗を隠しているのだ。他方で、主人は次第に権力を行使することに腰が引けてくる。ヘーゲルが考察しているように、奴隷の立場にはどこも同じような現実があるばかりだ、と思うのは間違っている。高貴な意識、つまり貴族や上流階級は農奴同様の奴隷なのである。そこにいるのは、自分を知らない奴隷である。その奴隷としての生活はありのままの姿で認識されていない。その下劣さやへつらいは「下民」たちよりも「下賤」である。それゆえ、かなりの貴族が、受け継いだ特権のなかにみずからを滅ぼすことになってしまう。最初は、専制君主が窒息するほど還流してくれる財を目当てにしたへつらいや下劣な振る舞いというかたちをとる。ここにいるのはおのれを知らぬ奴隷であり、奴隷生活のなかで疲労し、生への意志を肯定する情熱や力を使い果たして身を滅ぼす奴隷だ。疲れ切った運動、創造性の完全な枯渇、それについてヘーゲルはなかなか読み解けないほど込み入った長い論考をあてている。

それとは逆に、「下賤な意識」は創造性に導かれて主奴の弁証法を演じ直す、つまり再始動させることができる。マルクスはヘーゲル読解の際、その創造性について特記することになろう。それは、自分の労働力を割いて行われる服従や奉仕によって、かえって主人を下僕たちの仕事に依存させるときに起こることである。下賤な意識がその横顔に宿している奴隷の面持ちは、何もしないことや、あるいは言われたままの反応によって打ち消されるわけではない。奴隷とは弱さの具現では決してない。かれは、かれのなかのより下賤なところから、その依存状態やいっさいの名誉を奪われた状態のなかに出現する、力能への意志の受託者なのである。しかし、名誉とへつらいの特徴を規定するこうした道徳的態度を断念したことで、奴隷は現実的な活動能力を発揮する。それは現実に作用している生産力であり、これによって権力を揺るがすことも可能になる。ということは社会をも揺るがして、新しい政治的構図、新しい富の運用へと導くことも可能なわけだ。

下賤な意識は「主権を対自存在に対する桎梏と抑圧と見なし、結果として支配者を憎み、ただ沈黙の悪意のうちに従うのみで、つねに反抗の機会をうかがっている――それは富に対するときも同様である。かれはその富によっておのれの対自存在の享楽を得るはずであるのに、堅固な実体から引き離されたようにしか考えない。それによって得られるのは単独者としての意識と、はかない享楽ばかりだというのである［…］そして享楽が消え去ってしまうと、即自的だったものは消滅していくものに変わってしまい、それゆえこの意識はおのれと富との関係もまた消滅したように感じるのである」[*48]。使われている用語から透けて見えるのは、この「下賤な意識」の犯罪計画が、おのれの憎しみの悪意を純化して、自分と「高貴な意識」との関係のなかに、何か消滅しないようなものを見つけ出す、自分たちを圧迫したりしない何かをそこに見つけ出すということである。このとき、貴族たちから引き継いだこの言語活動のなかに権力交代の契機を見出すのだ。捕らえた獲物の死体を餌に生きて行くには、立派なクモにならなければならない。その網は、これから捕らえるハエとよく似たもの、つまり相手の大きさに合わせて正確なサイズで作られたものでなければならない。この弁証法は――コジェーヴが主奴の関係ばかりに与えた特権的扱いとは対照的に――相当に興味深いところであるから、われわれはこれをいくつか論じてみることにしたい。

象徴的死

高貴な意識――しかし、それと本当に区別できるわけではない、むしろ高貴な意識へ通じる後ろ暗い通路の一つともなっている下賤な意識（「特殊な意図への思わぬ落とし穴」[*49]）についても当てはまることなのだが――それは歴史的には封建時代全体を通じて認められる言語活動のなかで機能している。それはまずは契約であり、言葉によって締結された臣従の誓いである。ここでいう言葉とは、口という語に仮託されていた――封臣とは「口を持つ人間」[*50]と見なされてきた――ものだが、それは騎士叙任式で、他者との絆の行為としての接吻が行われるからというだけではなく、最後まで口外されない誓約が口頭で行われることもまたその理由となっている。これこそが真の奉仕であり、死ぬまで守られる誓約である。沈黙のうちに行われる奴隷の奉仕ではなく、雄弁な騎士の奉仕だ。われわれは、沈黙する奴隷という大地を離れ、口頭で誓約を捧げる一個の存在へと向かう。その奉仕には契約という面が現れ始める。騎士叙任式では臣従の誓いが捧げられるわけだが、それはおのれが忠誠を誓う人間のために命を失う、ということをもとにしている。つまり、個人としての見解を無に等しいものと見なす疎外であり、他者に帰属しない単なる即自としての存在がもっていた威信を失わせることである。だが、私的な自我を殺すというこの行為は、生命を絶つような振る舞いとして行われる行為とは違う。一般には、捧げられた言葉や、肩とうなじのところに置かれた剣によって象徴される臣従の誓いの儀式のなかだけで企てられ、演じられるものである。死は誓約に過ぎず、真の自己喪失、真の疎外は名誉という、昇華されたレベルで演じられることになる。まずは生きた実体のなかに具現化された《精神》というプロセスを終わらせることなしには、真の犯罪を精算することはできないのだ。

　欲求という罠に絡め取られたおのれの個別性は殺さねばならぬ。個人的な利害関心の追求のみに明け暮れる日々とは手を切らねばならぬ。しかし、そうすることでかえって生き続けることができるのである。それはつまり、誓いに具現される普遍性に捧げられたおのれの勇気を保ち続けることで、利己的な特殊性を無に帰し、下賤な本性を屈服させるということだ。こうなってはじめて、叙任式で誓われた大義を守るために死ぬ準備ができていると、言ってみれば「奉仕のヒロイズム――個別的存在を普遍へと捧げる美徳［…］――所有と享楽を断念し、既存の権力のために行動し、現実に役に立っている人物」[*51]という境地に足を踏み入れる準備ができたと言われるのである。そんなことはどこで起きるのか？　おのれが這いつくばった相手の名に捧げた大義のために本当に死ぬわけではないがしかし自分のなかでは死ぬ、というのはどうやればいいのか？　それは誓約という象徴的なレベル、「誇りある臣従」を特徴づける契約でしか実現し得ない。臣従の誓いのなかで行われているのは、媒介された死である。それは決して現実に作用するものとはならない。この点に関しては、死の恐怖のために主人へ奉仕することを引き受けた奴隷と同様である。かれらは服従し、他人のために働くことですでにおのれを無に等しいものとしている。奴隷とちがう点があるとすると、それは今回問題なのは自発的隷従、精神による契約、つまり完全に意識的な履行であるというところだ。ある他者のために自己を疎外し、無に等しいものに帰す、そういったことは最終的には言語活動のレベルで起こるのである。それは単なる道義についてのおしゃべりや無駄口に過ぎないものではない。というのも、喋る者が引き受けなければいけないリスクが確かに存在するからだ。しかしこの言葉のリスクはいまここにあるその特殊な存在（対自）を無に帰するだけであり、逆に即自存在は保護し、馬上槍試合やその他の騎士としての競技で認められるという、一つの普遍的な目標を提示する。そういったものは、その名の誉れを高めることはあっても、死につながることは滅多にない。

締結された契約とは、全面的かつ自殺的な否定、つまり本当に死によって我が身を犠牲にすることで完了されるものではありえない。高貴な意識はただそれをやってみようとするだけだろう。宮廷愛と本質は一緒である。宮廷愛もまた、肉体のなかで果たされることは決してない。快楽のなかに身を捨てるのではなく、ただ誓約あるいは概念として果たされるだけである。「だからこそ、対自存在にとって唯一本当の犠牲は死と同じほどの完璧さでその身を捨てることなのだが、しかしこの疎外によってまたその身を保ちもするのである」[52]。自己喪失を模倣することで、完璧に外化された場合でさえこのような保身が叶い、もっともラディカルな他性においてさえこのような自己形成過程が叶う。だがそれらを可能にするのは唯一、言語活動だけなのである。それは一つのプロセスにしたがったものなのだが、それをわれわれは今から明らかにせねばならない。

言語活動

『精神現象学』が、高貴な意識と下賤な意識との葛藤を通じた分節化によって展開する犯罪計画に立ち戻る前に、ヘーゲルにとって、言語活動とは思惟の装い、非本質的な殻に過ぎないものではない、ということは思い起こしておく必要がある。言語活動がそれでも現象に留まるのだとしても、そして言語活動が《精神》の証明がなされる領域の特色をなしているのだとしても、それは単純な言葉の綾として片付けられない。言葉の綾というものを、それなくしては目に見える作品は存在しないであろうアプローチ方法、通り道のようなものと理解しうるのだというなら、話は別であるが。ヘーゲルにとって、言語活動なしにひとが思惟を思い描く術はない。思惟はもっとも深いところに、絶対的に内奥のところにあっても、それでも言明されるもの、語というかたちで発音されるものであり続ける。たとえそれが、たとえばわれわれが内心で独り言を言うときのように、あるいは「ああ神様！」「おれが何したってんだ」「どうしてくれるんだ？」「誰のせいだ？」というような言葉がわれわれのなかにふっと思い浮かぶときのように、声には出さない形であったとしても。こうした言葉はただ言語のなかで、記号によってのみ接近可能、言明可能な嘆願なのだ。そこで用いられる記号は互いに無関係ではあるが、それだけにかえって力あふれ、運動を可能にしてくれることにもなる。だからこそ、この世を去ったのちも、われわれの言葉は残り続けるのだ。

ヘーゲルは『エンチュクロペディー』で何度か、思惟と、思惟がそこから生み出される語とは、たとえその語が沈黙の内に浮かぶものであったとしても分かちがたいものだと繰り返している。「われわれがおのれの思惟を知るに至るのは、〔…〕ただ思惟に客体性という、われわれの内面とは差別化された形式を与えた場合にのみである〔…〕思惟はこうした外部性を身にまとい、同時にそこに至高の内面を刻みつける。このような、同時に内部でもあるような外部性、それはただ一つしかない。分節化された音、すなわち語である」[*53]。語は確かに外部にあり、彼方に向かって投げかけられるものである。他者のために存在し、他の存在のもとでその使い方は見出される。こうした外部はまずは自我の内部で生み出される。語は、はき出される声によって口にされることさえなくともわたしには理解できるような何かとして機能している。思惟は音という物質性を抜きにした語によって構成されているように思われる。それは最終的には音なしに生み出されるある種の聴覚的現実で、わたしは内面の耳によってそれを聞き取るものであるかのようにさえ思えてくる。それは祈りであり、かくも内面的で内省的な聴取体験なので、録音した声は常にぎょっとするようなデフォルメをされたものと思えてしまう。それはこのようにわれわれのもとを旅立って、もはやわれわれの聴取体験とは何ら対応しない外部性を現実化しているのだ[*54]。「聞かれてしまったという事実そのもののために、いまここにあるものの響きは死ぬのだ」[*55]。しかしこの死とは、単にわたしを制約していたものが死んだということなのだ。そこでは、聞かれてしまった言葉はむしろわたしを諸々の物語のなかに保存してくれるのだし、こうした話を通じて、局在的にそこにいることしかできないわたしを超えて広がっていくのだから。「ここでみずからをわたしと表現する者は、聞きとられてしまったのだ。それは感染のようなもので、それによってわたしはわたしのことをいまここにあるものと認めてくれるひとびとと無媒介に一つになる。ここで、わたしは普遍的自己意識となるのである」[*56]。

ひとたび語られ、言明されてしまえば、自我は境界など度外視して自我を引き回し、そして永遠のイメージ、存続するイメージを与える言語活動のなかに我が身を委ねることになる。そのイメージは、死者たちの変わらぬイメージという意味でイマーゴと言ってもよかろう。言語活動によって流され、この媒介に飲み込まれるに至ると、そこで待っているのは止めどない奔流と、自己が語ったことについての支配力の喪失と、そして本人証明の信憑性の消失である。しかし同時に、わたし自身の局在化された人生を超えた自由を可能にする言説の内部で増幅して伝達されることで、いまここにあり続けてもいるのだ。だからこそヘーゲルは「こうして消滅することが、自我にとっては存続し続けることに同義なのである」[*57]と語ったのである。いずれにせよ、それは別な形で、たとえば中世に大流行した略伝に見られるような伝説という形をとって存続し続けるということでもある。

おそらくここから、ヘーゲルのはるか後年にソシュールが聴覚映像を、つまりある種のイメージ化された聴覚性ないし作られたイメージを、「シニフィアン」という言葉によって示すことになったのはなにゆえかが理解できるかもしれない。語について考えるとき、われわれはそれを音にすることも、あるいは口を開くこともないが、それは語のイメージがわれわれのなかに出来ているということではあるまいか？　こうしたイメージは、われわれによってその内的「悟性」を通じて聞き取られる。そのときは、精神という弱音器を経由する以外に声が発せられることはない。この弱音器が「思惟」と呼ばれている。それは完全に言語活動によって作られたものだ。この関係あらばこそ、「思惟は語を通じて、もっとも価値ある真実の現実を与えられるのである」し、それゆえ「事物を掴むことなく、語と格闘する」[*58]ことにもなってしまうのである。真の思惟とは一つの事物であり続ける。しかし、事物と言ってもそれは語られた事物、かぎりなく操作可能な事物であり、聴覚イメージであり、精神においては、声と同時に意味を思惟に与えるものである。そのとき、思惟は言表内容の特徴である柔軟性と携帯性を併せ持ったネットワークの織物のなかに即座に統合されるのだ。

語という素材と関連づけられている事物について当てはまることは、意識や自我においてもさらにしっくりと当てはまる。それらはおのれの同一性を言語活動から受け取るからである。『精神現象学』はまさにこのポイントにアプローチする。言語活動なしに思惟が存在しないから、というだけでなく、おのれを語ることができなければ自我それ自身がその同一性を失ってしまうからである。コギト、すなわちデカルトがわれわれにかの有名な定式「我思う、故に我あり」によって示したはじまりの確信は、一つの言表内容の特徴となっている。それは一つの論理ないしある種の文法、それもポール・ロワイヤル運動の時代の文法にしたがって分節化された構築物とも言える。言ってみれば、思惟――われわれがいまここにあることを立証するもの――はなによりもまず、歴史のなかでさまざまに形を変える言表行為の図式によって組織化された思惟なのだ。同様に、「言語活動は、純粋な《自我》それ自身がいまここにあることであり［…］、その結果、いまここにあるとは他者に対してのこととなる。「わたし」、純粋な「わたし」としての「わたし」がそれ以外の形ではいまここにあることはない」[*59]。

この言語活動の力はある一つの時代に呼応している。歴史においては、高貴な意識を通じて、発話によって組織化された事物へとアクセスすることができたのだった。つまり、身体的な作業を経ることなしに事物を操作するというやり方、ただ言葉だけでのみ事物をかき回すというやり方である。だがその過程で、事物は意味を持つものとして生まれてくる。自我についても同じことが言える。喋る者は発話によっておのれをおのれの外に措定するが、この意味での発話が新しい組成にアプローチし、すると喋る者は単なる身体としては死ぬことになるが、結果として聴覚イメージとしての次元へ、意味の王国へ、語られたもの、書かれたもの、固有名によってみずからを記すものという、劣化とは無縁の質料の世界へと足を踏み入れることになる。

われわれにとっての誠実さと名誉の基本とは名前であり、署名である。それなくして、どうやって信任を与え、約束を受け入れるというのだろう？　臣従の印、それをはっきりと分かるようにする名入りの刻印、そういったものが、新しい歴史に到来する。それは言語活動が織りなす絆で出来た歴史である。それが「《会議 Conseil》」を行うグループの一形態であり、そこには椅子があり、円卓があり、「助言 conseil」が飛び交い、そして同盟の協定が結ばれる。権力は言語活動によって一つの構図へと、あるいは生物学的な家族とも私有財産とも無縁で、ただ声を実体とする名のネットワークと系譜図としての貴族だけが知っている一つの普遍性へと近づいていく。王家ないし貴族はおのれの冠する名にふさわしい身分を受け取り、そしてそれによって自己形成の《歴史》のなかに実現ないし解体される盟約を受け入れるのである。しかし、こうした高貴な意識の側で働いているような言語活動は、気づかぬうちにへつらいの技術と宮廷作法へ堕落することからみても、下賤な部分を含まないわけではないのである。

へつらい

発せられた言葉、内的（沈黙のうちに語る）であると同時に外的（はっきりした声で約束する）でもある構造を持つ語の重みがひとたび認識されれば、あらゆる盟約は語の世界で成立することがよりはっきりと理解できる。一つの定式が生まれるのも、この言語活動のネットワークからだ。この定式は、じぶんをいまここにあるものに変えてくれるなにかを捕まえて、「朕は国家なり！」とあまねく四方に布告させることもできる。《精神》が具現化されるためには、一つの実体、基体が必要となる。この比較的柔軟な基体が、たとえば「ルイ」のような、一つの固有名を見つけ出し、するとその名はこだまして国中に響き渡ることになる。しかし、このような名の普遍性（声が運べるよりもはるかに広大な社会空間を行き交って、専制国家の辺境にまで至る）、蜘蛛の巣のようなネットワークは、柔軟かつ迅速であるがゆえに、《精神》の具現化が冒す危険のなかでも最大のものとなる。というのも、《精神》は発せられた言葉、署名された法令、重商主義的勅令と契約、柔軟な取り決めといった、あまりに変わりやすい実体に具現化されるがゆえに、富が大挙して押し寄せて、偉大な君主の名をねじ曲げて利用し、そこを占拠してしまうからだ。

崩壊しつつある君主制の世界こそヘーゲルの世界である。いまとなっては、その熱狂や不安を理解することは難しい。この《歴史》とはどのようにすれば再接触できるのだろう？　どうすれば、抽象や物知り顔の回想に陥ることなく、《歴史》が下書きしていた背景を描写することができるのだろうか？この《歴史》はわれわれが学校で当たり前のように学んでいる歴史とは違うのだ。語られる《歴史》、生き生きとした新鮮な小説、そしてそれを報告する人物は、ナポレオンが目の前を通り過ぎるその瞬間のイエナで、フランス革命の思い出を呼び覚ましながらテクストを執筆しているのだ。

　ドイツで完成されようとしていたこの《歴史》——そしてそれを要約するのがヘーゲルだ——は、高貴な意識のなかに深く根を下ろしている。そしてかれらの「へつらいというヒロイズム」が、最悪に下賤な富の官吏へと堕す前に、《国家》という形式に生命を吹き込み、そこに主体を、地域や都市の枠を超えて認められた政治的統合者の名を与えるのだ。奉仕が言語活動にまで達するようになると、つまり奴隷の沈黙の労働に閉じこもることを止めると、奉仕の言説のなかには、一つの名が持つ普遍性が反響するようになる。それは「この権力の持つ精神が最終的には無制限の専制君主に帰する」[*60]ように働く。無制限とは、権力の波及が領土や、あるいは水流や山脈のような物理的境界として利用される自然国境の境界線内に限られないということを意味する。専制君主の威光は自然の束縛を離れ、その名を通じて、領土よりもはるかに抽象的な国家なるものとこだまし合う。いかなるかたちの政治であっても、その存続はこのこだまにかかっている。ナポレオンの政治ももちろんそうだ。その政治は、かれの評判をもとに、雷鳴が響き渡るようにヨーロッパを席巻したのである。

　通貨という面から見れば、富は物理的存在からは離れていると言えるだろうが、じつは権力についてもことは同様なのである。《国家》がすべての経験的な境界を離れて無限に輸出可能な一つの名に収まってしまうのだから。それは歴代法王の名がそうであるように、家族の名ではなくしばしば数字を付した名となっている。「言語活動によって、そうでなければただの内輪目線の域を脱しなかったであろう特異個別性は、いまここにあるものとしての純粋性までに高められる。つまり、専制君主に固有名が与えられるのである。実際、ただ名によってのみ、ある個人は特異個別なものとしてほかの個人と区別される。それも、だれかの意見ではそう思われているというのではなく、万人にとって現実的に区別されるようになる。名によって、個別の個人はその純粋な特異個別性に値するものとなり、またそのように承認される。それはもう、かれの意識においてというだけでなく、万人の意識においてのことである」[*61]。ここでは名とはほとんど神聖なものになっている。宮廷はその名を布告し、公表し、喧伝せねばならず、ことによっては伝説という普遍の領域にまで引っ張り上げるのだ。たとえばアーサー王のような、あるいはルイ十四世の太陽のような威光のケースである。「賞賛という言語活動は、そういった具合に、両極を結び合わせる精神となる」。ここでの両極とは、たとえば特異個別性と普遍性、自己と《国家》である。この威光は力と富を結びつけるのだ。

ヘーゲルがこの名前への執着を、勃興期の資本主義——専制政治の逆境と失墜という運命がそれに続く——と結びつけるそのやり方はかなり晦渋である。富のなかには何かがまとまって存在している。それは数字化された名と同様に抽象的であり、専制君主の声望と同様に事物からは独立しており、生産に対しては中立的で、むしろ一つの流れに淵源を発する、そんなある種の力と言ってもいいものである。この流れには、剝離した、脱コード化された「諸価値」が伴っており、マルクスはそれを「資本」と呼ぶことになるだろう。資本主義のドラマはこのように演じられる。事物から剝離していること、ゆがんだ脱領土化を行うこと、『現象学』の一節で、ヘーゲルはそれを垣間見はじめているのだ。その定式化はまだ自信なげで、非常に慎重ではあるが。資産が一極集中するのも名のもとである。声望という表面的なところで、炸裂するような投機のバブルが沸き起こるのだから。しかしこのとき、もはやそのような名でこのバブルを支えることはできなくなっているのだ。

分裂

権力賞賛を諂い上げることで、高貴な意識は疎外に陥る。そうなると、現実に作用している忠誠心や、実際の行動参加も変質してしまうことは明らかである。へつらいと詐りのあいだの距離は非常にわずかだ。ある一つの名を流布させ、《国家》を一つの主体とするようしむけ、万人からの主権の承認を確実なものとしたこの言語活動は、では見返りに何を受け取るのだろうか？　廷臣の側は、特殊な意図を保持し隠し持っていないか？　見せかけだけの忠誠心のうちに偽装した自己愛が充満してはいないか？ひとは嫉妬を抱きながらも、ある人物を諂い上げる。しかし諂い上げられたその人物の名を隠れ蓑に、ひそかにより大きな栄光を求める気持ちが忍び入ってくる。へつらいをならべても、それがいつしか完全に下賤な「恐喝」へと変わってしまう。これはいずれも避けがたいことではなかっただろうか？

宮廷での権力構造、言語構造では、へつらいという形態がまかりとおっている。もっともそれを、無思慮で頭に血が上った下僕でもできるような下品さと区別するのは難しいのだが。あるいは、衆目を集めるべく凝った技巧で競い合う人間のあいだではどうしても起こる相互の嫉妬、交錯する憎しみの一形態ともいえる。「貴族たちは玉座を中心に居並んでいる。それは自分が《国家》の権力に奉仕する心構えができていると示すためだけではない。装飾品としてそうしているのでもある。」[*62]と述べるヘーゲルが言いたかったことはそのことだ。装飾品は、外部に目に止めて欲しいものを見せ、陳列し、並べている。つまり、君主の名の評価を高め、その公的性格を遠くまで伝えるメディアのシステムである。広告システムというのもここから生まれた。このシステムは次のような事態を招き寄せてしまう。つまり、自分を権力の仲介人に仕立て上げ、やたらとその名を口にする連中が、いつしかその権力の名を自分の名義に差し替えようとする事態である。そうやって自分のポストを得ることを、あるいは最高の富、最高の輝きを蓄えることを夢見ているわけだ。というのもこのとき、装飾品は玉座への媒介であり、どうしても通らねばならない道であり、接触ルートと化しているからである。それでへつらいは次第に下らない言語行為に変わってしまう。人民と君主の関係をフィルタリングする中間フィルターに変わるとも言える。そして下賤な意識以上に深くこの関係のなかにはまり込んでしまう。

言語活動のこのような袋小路へのアプローチを考えるとき、ヘーゲルとしては、こういった宮廷での犯罪計画を心にとめておかざるを得なかったのだろう。これ以降、貴族たちはただ装飾品としての輝きやきらめきばかりにしか刺激を感じなくなってしまう。そして奉仕の見返りに利権や手当といった金銭的厚遇を期待する。なんといっても、宮廷が時代を先取りしたリアリティ・ショーのように日夜提供しているメディア的なスペクタクルの尻に敷かれている政治においては、ものを言うのは富なのだ。事ここに至っては、「空虚な名」[*63]以外に残っているものなどあろうか? あるとき喝采を浴びたヒーローが、次の日には忘れ去られている、そんなスペクタクル以外になにが? この意味では、慎みなしに過剰に露出し、過剰に自己顕示しても何の役にも立たない。高貴な意識の真理とは、おのれの忠誠と名誉を賭けることから、「奉仕を行いながらも自分自身の対自存在を守っていること」[*64]に変わったのだ。こういう態度は偽善的あるいは利己的手管という名で呼ばれている。それが普遍的大義の装飾品に隠されているわけだ。こうなると、友人を持つことさえ重要ではなくなる。大事なのは臣従の誓いでも、兄弟でも父でもない。行動の唯一の動機として残っているのはただ金銭だけだ！　富の支配する世界では、分裂、あるいは自己分裂的なかたちがはびこるようになる。自己にとって重要なもの、自己にとって価値のあるものが富によって量られ、うたかたのような価値と交換される事物の循環に託されるからだ。この病理はどこを切っても器質的なものでもなければ、神経学的な問題を持つようなものでもない。社会的無気力、危機に負うところ大なのである。資本が名のもつ現実性を喪失させたまさにその瞬間、名の価値は暴落し、それが資本の暴落を飲み込んでしまう。

　金銭を与えることは、自己を与えることとは違う。変動常なき市場におのれの同一性を疎外するとなれば話は別であるが。おのれの名誉や、その名の栄光も、富に具現されるとなれば風化してしまう。財産はいかなる中身も持たないが故に、転売され交換されることもあり得るからだ。すべては一つの方程式へと変質してしまう。すなわち、道徳的な善 *Bien* は所有された財 *biens* に等しい。こうして病理的悲哀は財産という見せかけをまとうようになり、高貴な意識はそれとごっちゃになってしまう。しかし、あまりに性急にしかも強く輝くと、何もかも差し押さえられたり、あるいは転売されたり着服されたりする羽目になるかもしれない。安定した価格を持たない、はかなくも交換可能な所有物を所有することで、人はおのれを所有したと信じ込み、本質的には取り替え可能な対象に執着し、そうして高貴な意識はそこに足を取られ、いっさいの安定性を失い、経済変動と陳腐化した金銭的価値によって下される判断におとなしく従うようになる。到来する新世界は目に入らない。それは地主ではなく生産者の世界である。時代は領地と名誉から、産業という大地の下に隠れたものへと移行し、それが小地主たちの財を圧倒することになる。

没落に向かう高貴な意識は、装飾品としての役割に取り込まれ、対象とフェティッシュの世界のなかで、名声のもつむなしさや名に内在するむなしさを埋めることもできないまま、「絶対的非人格化」を経験する。高貴な意識は、交換過程についていこうとし、価値にしがみつこうとするが、そこにはあるのはそれらの一時的な側面、無制限の循環ばかりであり、かれらに苦悩をもたらすこの同一性の不在は、どんな城館によっても埋め合わせることはできない。「おのれと同一なものはすべて消え去る。なぜなら、ここに関わっているのは限りなく純粋な同一性の不在、絶対に本質的なものの絶対的非本質性、対自存在の自己の外での存在だからである。純粋なわたし自体が絶対的に解体していく」[*65]。ここに、ヘーゲルの分析によって丸裸にされた高貴な魂の真の病理がある。金銭と名声によって同一性は灰燼に帰すが、その灰燼のなかからヘーゲルは両極端の対照的な感情を掘り出すのである。もっとも高貴な情念の体系はことごとく、最悪に下賤な傾向に影響されていく。高々と掲げられた善のなかには根深い悪が宿る。しかもそれを産んだのは、かつては良いものと考えられていたものなのだ。宮廷生活は基軸 axe をもたない価値論 axiologie に毒され、そこでは悪は善になり善は悪になる。専制君主やその近親に対する心からの尊敬もねたみに染まる。「かれらからの感謝はもっとも根の深い卑賤な、かつ同時に反抗的な感情である」[*66]。贈り物を手にし、胸が悪くなるような奉仕に対する褒美を受け取る、そんなことから生まれるのは、贈り主や恣意的なお手当の給付者への、ただ増していくばかりの憎悪である。

財に財を上乗せすることは、対象のなかで喪失される自己の疎外へとつながる。ここでは、富に特有の狂気に引きずられて、存在と所有が混同されてしまうのだ。《歴史》ではそんな例が数多く見られる。もちろん、その争点も時代もどう見ても同じではないことも確かではあるが。そのことが一つの定式によって述べられているのだが、これは『現象学』でもっとも現代的な定式の一つだろう。「富はおのれの身に迫ったこの断崖の、あるいは底なしの深淵のすぐ縁にいることに即座に気づく。ここにはもう身を支えるための実体は何一つない。この深淵のなかでは、富はありきたりの事物しか目にすることはない。それは自分が気まぐれにおもちゃできるもの、自分の思いつきの偶然の結果である。その精神は本質をまったく欠いた一般論、精神を放棄したうわべだけのものになる」[*67]。富とは実体よりも上位に立っており、気の向くままにその実体をあげつらう。一つの機械、あるいは宝くじの抽選というのが適当かも知れない。そのめぐりめぐる回転盤の上に、われわれの運命も救世主もいるという気分を表現してくれるだろうから。経済危機は全世界的であるが、それは信用危機以外のなにものでもない。つまりは、買いかぶられた名が不名誉な評価にまみれることだ。

この資本の病理については、マルクスがそのさまざまな側面を再発見することになるだろう。商品の抽象化という側面もそうなら、非実体化された価値というのもそうであり、また同様に悪賢い資本家の劇場型の行動という側面もそうである。その振る舞いは、ある種の喜歌劇で演じられているようなもので、それを最初に告発したのがディドロの『ラモーの甥』ということになる。これはゲーテによって『精神現象学』の執筆直前に翻訳されており、ヘーゲルはそれを丹念に読み込んでいる。ここにはすでに、喜劇的な懐疑主義のきざしが感じられないだろうか？　それはこの後ほどなくしてニーチェによって診断される、近代のニヒリズムを予告するものではなかろうか？

ニヒリズムの曙光

《精神》はもう観察理性のケースのように、単に骨には還元できない。われわれが研究しているこの時点で、《精神》はむしろ輪郭のない一つの塊のように表現するのが適当だろう。そしてその本質は、本質を示さないこと、である。名前も輪郭線ももたないこの事物とは金銭である。ひとはここで、意識の外在化の形態に目を止める。これによって意識は世界のなかで輝きを放つ可能性を与えられはするものの、しかしそのやり方はあくまで皮相で、意のままにひっくり返る。精神は事物のなかでおのれを浪費してしまうが、しかしその事物は趣味を養うことを、つまり洗練を可能にしてくれるくらいのことはする。それが「機知に富む」〔精神を持つ avoir de l'esprit〕ことに、あるいは物腰の端々に至るまで才気に富んだ流儀を見せることにつながるわけだ。社交界でのあるべき振る舞いにそって、物堅い風を装いながら「才気をひけらかす」〔精神を作る faire de l'esprit〕こともあるだろう。しかしこうした役割演技が《精神》であるはずもない。そんなものは、人体測定術で言う頭蓋骨の大きさよりもさらに空虚だ。この張り子の虎のような世界を通して、ヘーゲルは一時代が解体していくことに気づく。この時代のまとう虚飾の下で、懐疑主義が次第に強力に広がっていき、分裂へと向かっていく。それは、社会的には不幸な意識の彷徨によって具現化されている。われわれはすでに、その意味喪失、悲嘆と隣り合わせの否定についてて見てきた。ヘーゲルは、債権者である「金持ち」とその「顧客」という二つの人物像の対立の下に広がる深淵に引きずり込まれていく意識の諸状態の不均衡さに目を付け、その緊張関係を激化させるのである。

すべては、客を迎える応接技術と、食卓でのマナーをめぐって演じられる。とはいうものの、そもそもヘーゲルは家庭教師という肩書きでスイスに住んでいたころはそういった食卓とは無縁で、夕食をともにするのは召使いたちというありさまだったのだが。食事中は、列席者それぞれの役割は決められており、互いにしかつめらしく向かい合っている。良い身分の金持ちは自分の「顧客」である平民をテーブルに招くこともある。しかし、王の宮廷では、金持ちは自分が顧客の立場になり、つまらない話題や腹立たしい気持ちを堪え忍ばねばならない。貧乏人の顧客と違うのは、同じように卑下せねばならないとはいえ、同じ反抗の気持ちを育むことはないという点だ。傷つけられることもあれば、自尊心のなかに恨みがましい気持ちが芽生えているのに気づくこともあろう。だが王と席を同じくすることで自分が別人のようにさえ思えてくる、そんな誇りが自分のなかに眠る憎しみを覆い隠してくれる。「一度の食事によって、一人の赤の他人の自我そのものを手に入れた、それどころか、心からのその本質を服従させることができたとまで思い描く、このうぬぼれのなかにいるかぎり、金持ちは他者のこころのうちの反抗を見落としてしまう。かれらがいっさいの桎梏をすっかり取り払っていることを見落としてしまう」[*68]。

言語活動も、へつらいも、偽装ないし隠蔽といったレトリック的技法に夢中になり、その技術のなかから、おもねり、すなわち「高貴さを失ったへつらい」に隠れた反抗が定期的に生じてくる。そしてそこで語られたことは「捨てられた本質」[*69]だということも、しっかり見抜かれている。意識が分割されるこの分裂のもとに、うぬぼれと同時に憎しみを育みながら、一つの精神状態が芽生えてくる。そこでは善悪の区別は流動化されている。「それゆえこの運動のなかで、善悪の考え方は相互に反転する。良いと規定されたものが悪く、悪いと規定されたものが良いのである」[*70]。下賤と高貴はそれぞれの人物の内面で分割されるが、もうそれをどうやって見分け区別していいのかは分からない。これは悲喜劇的状態であり、それが持つ破壊的な力は分割線や狂気と隣り合わせである。このプロセスにおいては、一つの違いが重要な意味を持っている。その違いがもたらした結果が次のようなものだ。まず「金持ち」は自分が気まぐれな疎外を被っていることに気づいていない、というのも、かれらは流動的で安定しない富に絡め取られているからだ。他方でかれらの「顧客」は、債権者が貪欲に同一化している対象がむなしいものであると知っているのである。

ここに『ラモーの甥』が登場する。かれは詐欺師の放浪者であり――おまけに言うとおりにすれば自分の魂があがなえると信じているある没落した金持ちにたかっている――アイロニーとシニシズムを込めて、こういう陰鬱さに取り込まれてしまった心気症者を小馬鹿にし、その実体のなさを暴いてしまう。この変わり者の甥っ子はよく知っているのだ。自分自身だって自分の宿主以上に一貫した中身など持ち合わせているわけではないことを。この時代を包む深い苦悩を。それは人生を放浪の旅に変えてしまい、すべての価値観がひっくり返った世界、確実なものすべてを罵倒する世界へと巻き込んでしまう。このような流浪の魂の意識をどのように思い描けばいいのか？ 善のなかに悪が、悪のなかに善があると示そうとするのはいいが、それと同時にその意識自体が、高貴な価値観に対するいっさいの信用を失わせてしまうシニシズムによって崩壊してはしまわないか？ 《善》に対する信念に基づいたこのようなナイーヴさを失ったがゆえに、ラモーの甥は自分自身をも小馬鹿にし、そうすることで世界の虚栄をあらわにする喜劇のヒーローとして登場するのである。そしてそうした世界は、それを揺るがし粉々にする爆笑の渦のなかにかき消されつつあるところなのだ。[*71] こうして、常にあらゆる道から外れてしまう無軌道っぷりを目にすることになる。「この無軌道な音楽家は、三十ものイタリアやフランスのアリア、悲劇的なのから喜劇的なのまでありとあらゆる調子のをごたまぜに詰め込んで、バス・ターユの音域を地獄の底まで駆け下りるかと思えば、今度はファルセットを真似て声を枯らしアリアの高音を歌い上げ、続いて激しく、今度はおどけて、その次はえらそうに、次はあざ笑うように歌うのだった」[*72]。

ここでは、すべての価値観が逆転されるばかりでなく、その価値は絶えず引き下げられており、その違いが否定されている。つまり、善悪貴賤に無関心なのだ。《歴史》はこれ以上のシニシズムをめったに見せてはくれない。というのもここでは、深淵への失墜が精神的発憤を呼び覚ますまでに至るのだ。自分の外部性の最底辺まで堕ちると、「この解体の要求は逆にただ自己形成の精神そのものにだけ突きつけられることになる。そしてこの混乱から抜け出して精神としての自己に立ち戻り、いま一度より高みの意識を獲得するよう要求するのである」[*73]。しかし、この新しい価値表が持っていた創造的な局面は、まだ行き着くところまでは行き着いていない。それは反動と破廉恥さがつきものの次の展開が終わってはじめて日の目を見るものだからだ。一方の展開は、この世界の彼岸に脱出口を求める禁欲的な試練を通じて繰り広げられる。すなわち信仰の力である。他方の展開は、何もかもがむなしいと知ってすべてを自分に引き寄せて考える人間が周囲に振りまく過信のもとに繰り広げられる。これが純粋洞察であり、自己への回帰である。それは、万物の意味を語るパースペクティヴの中心であるかのような響きを持っている。そこでは「確実に結びあわされていたすべてがほどけてしまったという感覚、いまここにあるおのれが地獄の責め苦に引き裂かれた瞬間をことごとく目の当たりにしたという感覚、体中の骨が砕かれたという感覚[*74]」が経験されないわけではない。

信仰と純粋洞察

意識はこれ以降、世界《精神》へと具体化するという欲望に突き動かされることになる。それは抽象的な自分だけの内面性とは違ったおのれになる欲望である。また、いずれにせよ運動を可能にする価値を与えるはずの実体でなければならないのだとしても、それでも貨幣流通の気まぐれさよりは安定した実体へと具現化するという欲望である。もはや問題は、ストア派の世界へ逃げ込むことでもなく、懐疑主義の要領で世界を批判することでもない。しかしながら、ここで求められる実体性とは、きわめて修辞学的な機知によるものではなく、まして富でもない。富はますます幻のような価値しかないものに思われてくるからだ。それは「ただ記憶のなかでのみ、あたかも過去の歴史か［…］以前の姿の死んだようなありさまのままいまなお保たれており、［…］新しく現れた、知を授ける蛇は［…］古い皮の痛み一つ感じることなくただ脱皮させるばかりだ[*75]」。たとえばラモーの甥が具現していたような自由思想という迷いから醒めると、意識はより手応えのある、しかしまだ紛れもないとまではいえない現実へと方向転換する。それはまだ、別の――より実体的な――世界への単なる信仰の一部だ。あるいは逆に、純粋洞察の誘惑に身を任せてしまうこともある。それは《精神》が語る社会退廃のただなかの激動よりも確かな、自己についての真理である。この苦しみからわれわれを救うことができるのは、おそらく骨でも金銭でも体でも財産でもないだろう。意識の疎外が、《精神》の現実化を宿す新しい時代と出会う、と想定せねばなるまい。その精神の顕現は、誰一人知るよしもない深みからわき上がるもののはずだ。宗教運動が問題なのか、あるいは合理的自己への回帰が問題なのか、いずれにせよこれを掘り下げていくことで、みなと同じ昇華をともにすることになる。

「自己確信」は実体的真理のなかに措定された。信仰は、社会的野心の仰々しい茶番を超越する、真の世界のまえへとわれわれを位置づける。どちらにせよ、ひとは同じ否定の運動によって、つまり、かくも邪悪に企まれた事物を同じように拒否したことから生まれた流れのなかにいることに気づく。一つの拒絶が、一方は信仰を、他方は「意識の前にあると思われる対象の本質をことごとく根本的に破壊するその否定性の力のなかに」[76]措定された概念を経由するわけである。殺人的概念、そんなものがあるとして、それはハンマーの一撃をことととする哲学のためのものだろう。へつらいのような愚かな振る舞いはおしまいにする、偽善や行儀作法は解消してしまう、それが重要だ。信仰のなかで、あるいは世間のスキャンダルにつきものの妥協に自覚的な純粋洞察のなかでおのれを取り戻すことで、そうした下劣さを解消することを目指す《精神》が具体化されるのは、富の下劣さとは無縁のところにおいてのみである。

それゆえ、一方にはよりよい世界を訴える精神主義の激化があり、他方には分岐し二重化する観念論があるわけだ。実際のところ、一方の選択肢は、純粋自我、すなわち信仰を与えてくれる自我によって満たされるか、あるいは永遠の生命のなかで延長戦を戦うことを渇望することで満たされるということだろうし、他方の選択肢は、逆に妥協なき無神論の勢力に加わることだろう。自己形成の世界の特徴である虚栄から距離を置こうとして、《精神》は超越的対象か、思惟に値する唯一の対象に逃げ込む。その対象こそ自我というわけだ！　避難経路は二重だが、理解されない規定を引き継いでいるために、見た目はまったく逆方向に進んでいるわりには、どちらも同じニヒリズムという否定の性格を帯びている。

この力線の両端で、堕落した否定を否定する、というかたちで共同体が建設される。一方は、世界の恩寵を頼りにしている。そこからキリストの普遍性を母体とするグループの結集を促そうというのである。他方は、各人が持っている、自分自身を統御する能力を基盤とする。またその能力を有するが故に「汝らすべては即自的には理性的であるのだから、対自的にもそんな汝ら自身にならねばならない！」[*77]と叫ぶこともできるわけだ。この世界こそ、信仰と知識のあいだ、理性と道徳のあいだで、移り変わる世界についての思惟を前に、いまだ青年期にあるヘーゲルが自分自身の意識に目覚めた場所なのだ！この時代、哲学と神学はまだ未来を共有している。しかしお互いが互いのルーツを知らずに、つまり双方を動かしているのが否定性であることを、すなわち同じ刃を、人為的な権力に対する同じ憎しみを用いていることを知らずに闘争を始める、そんな時代でもある。信仰と知識のあいだで、小説の二人の登場人物が対決する、と言っていいかもしれない。ヘーゲルは突然「洞察」と「信仰」について、あたかも一つの絶対的犯罪計画にたずさわる二人の登場人物について話すかのように、三人称で語りはじめる。それを絶対者の犯罪計画と呼んでもいいかもしれない。それはゆっくりとではあるが段階的に地歩を固めていく……。

啓蒙時代は懐疑主義よりもはるかに攻撃的で恐るべきものである。啓蒙 *Aufklärung* ——啓蒙の戦い——への関与は政治的なものである。たとえそれが、『エンチュクロペディー』の刊行を通じて、というかたちでしかなかったとしても。というのもそれは、地下活動の流儀で社会組織全体に浸透する知的な運動だったからだ。このように鍛造された武器は、ストア派、懐疑主義あるいは法の査問官のような内面化された態度よりもはるかに強力だ……。嫌疑をかけられても、それが個々別々に留まるならばたいした危機だとも思えない、ということもあろうが、公的問題にたいする鋭い批判や、書簡や芸術作品を通じたその流布に打ち勝つことはできない。

啓蒙の戦いは逆説的にも、互いに対立し合う運動によって強化される。禁止されたり、あるいは抑圧すべく排斥されたりすることで、かえって力づけられるのだ。ここにも、クモのやり方が見られる。クモの戦いにおいては、危険になりそうな武器はすべて、かえってクモの武器として利用されてしまう。敵の体を引きずり込み、その本来の防衛力を利用してその懐に侵入するほどだ。啓蒙主義はクモが獲物にそうするように、自分と対立する反対勢力を貪るのである。つまりかれらの実情あるいはエネルギー源は敵対勢力から得られている。それゆえ「〔かれらの特徴である〕純粋洞察は当初は中味がない〔…〕しかし否定的な者たちに対する否定的運動を通じて、純粋洞察が形成され内実を得ていくのである」[*78]。相手から武器を借りて、その否定性という水車が回るよう水を足してやらないかぎり、この生き物を倒すことは不可能なのだ。

異議申し立てとしての脱構築は、社会的実体のなかで働くがゆえに能動的なのであり、他方で懐疑主義は逆にそれを回避してしまっている。脱構築は非常に魅惑的であり、それ故必要である。まずは、大衆の盲信につけ込む司祭階級が否定され、同時に、群衆をこの詐りの知性、すなわち蒙昧主義に放置している専制政治も批判される。迷信から生まれ、良識を圧迫する隷従の戦略を暴き、打破せねばならないのだ。この複雑な、しかし都合の良い関係にあるがゆえに、この批判意識は自分が否定するものによってのみいまここにあるのだと言えることになる。批判が批判として成立するのは、それに対抗する者を通じてであり、また批判がそれ以外の内容を持つことができない、ただそのときだけである。批判の対象が消滅してしまえば、批判も一緒に消えていくのだ……。

ヘーゲルはこのポイントを、純粋洞察と信仰の循環形式で指摘している。寄生虫が宿主の身体に依存するのと同じように、この両者は互いが互いによって生かされているのだ。そのニヒリズムが極限まで達すると、その破壊的狂気のもとでは次第に失われていく刹那的情熱がついに消え去り、こうなると啓蒙主義は自分自身を否定するしかなくなる。ちょうど自分で自分を食べる要領である。荒廃を感染させる啓蒙主義の運動を説明するには、ウイルスや毒という隠喩が実に妥当だということが分かる。その純粋洞察は、まずは次のようなやり方で登場する。「感染は次第に浸透していくが、それは当初は、自分が侵入した相手から特に関心を払われないため、敵となる事物だとは気づかれなかった。そのため、これに対して防衛することができないのである。[…]。感染と戦うというのは、すでに拡大した感染を公にすることでもあるのだが、その介入があまりに遅かったので、どんな医者の手にかかろうが症状は悪化の一途を辿り[…]、だからこそ、病気より強いものはなにもないことになる[…]。目には見えない控えめな精神が、貴族全体に次第に浸透し、まもなくそれは手際よく、手足や内臓のすべてを占領していったのである」[*79]。致死性の毒キノコやその中毒の作用かと言うものもいるかもしれない。その犯罪は、外部から来るのではなく内部で形成されるものなのである。

啓蒙主義は迷信を白日の下にさらすことでは満足しない。かれらの洞察は別のところにある。かれらは「来世」――信仰が待ち望んでいるもの――が人間精神の実体化、人間的本質の投影に過ぎないことを理解しているのだ。それは自己理解の仕方に応じて、みずからを高みに祭り上げるようなやり方で行われる。こうすれば、自然な性向とはいっさい手を切ることができるというわけだ。宗教が示しているのは、昇華された人間精神の理想化以外のなにものでもない。人間は人間自身によって作られるものだという観念を示しているのだ。しかし、この観念自体は外部に、つまり時代の荒波を受けない世界にあるとされている。無意識のうちに神格化された人間の諸特徴を、《神》の姿のなかに再発見するのである。《神》がわれわれを《神》の姿に似せて作ったから人間が《神》に似ているのではなく、このイメージが白日の下にさらされたわれわれのポートレートなのである。その姿から、われわれは丹念にすべての不純物を取り除き、自分たちがその創造者であることも忘れてしまう。

《神》がいまここにあるためには、人間が必要とされる。神は人間の夢であり、完璧な被造物であり、人間とともに死ぬ。人間はおのれが本能や欲求に還元されることを拒否し、自分の欲望を超える質的な飛躍ができる自分を見せたがるが、そんな執拗な拒否を表現しているのが《神》なのだ。宗教は人間精神から、その無限性を奪い、他方でその有限性は受け継ぐ。啓蒙主義の洞察は、自分の基準でできの《神》をでっち上げる人間の投影を自覚している。このときひとは、人間を表す完全性をなぞっているのだ。そしてそれを、自然の世界に歪められずその堕落も免れている、全能の存在の諸特徴へと理想的に置き換えたに過ぎないのだ。宗教が表すのはどうがんばっても人間が自分自身を意識する仕方であり、それゆえ「啓蒙主義は信仰を以下のように正確に定義した点では正しかった。すなわち信仰とは、自分にとっての絶対的本質とは自分自身の意識が存在していることだと思いなす意識のことである、つまり絶対的本質とは意識の持つ考え方であり、また意識によって生み出された何かであると見なしている意識のことだ」[*80]。

信仰はひとの賛美してやまない本質を生じさせる。人間はその本質に沿って自分自身のことを考えるようになり、その本質をいまここにあるものの外部に、つまり天界や非現実の世界に位置づけることは止めてしまう。こうすることで、宗教は人間の内側の精神をかたちづくり、そこに人間の欲望のなかの自然的ではない性格を祭り上げて、それを人間の顔だとでっちあげる。こうして、一つの共同体の姿が、そしてこの共同体の持つ意味が、信仰が賛美する団体というかたちへと実体化される。だがその意味は、その成員によって理想化された構成に沿うように描かれたものだ[*81]。宗教とは、自分を理想化した人間自身のことだ。ここで問題になっているのは、一つの間違いや一度の幻滅とはまったくちがう。ここでひとは、価値の創造を目の当たりにしているのである。あるいは、つねに偶然のものでしかないいまここにあるわれわれから抽出され、経験的な制約から解放されたわれわれの本質の評価と言ってもいい。信仰は本質という鏡の中におのれを映す。その本質はいまここにあるものではない。他方で誹謗をこととする啓蒙主義の洞察は本質を持たないままいまここにあること、と位置づけられる。この本質は、いささか喜劇的とも言える無意味さのなかに放置され廃棄されるからだ。啓蒙主義の批判によれば、信仰は有限性に浸食されている。その証拠に「人の子」などという言葉を担ぎ出すではないか。逆に、啓蒙主義はきわめて明晰に、人間の本質を理想的なレベルへ移し替えることを批判する。しかし、そのために啓蒙主義は数多くの間違いをおかしており、それがかれらの不十分さの証拠となる。啓蒙主義の世紀についての最終評価、そしてその真理は結局いかなるものであろうか？　ひとがかれらに突きつけた武器が、くるりと回ってそれを持っていた人間に突きつけ返された、そんなときにどうやってそれに打ち勝つことができるというのだろうか？　どうすればここから、似ても似つかぬ糸を織り上げて一つの織物にすることができるのだろうか？

啓蒙主義の真理

啓蒙主義は、信仰を持つ意識が人間のイメージを絶対者のなかに投影し、そこにおのれの本質を結晶化させるその流儀を検討するのではなく、この神人同形論のなかに本質的なものは何ら含まれていないことを示そうと努めることになる。批判精神が最高潮に達したこの世紀の「純粋洞察」は、人間がその深い奥底に抱え込んだものを強調することもなく、迷信に手を伸ばすところで満足してしまう。つまり、否定することで得られる快感が頂点に達するのはこのように、聖杯、聖体のパン、その他の御守りなどの、精神的な事物と取り違えられてしまった感覚的対象を小馬鹿にするときだったわけだ。その結論はこのようなものになろう。「信仰について言うところによれば、その絶対的本質は石ころや木片でありき〔…〕わずかばかりのパン生地であり、それは畑で育ち人に食べられ、いずれまた同じ土地に堆肥として戻ってくるわけだ」[*82]。キリスト教の本質は、痕跡や残骸以外の何ものでもなく、ただそれを曇った銅器のような抽象的な美しさにまで引き上げてみただけなのだ！

宗教は、その時代の人間たちを結びつけまとめ上げるもの――信仰が賞賛で飾り立てる人間共同体の《精神》――を祭り上げるが、それはある思惟の構成のなかで行われることである。だが啓蒙主義はそれを読み解こうとはしない。かえってかれらは、迷信やもっとも外面的な儀式のところで手を止めてしまい、それゆえ《精神》が、《精神》を目で見てとれるかたちで具現する《神》を通じておのれ自身を思惟するそのやり方については、何一つわれわれに教えてはくれないのである。同時にまた、啓蒙主義はそれ相応の豊かさも美点もあるとはいえ、やはり真の《術》ではない。啓蒙主義が否定した宗教的な崇拝対象は、勃興期の市場での消費対象に似ている。ただそのかたちは損なわれている。それは堆肥でしかない。遺物の寄せ集め、ばらばらの骨に過ぎない。このあまりに卑俗な告発によって、洞察は人間がアプローチしようと試みていた姿を取り逃がしてしまう。崇拝の対象は、消費の論理によってそしられているのである。

十八世紀の哲学者の批判精神の特徴となるニヒリズムは、あれだけ崇拝されている対象がじつは自分自身の鏡でしかないと主張し、信仰をそしる。この自己表象、このイメージの内容を把握することもせずに、崇拝に見られるごたいそうな対象への執着についてのみ注目する。それは木片かもしれず、荊かもしれず、冠であるかもしれず、あるいはその他の塵芥であるかもしれないが、ともかく宗教的人間はそれを通じて感覚的なものへと目を向けているのである。「啓蒙主義は《精神》にとって永遠の生であり聖霊であるものを、滅びる定めの現実の事物、感覚的確信というそれ自体が無意味な見方によって汚された事物にしてしまう」[*83]。人間を超‐人間化することは、ただ聖なるものを曖昧模糊に飾り立てることか、あるいはプロテスタントのようにすべての装飾を拒否して簡潔さあるいは無化された事物の空虚さにまで達するか、そのどちらかを経るのでなければならないかのようである。かつては神の見る世界のなかで人間のイメージが決定される、と言われていたが、啓蒙主義はそれを曲解して、共同体精神が自分自身から引っ張り出した意識を、下らない諸対象の考察へと取り替えただけだ、なぜそうなったのかといえばそれはかれらが、現実に作用しているものを、「《精神》によって捨てられた本質」[*84]として、つまり消費され、あげくに捨ててもいい一つの事物として切り取って描き出したからだ、という見方もあろう。信仰によって昇華される精神的価値は、富がその価値を失うという相場の流れのなかで、ただ商業価値によってのみつじつまを合わされている。しかしここから見れば、啓蒙主義は信仰のなかに自分自身の商業的対象への執着しか見て取らなかったのだ、と言うことも可能になろう。啓蒙主義が宗教や金ぴかに飾られたその儀式的対象へと向ける批判は、自分自身が財産や贅沢に愛着していることのカリカチュアなのだ。

するべきことはほかにもある。ヘーゲルについでルードヴィヒ・フォイエルバッハもそう提案したのではないか。というのも、ひとが自分を乗り越え、社会的実存状況を変えようとするときには、おのれにイメージを与えるものだが、フォイエルバッハはそのイメージを宗教的《精神》のなかに見出しているのである。信仰は、それを読む術を知っているものにとっては「人間の心に隠された宝」[*85]が発見される運動として現れてくるのだ。しかし、この宝箱は、そこに中身のない対象しか見出さない「純粋洞察」の批判の目にはあいかわらず死物でしかない。あたかも、商業主義を乗り越えようという意図にとっての、そして同様に人間という有機体のもつ動物的機能の物質性をも乗り越えようという意図にとっての利点を一切合切否定せねばならないかのようである。洞察は堆肥が腐っていくかのように曇っていき、有機体という名の香油を塗油されて盲目になってしまうのである。

十八世紀の唯物論と功利主義は「対象」と「事物自体」の区別を把握していなかったがゆえに哲学の著作を残さなかった。もし感覚的確信の諸対象が人間と関係なくいまここにあるものならば、宗教という諸事物は逆に人間のなかにしか、おのれ自身について考えるものの内側でのみ、いまここにあるということになろうし、あるいは人間の条件の彼岸に、きらめく出来事というかたちでのみいまここにある、とも言える。自己について思惟するものは、おのれがそうであるもの、その功利主義的ないまここにあることの条件へと還元されたり、力があるのはリベラルな権利だけという人間の——人間的な、あまりに人間的な——下劣さという凡庸な話へと還元されたりすることはありえないだろう。

啓蒙主義はどうしてもおのれの無意味さに直面できず、どうあっても金銭と金銭の流れの力を借りて有限性から逃れようとする世界にしかまなざしを向けようとはしない。サロンや宮廷のようなうわべだけのものに逃げ道を求める可能性もない。こういうやり方は、まったくもって近代的である。啓蒙主義はしっぽに噛みつく蛇に似ている。「純粋洞察」はもはや価値創造が不可能だということに過ぎない。単なる価値の切り下げであって、いかなる再評価もなければ、代わりが来る見込みもない。そうなれば「そこに無しか見て取らない」がゆえに、「精神に訴えてくるものは、非本質的な現実や、かつておのれが捨てた有限的なものでしかない」[*86]。そして唯一の気休めとして、功利的な実益に思いを馳せることで我慢するのである。「この客体的性格がいま純粋洞察の世界を構成する。そしてそれが以前から存在する世界すべての真理となる。それは観念的世界であると同時に現実的世界でもある［…］いまここにある自分が四散していくのを目の当たりにしたそのとき、悠然と姿を現す王国である」[*87]。

フランス革命と恐怖政治

今われわれがあとにしたばかりのこの世界――「純粋洞察」の勝利する地である――には、もはや本当の意味では本質は含まれていない。その世界は複雑に組み合わされた日用品という名の物質におおわれている。そのことは、このころ誕生した工場を見ればわかるとおりだ。利便性が実体を乗り越える。それは一つの価値であり、対象に重要性、観念性――商品としての観念性だが――を付加する主体が行った抽象的な操作である。この観念性は単なる使用法とは違うのだ。ここにあるのは深みを欠いた世界であり、自由に手に入るありとあらゆる生産品に覆い尽くされている。そこを支配する技術については、『エンチュクロペディー』が数多く伝えているとおりだ。つまりは、本物の精神的な結びつきを持たない、カタログに掲載された豊富な品数の中に散乱した世界である。諸々の道具は連結されて横に拡がっていくが、それはもはや深さを掘り下げようとはしない。「信仰」が来世へと投影してきた本質が失われてしまうと、われわれは「事物自体」の持つ深みを欠いた宇宙へと直面することになる。百科全書という名の機械が「これらの散乱した痕跡を普遍的なイメージへと」高め、「対象に関しては鋭い洞察に富んだ見解を一つの同じコレクションのなかに」整理する。結果として、「全体性なるものを未だに心に抱いている魂が［…］破滅していくのを見る」[*88]ことになるわけだ。結びつきとはここではアイウエオ順の並び、人工的なものでしかなく、さまざまに分類されクラス分けされた対象が表している利便性で区別されるだけである。つまり、一つの参照システムをなぞっていくだけなのだ。そのシステムでは、世界は人間の力能の思うがままだ。ここで言う人間とは、超越性から解放され、いまや決定的に、事物に対して働きかける自分の行為のもつ物質的な力のなかに位置づけられる人間なのである。

人間の意志にいまなお逆らうものは何もない。何も「自分自身のうちに即自的に」身を隠すことはできない。知のもつ分類機能に全面的に晒されているのだ。自然の流れを整序してそこから風車や挽き臼といった、自分の主人を満足させる以外の中身を持たないメカニズムを生み出すことができるようになった意識を前にしては、神秘のうちに閉ざされていた世界は存続できない。意識は外界のどんな物質もおのれの意図に従って専有し調整することができることが判明する。そうなれば世界は、当初はあいまいな即自として描かれていても、今となってはそれを対自的な与件、つまり自分の力の手の内にあると考える自由によって整理される。現実全体がこうした完全に理性的な透明なものとして姿を現し、他方で理性的なものは、おのれが立てた仮説のどんな細部も現実的なものとして発見しようとする。われわれの宇宙からは、距離や異他性は姿を消したのだ。ここに、ラディカルな人間主義があることがわかる。その内部では、自己についての知は事物に対する知ともはや異なることはない。人間の意識がついに、体系的なスペクタクルのうちに自然を出現させることのできる《神》のまなざしと対抗しはじめたかのようだ。知に関しては、こうした自由が獲得された。そしてその自由は、財産の没収や財産の平和的拡大にたいする政治的制約に反抗する人間の権力の獲得へと向かう。「自己確信とは普遍的主体のことであり、現実に作用するものすべての本質とはこの普遍的主体のことだと知っている概念のことである」[89]。人間の権力にとっては、もはやなに一つ接近不可能なものはない。「二つの世界は和解し、天界は地上に降りて移り住む」[90]。

フランス革命はこうした吸収合併を政治的に変換したものである。つまり、現実的なものを理性的なものへと変換し、その変換がまた、こうして独立した事物として専有されまた破壊される現実的なもののなかに全面的に理性的なものを浸透させることで、折り返し保証されるというわけだ。学は《帝国》を待ち望み、そして革命は《他者》が純粋洞察に同化されたときに、つまり現実的なもののいっさいがいかなる外部をも残すことなくその力に従うときに登場する。「意識の目にとって、世界は自分自身の純粋な意志である」[91]。意志とは、もはや専制君主の手のうちにはなく、むしろ普遍的になり、啓蒙主義の著作によって万人に共有されるものとなった。そのなかでも、ルソーの『社会契約論』ではその帰結と政治化が表明されている。高みから、あるいは「現実に作用するものを超えたところから」その権威を受け取るような権力は存在しない。「そんな高みは、現実の、あるいはむき出しの存在たちが失った自律という名の死体の上にあるだけだ。それも、ただただむっとするような、空虚な《最高存在》の悪臭としてのみ漂うガスに過ぎない」[92]。死のガス、空虚が社会領域を奪取し、暦、祝祭の印にいたるまで一変させる。まるで限度無き蹂躙と否定に曝されたようなものだ。

この自由はもはやいかなる作品も生み出すことはない。「残されているのはただ否定的な活動だけである。単なる消失への熱狂である」[93]。ひとたびこの破壊的な怒りが、いまだ外部にあってそれに抵抗しているものに片を付けてしまうと、もう食い尽くすものは自分しか残っていない。喧伝される恐怖政治の名のもとでひとびとが目撃しているのは、このたこ足食いのような、あるいは自分の毒針を自分の頭に刺すサソリのような絶滅作戦なのである。「普遍的自由の唯一の作品、唯一の功績は、つまるところ死である。何一つ理解することもなく、無によって内側から満たされることもない死である。というのも、否定されるものとは満たされることのない絶対的に自由な自己自身の内実なのである。それ故この死はもっとも冷酷で、意味を欠いた死であり、キャベツを一つ刈るとか水をひとくち飲む以上の意味もない」[*94]。絶対的犯罪、それは殺人機械の発明によって中立的なものとなった、殺人者なき死、無差別で効率的、自動化された死である。武勲としての死はその死のおびただしさの前に消滅し、悲劇的な性格は死を中和するギロチンの機構の前に壊滅する。ギロチンの機構には、死の個別性という感情は存在せず、だれであれその刃の落ちる対象となりうるのだ。その刃の下では、「容疑者であることが有罪であることの代わりとなり、有罪であることの意味やその結末までもがそこには含まれる」[*95]。刃の下の容疑者は、誰を裁くわけでもない、いやむしろ裁きなど行わない冷たい金属によってその身体から首を落とされる。こうして荒廃した一つの空間が開かれる。そこでは自由は「意味を欠いた否定であり、否定的なものの純粋な恐怖政治である。そのなかには肯定的なもの、何かを満たすものはいっさい存在しない」[*96]。

恐怖政治を乗り越える

フランス革命の精神はドイツを席巻し、若きヘーゲルと、その神学校の同窓生たちの情熱を燃え上がらせた。しかし、ライン川の向こうでは、自由の木を植樹することはまったく別の行為をも巻き込むことになる。それゆえ、自由の概念の再構築もあわせて行われることとなったのだった。その出発点となったのは、政治革命という観念に対しても、裁判なしに即決される死の拡大のメカニズムに対しても敵意を隠さないカントが提示する、啓蒙主義の批判的読解である。ものの考え方の改革が伴わないかぎり、反乱には何の意味もない。旧秩序は混乱ののちにより堅固に再構築されるだろう。[*97] フランス人たちの反乱のもつ、純粋に否定的なテロル、そして盲目的、無差別に下される機械化された死の横行を前にした今、ふさわしい行いとは、ラディカルなニヒリズムの破壊的熱狂に突き動かされるフランス社会を蝕む疲弊し均質化された視点に、価値観を再構築し差異と区別をもたらしてくれるはずの価値論を確立することとなのだ。

テロルは、世界を取り込みそれを貪り食らう巨大な機械として登場する。だからこの世界には、一般意志の独占のもとに展開される目も眩むような権力を逃れた外部での再構築の余地など残されていない。この、いまだひどい混乱状態にある意志を乗り越えるのは道徳哲学の役目である。そしてこの意志がもたらした、何一つその手を逃れることのできるものなどないだろう熱狂を受け継ぎながらも、通り過ぎた後には廃墟しか残らないような否定性へと陥ることはありえないだろう、そんな新しい形象を機能させることがその使命となる。ともかくドイツでは道徳哲学はそういうものとして登場した。道徳は、何からも自由であろう、何の原則にも依存すまいとする意識の独立性に端を発する。その内部には、否定の持つ盲目的力が宿っている。こうしたドイツ的道徳の読解に関しては、そしてここで丹念に描き出されまたその限界までもが示されているこの道徳の起源に関しては、ヘーゲルとニーチェのあいだに大きな差はない。さしあたり、道徳が否定的なもののもたらすテロルを乗り越えることができるのは、いまここにあるものの様式を発見したおかげである。この様式とは、乱暴に「否！」と答える享楽から逃れて、むしろ飼い慣らされた自律性を肯定することへとつながるものだ。ここでは自律性とは、独立の夜の闇のなかで、機械的テロルから脱してみずからを法とする能力、ただそれ自体からのみ生じる一つの法を認めさせる能力と解さねばならない。その法が、すなわち義務である！　道徳的義務を論じたこのデリケートな一章こそ、ヘーゲルが新たな世界観を演出すべく追求した犯罪計画の辿る道となる。その世界観は、現実を破壊し首をはねるのではなく、自己から発して現実を出現させることのできる道徳的世界観のはずである。

道徳的世界観

「意識にとっては、義務は自分の見知らぬものという形をとることはありえない[*98]」。わたしを外部から縛り、わたしがすべきことをわたしに押しつけるものは何もない。法の命令はつねにわたしの願うところと合致する。自分で自分を規定するのが意思表示というものである。そして自己規定という面で言えば、意思表示こそが、世界を道徳的に見るようにわたしに働きかけるのである。かくあるべき、あるいはむしろ「かくあるべきであった」ものにしたがって現実に手を触れる一つのやり方と言ってもいい。それは科学のまなざしとも、政治のまなざしともいささかの共通点も持たない。それらは自分が外的対象と直面していると思っている。それは支配し、飼い慣らすべきものであり、あるいはある一つの権力形態のもとに、そして必然的に簡略化されたモデルに順応させるべき見知らぬ世界だというわけだ。意志とはここではもはや、ただ自己を前にした意志そのものだけをおのれの実体としている。せねばならぬこと、おのれに義務を課すこと、それは自分自身を質料であると見なし、現実は自己に依存する、つまり現実を違ったように見たり、あるいは意志に沿って現実を変更したりするわれわれにのみ依存すると考えることである。われわれはこうして、奇妙なまなざしと関わることになる。それがもともとどうだったのか、なにが絶対的に新しかったのかを把握するのは、こんにちのわれわれには難しい。突然、主体と実体のあいだには明確な区別がなくなってしまったのだ。ここまで、精神はつねに対象や事物の前にあるものだったし、もっと言えばそれらを規定し、知り、コントロールする能力という側面から、ただ自分自身のことだけを考察するものでもあった。ここでもあいかわらず重要なのは、塩の欠片や骨といった別の質料へと働きかけることや、あるいは法や富の流通などを検証することだったのである。

おそらく精神は、こういった主体による実体の検証過程で能動的な役割を果たすと主張するはずである。とりわけ、事物がただ意識の利害関心によってのみ功利性と価値を付与されるときにはそうなるはずだ。兄の葬儀、臣従の誓い、気まぐれな富の流通、あるいは世俗のつまらぬ視線を避けて来世や信仰の世界を信じる、そういった機会ごとに、精神は混乱し、疎外され、自己が見知らぬものに思えてくるなどという錯覚を起こすかもしれない。ここでは、眼前にあるのはいっさいの超越性を解消するテロルであり、現実は飲み込まれていき、いまや均質化され、どの首が切られようが気にもとめないようなものに変わってしまう。こうなったとき精神は、自分はおのれの真理のなかいる、自分自身に向かい合っていると気づくのである。つまりこんな風に、おのれの意志が直接的に事物になることを望む意思に向かい合っていると感じるのである。そうした事物は、はじめは熱狂に満ちたものであるかもしれないが、しかしその意志のなかでおのれを否定することなく破壊を続けることはできない。

義務はこの均衡点を構成する。その均衡点は、意志を恐怖政治のあずかり知らぬ理性的な目的性に沿って、意志自身のなかに措定することができる。意志——ニーチェ的な意味での力能への意志——という観念はいまなお、意思の持つこの創造的な力を分かち持っている。カントが「コペルニクス革命」と呼んだものを通じてそれを発見したのはドイツ哲学であった。存在の方が、意思の周りを回っている……。そのことは、なぜニーチェが「われわれはなぜ今なお道徳的なのか」と自問することになるのかを説明してくれるだろう。現実はこれ以降、永劫回帰というかたちで意思の周りを回るのである。ヘーゲルはそれを、終わりなきものと考えた。恐怖政治のときにそうであったように、たとえ存在がもはや存在をやめ、中心点の変更によって消滅させられてしまったとしても、事態は変わらないからだ。その新しい中心点を持つ軌道は、今後は主観性の条件によって決定される。この回帰によって、問題は単に否定性、すなわち他性の否定、他者の吸収、おのれの外にある全存在の隠滅といったものだけではなくなる。意志の運動が完全に欲動やその自分自身への反転から解放されたというわけではないとしても、だ。義務が中心にすえられるというのは、欲動的な否定の否定と見なされねばならない。あるいは、絶対的に人間的な世界を自己展開する意思の肯定性によって生まれた創造物、自然のなかの第二の自然と見なされねばならない。そこでは、重力でさえ意志に従うのだ。

ヘーゲルは、道徳と人間主義的な義務の中心化は乗り越えられねばならぬと証明した。それらはいまだに暴力と抑圧された動物的攻撃性に囚われているからである。世界を道徳的に理解すると言っても、それはまったく白紙のものというわけにはいかない。その核心にはまだ、いまそこから逃げ出してきたはずの否定的なもののテロルが住み着いているし、特におのれを客体化するという点に関しては、テロル同様に空虚なものだ。だから、あえてそれを現実化しようともせず、かと言って一つの「事実」へと変えようともしない。そのテロルが逃げ出してしまわないかが恐ろしいからだ。こうした理解においては、義務は「理性の事実」――ただ理性のなかでのみ示される事実――とされているが、見かけだけ実現された諸対象のなかの良き意図へと歪曲されてしまう危険を免れているわけではない。ヘーゲルはこの挫折した道徳運動に騙されてはいない。むしろ、かれの辛辣なまでの観察力に気づかされる。この観察力は、「理性の事実」(*factum rationis*)というよそおいのもとに提示された義務の敬虔な願いのなかに、いまなお非常に欲動的な一つの系譜学を見出す。自己の周囲の存在を飲み込んでいくこの回転運動は、欲動が対立し合う深淵に巻き込まれて細分化され、意志の革命は現実原則と直面できる状態には至っていない。理性に関しては、カントははっきり次のことを感じ取っていた。すなわち、幸福、あるいはむしろ浄福は理性のためのものではない、定言命法はその手を逃れていく一つの世界と衝突する。つまり自由を敵視する自然と衝突する。いってみれば、意思が我と我が手で引き起こしたことがアンチノミーに陥っているということだ。自然的因果性は別の領域から生じている。それは自律を夢見るわたしの率直な本性の論理とは別の論理に従うのだ。わたしの意志の指針が、普遍と合致したものであることをどれだけ意思しても無駄だ。普遍はわたしの外にあるものであり、唯々諾々とわれわれに従うものなど何一つない、自己の底では本能が無制限に対立しあってうごめいている、そういったことをわたしは忘れることはできないだろう。

自然のメカニズム――必然性にしたがって現象が継起する――とわたしの意志の力――自由と見なさ

れる——のあいだには、真の調和や協和は存在しない。例外があるとすれば、それはこの二つの合流を拒否することだろう。それは終わりなき仕事であるかのように、無限に繰り返される。それを虚構の仕事とまでは言わないでもいいかもしれないが。単に、道徳の願いあるいは要請があるというだけのことなのだ。「意識にとっては」かれら自身であるこの自然があるとすればそれは感覚である。これは意思という形で、この場合は本能的欲動と性向という形で、対自的に明確に規定された本質を、さらに言えば個別な目標をもっている。したがってその目的は純粋意志やその純粋な合目的性とは対立している」[*99]。道徳がその本能的な側面を抑圧してしまうこと、自分を本当に導いているものを慎ましいヴェールで覆ってしまうことは驚くには値しない[*100]。道徳は現実に作用する存在とは決して関わることはなく、「あるべき存在」ないし現実として認めるべきものの表象、幻のような自我理想と関わっているからである。世界が服すべき合目的性は、ただ思惟されたに過ぎないが、しかしこの関係のなかでは一つの敬虔な意図であり続ける。「道徳的に完成された現実に作用する自己意識」は存在せず、ましてや「実際に道徳的に作用している現実」[*101]も存在しない。ひとが義務に留まらねばならないというのは、はっきりした中身を持たない表象に留まらねばならないというのと同じようなものである。道徳はおのれが持っていない一つの世界をおのれに与える。道徳が信頼しているのは、まったく実行されていない一つの義務である。実行されているとしたらそれは「霧の彼方」[*102]であろうか。そうして、なされるべきであったものについての偽善的な思い込みに足を取られてしまっている。しかし、このような新手の偽善こそが、道徳の急所を突いているのである。それは、この偽善がこの歪曲を認めようとしないその瞬間に、白昼夢のなかを生きていることを認識しないその瞬間に、「さまよっている」[*103]のを止めようもない闇の部分ないし本能的な部分を語ろうともしないその瞬間に明らかになる。では、義務を待ちわび、およそ道徳的ではない本性とはなんとしても関わるまいと利己的に――ということは本能的に――決意して、世の終わりまで指一本動かさずにただおとなしく待っているこの静寂主義から抜け出すには、どうしたらいいのだろうか？

良心

純粋義務に満足している存在は夢想家である。本当の意味でおのれを知るには、少々血気盛んに、いまここにあるもの同士の争いのただなかに身を置いておらねばなるまい。そうすることで、何かを意思し希望するだれかの気持ちになれるのだ。良心とは、「突如として［…］心を決め断を下す［…］」ものであり、状況の突発性に恐れをなして慎重に理性のたぐいを根拠にすることもない」[*104]、そんなありかたを意味している。義務がどんなに困難であろうと、おのれの意思の純粋さと、改革された――本能的自然とは違った――世界との来るべき融和を夢見て、いまこそこの新しい人物像を登場させるべき時である。ヘーゲルはそれを「道徳的良心」と呼んでいる。この道徳的良心とは、獣の群れに吠え立てられるこの世界を、もっとも危険なものまで含まれるという意味で感覚的と言われるこの宇宙を信じる力を持つ。本能という、口に出すのもはばかられる濁った汚水のなかにも、意思に満たされたモチーフが力を拡げている。それはわれわれの選択によって決定された断固とした決意である。また、もしなにかを貪ることよりもずっと高尚なことを行いたいというなら、その条件となるのもこれである。この道徳的良心――その良心に言わせると、聖性からはもっとも遠いレベルにあってさえ、この世界には意志によって主張されたものであってもおかしくないような一つの形態がすでにはらまれている――から生まれるもの、それが事態の流れを変えよう、おのれの義務と感じつつその意志を注ぎ込もう、と思惟する欲求である。しかしそれは進化の罠にかかる。そして生成するできの《主体》、活動する人間の意識に訴えかけることになってしまう。それは、出来事がもっとも下劣で恐ろしい、自分とはほど遠いものにおもえてくるまさにその瞬間に起こる。「自己認識」(*Bewusstsein*) としての意識と、「内的良心」(*Gewissen*) としての意識が、形成されつつある《歴史》のなかのただ一つの声へと合流する。

あまりに甘口の「道徳的世界観」に対抗すべく、「道徳的良心」は事実のなかに、あるいは極端に扇動的な事例や事実のなかにじぶんの行為を認知させるに足るものを、おのれの意志の萌芽を、《事物》自体を探し求める。そこに生成という出来事が、そして贖罪の確信があるはずだからだ。われわれに何かを明らかにしてくれるはずのこの「事物自体」――われわれはもうそれを疑わないのだが――が世界のネットワークのなかにもたらすものは、「骨」や「祈り」ないし「恩寵」の行為といったものではない。むしろそれは、一見すると唯一なる義務からはまるで関係のない縁遠い代物と思われる実体から、水から洗い上げられたように身を震わし立ち上がる《主体》の創造物として登場する。主体がおのれの実体を創造し、実体が《主体》によって能動的に加えられた変容を受け入れるとき、それは《歴史》の、時として灼熱する運動のなかでみずからを構成するのである。

道徳的良心の暴力のもとに置かれている以上、精神はもはや、現実の行為がもたらすスペクタクルを前にしてもたじろぐことはない。無論、悪を見てもそれを回避することもない。肉の苦しみを経験することも、もはや拒まない。逆に、その苦しみを可能な限り逆転させて展開し、その罪を消そうと企てる。もっともこうしたところで、「道徳的良心」は「罪ある意識」にがんじがらめにされて——ドストエフスキーよろしく——めまいに倒れることはないだろう、と確信できるわけでもない。「罪ある意識」とは、ヘーゲルがここで罪責感のかたちを説明するために選んだもうできの人物像だ。それは世界の下劣さを引き受けようというあるできの《主体》にたいして相次いで投げかけられる侮辱に関するものである。ここには新しいシナリオがある。「道徳的世界観」はそれに関わろうと思いもしなかった。目隠しをして進んでいるだけで、お上品ぶったあげくにすべてを歪曲してしまった。そしてただただ純粋義務の美にだけ注意を払っているのだが、しかしそこから下される裁きは、いつも最後の最後には許されることになっているのである。

世界で起きているひどく不穏な出来事と立ち向かうことになっているシナリオに乗ったところで、道徳的葛藤を回避することはできないだろう。行為や良心の勝利に終わるどころではない。純粋義務の静寂主義と、悪のなかの現実を引き受ける義務の良心とのあいだの戦いはまだまだ続くはずだ。それは『カラマーゾフの兄弟』に登場するアリョーシャのような人物像にも似ている。アリョーシャは現実のなかにいるが、しかし自分の陥っている忌まわしい環境にくじけたりはしない。行動を欲するこの意識と、「罪ある意識」として裁きを下す「美しき魂」のあいだには、変わらぬ緊張関係が張り詰めている。ドストエフスキーはその隠れた類似性を、まるで地下室にあるかのように複雑なその関係を理解していた。ヘーゲルは、奇妙な登場人物に取り込まれてしまった道徳が陥った困難を繰り返し描き続けている。その人物像のうち、われわれが描くべきものとして、魂の美、悪そして赦しの対立関係がまだ残っている。

美しき魂

ひとたび行動を起こすや、われわれの実現したものはみなすぐに、本来目指していた作品からねじ曲げられてしまい、こうして最悪の事態がわれわれを待ち受けることになる。「当初の状況をよそに、あらゆる方向を目指して無限に分化拡散を続ける状況の絶対的複数性」を通じてなされる行為は「おのれが行動している立場を理解できない」*[105]。われわれが望んだように達成されるものは何一つない。わたしは善を欲する、しかし、あまりにも無邪気にこの世界に執着するがゆえに、わたしは悪をなしてしまう……。見直さねばならないのは、良き意図の価値ではないのか？　それも、行為がもはや重要性を失うほどに、「道徳観」がまったく非本質的なものとして忌避されるまでに。どんな場合でもいかがわしいものが紛れ込んでしまい、結果として絶望に至るだけだ。美しき魂は、自分自身の純粋な満足で手を打つことにする。その満足を保証するのはおのれの誠実さだ。何もかもが否応なしに最悪なものへ、絶望的状況へと陥っても関係ない。酒はどうしたって酢になるものだ！　この堕落を前にして、意識は単なる自己観照によっておのれを高める。こうなると精神は、何の行為もしないまま、おのれの内面の虚無へと沈んでいきかねない。

自分自身だけを欲し、現実に働きかける試みはすべて回避してしまう、そんな意志へと逃げ場を探すことで、美しき魂は気取って見せているのである。そんな試みは常に、意図そのものを駄目にしてしまう運命へと変質してしまうというのだ。最善の意図でさえ、漂流する諸々の出来事の偶然性に影響され、最低限の目的にさえ達することはできない。無数の原因がその事態をかき回しに来るからだ。

カントは因果性の二つの次元を区別した。一方には、自然の秩序のなかで猛威をふるう因果性がある。このとき自然の秩序は、すべての原因は先行する原因の結果でしかないという、無限の連鎖に従っており、これは行為では制御できない。世の流れのなかで起きる諸々の出来事は互いに衝突し合っており、そこから独立しているといえるようなものは何一つない。発生するものはそれを引き起こしたこの流れから離脱することはできない。それを因果の無限性と言ってもいいだろう。これが、どんな小さな事態にも作用していて、その事態はこんな風に展開せねばならないと決定し、そしてそれを回避不可能な悪で染め上げていくのだ。

しかし、これとは違う形態の因果性も認識せねばならない。意思し、そして意思することによってみずからで行動を決意せんと意思する、自由の因果性である。この行動にあたっては、当初の目的にたどり着けないよう企んでいる陥穽や外的状況などお構いなしだ。みずからによって行動するという、この無条件の自由は、諸々の事実のなかにたしかに実現される。しかしそのとき、唯一の自由の原因となるものは自由そのもののなかにあるのだ、あるいは、ものの数にも入らぬ偶然性の網の目からは独立しているのだ、といったような、本来自由が持つはずの力能が、自由によってコントロールできるものではなくなってしまう。というのも、なるほどおそらくその行動の時点では誰でき、あるいは何一つ自由を自己決定するよう誘導したりはしなかったのかもしれないが、しかしひとたび事態が決してしまえば、自由といえども予見不可能な漂流に運ばれてしまうからである。

おのれの自由を制約するこの現実の抵抗を見て、美しき魂は内面の純粋性という形式へ目を向ける。それはある意味で、ひたすら内的なだけの良心である。この美しき魂は原動因や、あるいは斜面に置いたかのように自由を転がし導く――その軌道と速度は斜面の角度次第だ――諸性向を強調するのではなく、ただ動機や、あらゆる汚れを知らぬ純粋かつ内的なモチベーションばかりを考える。美しき魂は神聖な感情に包まれる。だがそのとき、おのれの良き意図を胸一杯にしたまま、自分自身のうちに自分を閉じ込めているのである。しかしそうしたがゆえに、この意図はあいかわらず空虚な言葉であり、原則の表明に止まっていることになる。すべてはたんに言説のレベルに止まっている。いま現実に作用しているものに執着する代わりに、「そうあるべきであったもの」を嘲笑するわけだ。

美しき魂は真の自己享楽に、『告白』と同じほどに病理的なおしゃべりに身を委ねる。それはあたかも、ただその告白のなかだけで神的なものと絶対的自由が交わることができるかのようである。心情の掟は規則となる。この内的な声の権威のもとに存在しているのは、一つの純粋さである。現実の諸事実の継起や対立そして交錯は、そこから生じるすべてを、互いにぶつかり合う相反する力がどこに打開路を開くのかまるで予想もできない乱戦のような大混乱へと陥れる。だがこの純粋さはそんな有り様とは無縁だ。おのれの聖性と誠実さに固執する愚か者だからである。嘘をつくことができない代わりに、否定と憎しみと対立を招くのだ。

手段がかくも大きく目的をそれてしまうため、美しい魂はかくも不吉で先の読めない冒険の運に任せることを諦めて欲望された目的の美しさに集中することでしか、自己確信を見いだせない。と言いつつも、諸事実を通じてその美を表現しようとさえしない。このような関係のもと、自己意識は主観的観念論へと傾斜していく。そこでは唯一の利害関心は、泰然自若に自我イコール自我という等式を続けることがいかにすれば可能かを理解すること、だ。みずからを損ないかねない、あるいは盲目の運命へと引きずり込みかねない、このやっかいな現実に巻き込まれることなど思いもよらない。

「ここまで純粋さを極めると、意識はそのもっとも貧しい姿と等しいものになり、意識の唯一の所有物であるこの貧しさ自体もまた消えてしまう[*106]」。美しき魂はおのれのうちをさまよい、虚空に散っていく輪郭の見えぬ靄のように消えていく[*107]」まで透明になった、この天使のような純粋主義に甘んじるほかない。それゆえ「おのれの作り出した中身のない対象を埋めるのは、自分自身の無意味さという意識である[*108]」。その無意味さは最終的には不毛さのなかに囚われ、ただ悪に関わることを認めることによってのみ「自己を一つの事物とし、存在を担う力[*109]」をもってしてそこから抜け出すことができる。

悪と赦し

悪はこうしたかたちで、つまり行為は不吉な結果を招く、という意味で理解されうる。何を試みようが、それは予期せぬ、しかも惨憺たる結果の暗雲に覆われる。どんな試みにも悪はつきものである。最終的には「美しき魂」と見合ったものになる「判断する意識」によって、われわれは偶然の結果でしかない未来、争いのなかで続いていく反動の連鎖、どんな行為のあとにも必ず起こる敵対的紛争といった、およそ道徳的とは言えぬ性格を再認識するよう迫られる。そして当のこの意識もまた、この安易な態度保留のせいで自分自身の悪を認識していないがゆえに、それ自体が悪のなかに位置づけられるのではあるまいか？　その悪とはつまり、口を出さず栄光ある孤立に引きこもる悪であり、世の流れの外から安易な非難を投げつけるという悪である。「美しき魂」のたちの悪さは、その行動がとかく不確実な結果を招きがちな「道徳的良心」のそれとまったく同じなのである。そのたちの悪さは、矜恃の高さや傲慢から生まれる。そのせいで、行動を共にせず、ただ単にこの世界にある素晴らしいものや美しいものから形づくられたすべてに対し罪をなすりつけるようなまなざしを向けることしかしないようになるからだ。「純粋さのなかに身を持そうとしても無駄なことだ。純粋さとは行動しないものだから。それは、判断するという事実が現実に作用する行為であると考えたがっている偽善なのである」[*110]。いまこそ「偽善の仮面を剝ぐ」[*111]べき時なのだ。

ヘーゲルの手になる道徳の系譜学によって、ひとは場面がひっくり返り激変するのを、舞台袖で仕組まれた犯罪計画の筋書きに隠された仮面に光をあてるどんでん返しを目の当たりにする。最高に美しいが、しかし常にあまりに正しすぎ、あまりに多くを求めすぎる意図のなかに漂う非道徳性を見ないで済ませることができようか？　この関係から見れば、教訓家の尊大な雰囲気をまとった「判断する意識」と「美しき魂」は、奴隷の道徳によってゆっくりと織り上げられた軽蔑と憎しみの結果でしかない。つまり、行動できないがゆえに行為を非難することに変わる、その無能力である。義務をよりどころとし、高貴な目的のけがれなき麗しさに逃げ込む者は、自分のなかに抑圧された不能の印として、つまり社会領域へ参加できる人間のもつ力に耐えきれないことの表現としてそうしたに過ぎないのだ。ヘーゲルはこの偽善を、悪について論じた箇所全体を通じて追跡している。

悪の裁かれる場に悪が見つかるかというと必ずしもそういうことはない。それが確実に見つかるのは、社会的制裁をアピールする大げさなスローガンのもとに悪が名指しされているところである。あるいはそれは、精神の法廷ないし判事たちの法廷に掛けろというアピールかもしれない。こういう判事たちがまた軟弱きわまりないもので、細かいところまで悪をでっちあげるわけだが、しかしその悪はしばしば想像的なものでしかない。あるいは単にさまざまな事実から引き出された諸々の議論を誇張したものに過ぎない。犯罪者の醜さ以上の判事の醜さ！　悪は弱者の群れが手にする視野の狭い双眼鏡で拡大してやっと見えるものでしかない。不能が「判断する意識」に変わり、自分で動くことができないがゆえに、尊敬なり義務なりといった壮麗な動機をひねりだす、そういうときこそ、視線の逆転について論じることもできようというものである。この歪曲は、世界のなかでおのれを完成させようと求めている《精神》の尊厳には値しない。《歴史》のうえにあまりに非歴史的な視線を投げかけるが故に、ただ無力さだけが善だとされてしまうのだ。かくも邪悪な、しかし誰にでもありがちな判決によって、できるかぎり道徳的であろう、可能な限り無垢であろうと欲する意識は結果的には最大の悪の場として現れることになってしまう。そして意識が批判していた悪の方が創造行為と見なされねばならない。それゆえ犯罪は常に、人が批判するところには存在しないのだ。ヘーゲルはこの方向転換を弁証法と呼ぶ。それは、奴隷や下僕の道徳の背後に隠れたもっとも崇高な内奥に至るまで、仮面を剝ぎとらんとする批判的企てなのである。

『精神現象学』は主人の力と比べて奴隷に良い役割を与えていると結論づけるのは不当だろう。ヘーゲルは主人だと思われている連中は必ずしもそう信じられているようなものではないと示した、ということなのだ。それは王宮に探しに行くべきものでもなければ、下僕に首をはねられた王の頭部の下に探しに行くべきものでもない。むしろ新しいジャンルの人間のもとに探しに行くべきなのだ。そして若き哲学者にとっては、ナポレオンこそその実例となるはずであった。かれは、われわれが今注釈するこのテクストを書き付けているまさにその瞬間におのれの前を通り過ぎたそのシルエットに強い印象を受けた。ベルン滞在時のヘーゲルは、その雇い主と食卓をともにすることさえできなかったが、だからといって下僕たちとの食卓をもちあげたわけでもなかった。『現象学』の次の一節ほど、下僕たちにたいする痛烈な言葉はあるまい。「従僕たちにとって英雄は存在しない。それは英雄が英雄ではないからではなく、従僕が従僕だからである」。美しき魂によって証言された判断する意識なるものは、ただの隠れ蓑、つまり、「道徳性という従僕」*112の隠れ蓑に過ぎないのである。さらには「不動の心を持った」「同一性に固執し続ける傲岸な性格」*113の下僕である。こちらの側には、柔軟性など期待するべくもない。かくもたちの悪い頑なさだけが大仰な言葉でおのれを飾る。その態度はあまりに見苦しく低劣であり、もはや高貴さの仮面をそう長く付けてはいられないだろう。こうした態度はやがて力を失い、その麗しい立場を諦めて、赦しなるものに耳を傾けるまで落ちぶれたその素顔を曝すことになる。こうして、今やおのれが悪であることを知った道徳的意識と、過ちを犯しやすいことを知った活動する意識が一つになって、新しい態度が芽生える。それが世界のなかにある《精神》の態度であり、《精神》に引きよせられていく世界の態度である。実際、キリストは告発され、苦しみのうちに死に、悪として忌避され、恥ずべきとみなされた行為を体現していたはずだが、そのキリストこそが「あらわれる神」への道をわれわれに示してくれるのではなかろうか？　そしてかれこそが「おのれが純粋知と知ったこの二つの《わたし》*114」のなかにおのれが居ると知っているのではなかろうか？

キリストについて

キリストは人間ではないし、世界から分離した《神》でもない。かれは「《神》-人」を表している！ヘーゲルは、若き日の論文のテーマでもあったキリストの姿を長々と描くことで、《神》のうちに唯一無二のできの人間を認識している。それゆえに、宗教はまもなくその超越性をすべて失ってしまうことになるはずなのだ。ただし条件が一つ。それは人間が、自分のうちになにがしか神的なものを所有している者としておのれを再認することだ！　キリストは、こうしてまずは《神》にその身体を提供した人間のなかに、つまり《神》がいまここにある可能性を与えた人間のなかにその姿を現す。その人間は《神》に、人間の意識を通じて神の自己意識を提供したのである。人間なしには、《神》は自己意識を持つことはできなかったろう。「自己意識は神が自分自身について人間のなかに持っていた意識であり、人間が神について持っている意識とは、ついには人間が神のなかに持っていた人間自身についての意識にまで進化する意識である」[*115]。キリストはこの啓示である！　かれのなかで神は生まれそして死ぬ。そのことは、宗教史家を驚かさないわけにはいかなかった。なんといっても、キリスト教以前にはいかなる神もおのれの死を体験していないからである。《神》の《死》については、またふさわしい機会にふれることになるだろう。ともあれ、キリストは――もっともこれは教会においても起こることだが――もはや、神像と比較するわけにはいかないことが分かる。というのも神像の場合は、表象されているものの現実の姿が素材の石とはかけ離れているからである。さらに言えば、内面では自分が《神》ではないとおもしろおかしく確認しているだろう役者でもないことになる。

キリストの生においては、目に見えるものとそこに示されているもの、そこに現前しているものとそこから遠く彼方にある現前させられているもの、内部と外部とのあいだにはもはや分離がない。つまりひとは、「自然宗教」とはまったく別の領域にいる。自然宗教では、神は彼岸にあり、トーテム、イコンあるいは神像といった、多少なりとうまくいったなにがしかの媒介によってのみ描かれるだけの接近不可能なものである。宗教感情のそもそものはじめから、神は人間と混同されてはならない、人間の主体性はつねに自分の求め崇拝するものとはほど遠くかけ離れたものであり続ける、ということははっきり理解されていた。キリストは《神》を人間に内在させることで、このように超越的なものに夢中になっている宗教を新しい宗教と置き代えるのである。

人間性とは穏やかな歓びのなかに浸っているものであるかもしれず、あるいは、高次の世界から捨てられ、唯一の慰めとして幸福社会や余暇社会の特徴である財や飲食物、享楽的所有品を専有してささやかな我が家を築く、そんな不幸に沈んでいるものかもしれない。しかしいずれにせよ、キリストの言うように、もし《神》が人間になるものとして姿を現すのだとしたら、それはこのような人間性の均衡状態を保つためではない。いわゆる人類学的な考え方では、この人間は神の位置を占めるが、最後には超越論的原理から完全に引き離されてしまい、自由だがいっさいの理念から捨てられた不幸を忘れようと強烈な感覚を求めるうちに孤独を感じるようになる、ということになるかもしれない。だが、そのような人間観へとヘーゲルを引き寄せることは不可能なのだ。

キリストのはからいには次のような含意もある。すなわち、人間がより高次の存在、あるいは少々時代が違うが後年ニーチェの用いることになる語で言えば「超－人」になるという条件のもとで、《神》は人間になる、というものである。キリストは、このような神の内在性を経験することで、これまで制約された存在と思っていた自分のなかに自分を後押しするものがあるように感じるのだが、しかしそれはあくまでこの内面性を打破するためのものである。とはいえ、われわれは有限なのだ！　しかし、この有限なもの、ないし有限性、すなわちわれわれを取り囲み閉じ込める輪郭線は無限によって突き破られねばならない。無限によって開かれねばならない。そして、この窮屈な境界線上に変化が起きねばならない。そうすることで、閉塞は違うなにかへ開かれることになるはずだからだ。だからこそ、有限なものが自分自身を否定し、おのれの限界づけられた現実存在に風穴を開けねばならないわけだ。キリストの位格のなかに、われわれはまさにこの否定を、死の否定を、そして絶対者の受肉を目の当たりにする。この絶対者は、この個別の一つの存在を通じて具体化される。そこには距離も隙間もない。こうして、有限な人間としてのキリストの生を手ひどくもてあそぶ。このことでキリストが一個の自足した存在、自分自身に等しい孤立した自我、ただ純粋に充足した自我になったりはしない。それはむしろ、かれをもてあそぶ運命へ、かれに有罪を宣告する法の帝国へと連動するものだからだ。現実にかれを産んだ母親だっている。この出産という自然の働きによってかれはこの世に、病苦も苦悩も、運命も宿命も併せ持って生まれてきたのだ。もちろん、父親だっている。その父親はここに再び父親として登場し、また父親となるはずの存在であり、人間を超えたところに、つまり単なる自然の産物を超えたところに位置づけられる存在なのである。

キリストは自分自身の輝きに満ち足りた存在ではない。つまり、自足した美しき魂ではない。いまここにあるものとしての生活は苦労続きで、それが近視眼的にはかれの幸福な姿を、「良き意識」の天使の容貌を損なうことになる。ひとが最初に気づくのは、泣いているちいさな動物、そしてその汚れた姿、差別された姿であろう。われわれに近い時代で言うと、画家のルオーが描いたものがそれを喚起させている。《神》－人はだから、売春婦や犯罪者を含む出来事のネットワークのなかにいないかぎり、真の意味での人間ではありえないことになろう。

深淵（われわれの有限な世界と無限とを分かつものであり、そしてこの有限な世界を炸裂させることになるもの）、裂け目（神の完全性と人間とを隔てているが、その人間に絶対者が宿ることになる）、それらが吸収されるためには一個の存在が必要とされる。それは犯罪者と裏切り者に囲まれた存在であり、肉と性、愛と誘惑をもった存在であるはずだ。そのことで示されるのは「神的本性は人間本性と同じものである」[*116]、つまり同じ素材ないし同一の実体であるということだ。しかし、実体［自分自身によって（sub）自立しているもの（stance）、完全な自己原因］は人間にとっては当初見知らぬものとして存在している、ということが意味していたのは、最終的には一人の人間がその実体を自分自身の底の底まで落としてしまう、ということだった。実体は、感覚という下等なものの極限まで、つまり生殖や腐敗、誕生と死の経験まで降りていかねばならなかった。キリストに課せられた最後の誘惑、その最大の誘惑、かれの表層つまりその神経末端にぴたりと寄り添った誘惑、それはわれわれのあいだにスキャンダルを引き起こすに十分だろう――ヘーゲルの時代をはるか過ぎた今となっても、近年の受難というテーマをめぐる論争からは十分にそのことが伺える！

われわれはヘーゲルとともに次のことを再認識せねばならない。《神》はもっともその身に寄り添った、究極的に人間的な欲望に関わるという代償を払わねば人の子たり得ないのだ。おそらく、こんな風にヘーゲルの謎めいた定式を理解せねばならないのだろう。「もっとも低いものがそれゆえ同時にもっとも高められたものであり、完全に表面まで浮かび上がった明白なものが、まさにそのゆえにこそもっとも深いものでもある」[*117]。神は人間と同じであり、それが目に見えるようになるのはただ現実のものとして、極限まで、その端々まで、隅々までおのれを展開し切ったときのことである。それは母マリアの愛によるものであり、また同時に娼婦マグダラのマリアの愛によるものでもある。

原注

*1――サルトルはこのまなざしと知覚の問題を再発見することになろう。Jean-Paul SARTRE *L'Être et le Néant*, Gallimard, Paris, 1943, p. 310〔ジャン＝ポール・サルトル『存在と無』松浪信三郎訳、筑摩書房、二〇〇七、第二巻、七八頁〕.

*2――「精神」、PH. E., p. 300〔邦訳下巻十八頁〕.

*3――*Ibid.*

*4――*Ibid.*, p. 301〔邦訳下巻二十頁〕.

*5――*Ibid.*

*6――この契機／形象の関係の複雑さについては、以下でまとめられている。PH. E., p. 46〔邦訳上巻四五―四六頁〕.

*7――これはアラン・バディウのヘーゲル的観念である。Alain BADIOU, *Le Siècle*, Seuil, Paris, 2006〔アラン・バディウ『世紀』長原豊、馬場智一、松本潤一郎訳、藤原書店、二〇〇八〕.

＊8――Gilles Deleuze, Félix Guattari, *Qu'est-ce que la philosophie?* Minuit, Paris, 1991, p. 16〔ジル・ドゥルーズ、フェリックス・ガタリ『哲学とは何か』財津理訳、河出書房新社、一九九七、十九―二十頁〕.

＊9――ヘーゲルの哲学は経験論であり、経験概念は「序論」の終わりで、葛藤の時代という観点からみっちり展開されている。

＊10――「緒論」、PH. E., p. 89-90〔邦訳上巻一一七―一一八頁〕. 形象の持つ可塑的な可能性のすべては、間違いなく以下の書に見出される。Jean-François Lyotard, *Discours, Figure*, Klincksieck, 2002〔ジャン＝フランソワ・リオタール『言説、形象』合田正人監修、三浦直希訳、法政大学出版局、二〇一一〕.

＊11――Jacques Derrida, *Glas*, Éditions Galilée, 1974.

＊12――ルードヴィヒ・フォイエルバッハは、クモについての直観をこのようにまとめている。「ヘーゲルはわれわれの地位を節足動物の上位にまで向上させる。昆虫というのはそれより高等な契機を形成している。ヘーゲルの精神は論理的、決定論的精神であり、昆虫的精神と言ってもいいのではないか。わたしとしては、そんな精神は自分が宿るにふさわしい身体としては、突き出た肢と多くの関節をもつ身体しか見つけられないのではないかと言いたいところである」。(以下の著作より引用。Alexis Philonenko, *La Jeunesse de Feuerbach*, Vrin, Paris, 2000.)

＊13――PH. E., p. 319〔邦訳下巻五十頁〕.

＊14――「真の精神、人倫」、PH. E., p. 302〔邦訳下巻二三頁〕. ここではより悲劇性を打ち出したイポリット訳に従う。(t.II, p. 15.)

＊15――この鳥と犬については下記を参照。PH. E., p. 322〔邦訳下巻五七頁〕.

＊16――「人倫の世界、人間の法と神の法、男と女」、PH. E., p. 307〔邦訳下巻三〇―三一頁〕.

＊17――Jacques Derrida, *Glas*, *op. cit.*, p. 163.

＊18――PH. E., p. 309〔邦訳下巻三五頁〕.

＊19――このジル・ドゥルーズの概念は、ヘーゲルが本質的には非オイディプス的な家族概念に充てたシークエンスに見事に適用される。というのも、オイディプスの娘アンティゴネーはその混乱から教訓を汲み尽くし、そ

れゆえ彼女と兄弟との関係は非自然的かつ欲得抜きなものになるからである。

＊20――PH. E., p. 309〔邦訳下巻三五頁〕.

＊21――*Ibid.*, p. 321〔邦訳下巻五四―五五頁〕.

＊22――ここで言う差異とは、ルネ・ジラールが『暴力と聖なるもの』で同一性がもたらす災いについて論じた際に考えていた意味での差異である。ここで問題となるのは、倫理的グループのなかで区別された調和を維持することである。「集団とはすべての部分が落ち着いた均衡状態をもっていることである。このとき、各部分はおのれの本来の場にあって、自分自身以外のところに満足を求めようとしない精神とされる」（PH. E., p. 312〔邦訳下巻四〇頁〕）。

＊23――「人倫的行為、罪と運命」、PH. E., p. 318〔邦訳下巻四九頁〕.

＊24――タブルバインドとは反精神医学、特にグレゴリー・ベイトソンが二つの両立不可能な命令によって発病する統合失調症を説明するために作った概念である。

＊25――PH. E., p. 320〔邦訳下巻五三頁〕.

＊26――若きヘーゲルのテクストでは、その機械的側面からこの機械に対するアプローチが行われている。以下を参照。Georg Wilhelm Friedrich Hegel, *La Différence entre l'imagination grecque et la religion positive chrétienne*, Nohl, Tübingen, 1907, p. 221〔ヘルマン・ノール編『ヘーゲル初期神学論集』久野昭、中埜肇訳、以文社、一九七三、第一巻二四四頁。（以降『神学論集』と略記）〕.

＊27――「法状態」、PH. E., p. 325〔邦訳下巻六二頁〕.

＊28――*Ibid.*, p. 327〔邦訳下巻六四頁〕.

＊29――*Ibid*〔邦訳下巻六一頁〕.

＊30――ここでのマルチチュードをアントニオ・ネグリとマイケル・ハートの言うマルチチュードと関連づけることもできるかもしれない。以下を参照。Antonio Negri, Michel Hardt, *Empire*, 10/18, Paris, 2004〔アントニオ・ネグリ、マイケル・ハート『帝国――グローバル化の世界秩序とマルチチュードの可能性』水嶋一憲、酒井隆史、浜邦彦、吉田俊実訳、以文社、二〇〇三〕.

＊31――PH. E., p. 326〔邦訳下巻六三頁〕.
＊32――*Ibid.*, p. 327〔邦訳下巻六四頁〕.
＊33――*Ibid*〔邦訳下巻六五頁〕.
＊34――*Ibid.*, p. 328〔邦訳下巻六六頁〕.
＊35――「自分自身が見知らぬものとなった精神」、PH. E., p. 330〔邦訳下巻七三頁〕.
＊36――見知らぬものについての本質的概念である。PH. E., p. 332〔邦訳下巻七三頁〕.
＊37――PH. E., p. 331〔邦訳下巻七一頁〕.
＊38――「自己形成とその現実の国」、PH. E., p. 333〔邦訳下巻七四頁〕.
＊39――*Ibid.*
＊40――Maurice BLANCHOT, *Le Pas au-delà*, Gallimard, Paris, 1973.
＊41――ヘーゲルはここで『ラモーの甥』を引用している。*Ibid.*, p. 334〔邦訳下巻七六頁〕.
＊42――*Ibid.*, p. 334〔邦訳下巻七五―七六頁〕. ヘーゲルは特殊性と紙の上での名誉の逆転運動を「無力な何ものか」と名付けている。
＊43――アダム・スミスによれば「個人は自分の意図にはまったく関わりを持たない目的を遂行するよう見えない手によって導かれている」。Adam SMITH, *La Richesse des nations*, t. IV, Flammarion, Paris, 1999〔アダム・スミス『国富論』杉山忠平訳、岩波書店、二〇〇〇〕.
＊44――PH. E., p. 335〔邦訳下巻七八―七九頁〕.
＊45――*Ibid.*, p. 336〔邦訳下巻八〇頁〕.
＊46――*Ibid.*, p. 337〔邦訳下巻八二頁〕.
＊47――*Ibid.*, p. 339〔邦訳下巻八五頁〕.
＊48――*Ibid.*, p. 341〔邦訳下巻八八頁〕.（一部改訳）
＊49――*Ibid.*, p. 343〔邦訳下巻九三頁〕.
＊50――以下の拙著におけるロマネスク世界の分析を参照されたい。Jean-Clet MARTIN, *Ossuaires*, Payot, Paris, 1995.

＊51——PH. E., p. 342〔邦訳下巻八九頁〕.

＊52——*Ibid.*, p. 343〔邦訳下巻九二頁〕.

＊53——Georg Wilhelm Hegel, *Encyclopédie des sciences philosophiques* (1817), t.III, *Philosophie de l'esprit*, §462, trad. Bernard Bourgeois, Vrin, Paris, 1998〔ヘーゲル『精神哲学』船山信一訳、岩波書店、一九六五（以降『精神哲学』と略記）、下巻一四七頁〕.

＊54——ジャック・デリダは、フッサールによって危機に追い込まれたとも言える、この内部と外部の弁証法を『声と現象』で再び取り上げている。また「息を吹き入れられた言葉」では、アルトーという切り口から違ったアプローチもなされている。それぞれ以下を参照。Jacques Derrida, *La Voix et le Phénomène*, PUF, Paris, 1967〔ジャック・デリダ『声と現象』林好雄訳、筑摩書房、二〇〇五〕; Jacques Derrida *L'Écriture et la Différence*, Seuil, Paris, 1967〔ジャック・デリダ『エクリチュールと差異』梶谷温子、野村英夫、三好郁朗、若桑毅、阪上脩訳、法政大学出版局、一九七七、下巻所収〕.

＊55——PH. E., p. 344〔邦訳下巻九四頁〕.

＊56——*Ibid.*

＊57——*Ibid.*

＊58——*Encyclopédie, op. cit.*, p. 561〔邦訳『精神哲学』下巻一四八頁〕.

＊59——PH. E., p. 344〔邦訳下巻九三頁〕.

＊60——PH. E., p. 345〔邦訳下巻九七頁〕.

＊61——*Ibid*〔邦訳下巻九八頁〕.

＊62——PH. E., p. 346〔邦訳下巻九八頁〕.

＊63——PH. E., p. 347〔邦訳下巻一〇〇頁〕.

＊64——*Ibid.*

＊65——*Ibid.*, p. 349〔邦訳下巻一〇三頁〕.

＊66——*Ibid.*

＊67──*Ibid.*, p. 350〔邦訳下巻一〇五頁〕.
＊68──*Ibid.*
＊69──*Ibid*〔邦訳下巻一〇六頁〕.
＊70──*Ibid.*, p. 352〔邦訳下巻一〇八頁〕.
＊71──こんな風に「現実存在を軽蔑して爆笑すること」については以下を参照。PH. E., p. 355〔邦訳下巻一一三頁〕.
＊72──ヘーゲルはここで、ディドロの一節を自分で訳して引用している。PH. E., p. 353〔邦訳下巻一〇九─一一〇頁〕.
＊73──PH. E., p. 355〔邦訳下巻一一三頁〕.
＊74──*Ibid.*, p. 363〔邦訳下巻一二八頁〕.
＊75──*Ibid.*, p. 367〔邦訳下巻一三四─一三五頁〕.
＊76──「信仰と純粋洞察」、PH. E., p. 358〔邦訳下巻一一九頁〕.
＊77──「啓蒙」、PH. E., p. 363〔邦訳下巻一二七頁〕.
＊78──*Ibid.*, p. 365〔邦訳下巻一三〇─一三一頁〕.
＊79──*Ibid.*, p. 367〔邦訳下巻一三四─一三五頁〕.
＊80──*Ibid.*, p. 368〔邦訳下巻一三八頁〕.
＊81──*Ibid.*, p. 369〔邦訳下巻一四〇頁〕.
＊82──*Ibid.*, p. 372〔邦訳下巻一四四頁〕.
＊83──*Ibid.*, p. 372〔邦訳下巻一四四頁〕.（一部改訳）
＊84──*Ibid.*, p. 381〔邦訳下巻一六一頁〕.
＊85──Ludwig Feuerbach, *De l'essence du christianisme*, édition allemande, 1841, p. XIX〔フォイエルバッハ『キリスト教の本質』船山信一訳、岩波書店、一九三七、四六頁〕.
＊86──PH. E., p. 384〔邦訳下巻一六六頁〕.
＊87──*Ibid.*, p. 389〔邦訳下巻一七六頁〕.

＊88――*Ibid.*, p. 364〔邦訳下巻一二九頁〕.
＊89――「絶対的自由と恐怖政治」、PH. E., p. 391〔邦訳下巻一七九頁〕.
＊90――*Ibid.*, p. 390〔邦訳下巻一七七頁〕.
＊91――*Ibid.*, p. 391〔邦訳下巻一七九頁〕.
＊92――*Ibid.*, p. 393〔邦訳下巻一八一頁〕.
＊93――*Ibid.*, p. 394〔邦訳下巻一八四頁〕.
＊94――*Ibid*〔邦訳下巻一八五頁〕.
＊95――*Ibid.*, p. 395〔邦訳下巻一八六頁〕.
＊96――*Ibid.*, p. 397〔邦訳下巻一八九頁〕.
＊97――「啓蒙とは何か」という問いに答えたカントの短いテクストの議論の中核がこれである。以下を参照。Immanuel Kant, *Qu'est-ce que les Lumières ?*, Galimard, Paris, 1985〔カント『啓蒙とは何か』篠田英雄訳、岩波文庫、一九七四〕.
＊98――「道徳的世界観」、PH. E., p. 400〔邦訳下巻一九三頁〕.
＊99――*Ibid.*, p. 403〔邦訳下巻一九七―一九八頁〕.
＊100――*Ibid.*, p. 412〔邦訳下巻二一五―二一六頁〕.
＊101――*Ibid.*, p. 408〔邦訳下巻二〇七頁〕.
＊102――*Ibid.*, p. 412〔邦訳下巻二一六頁〕.
＊103――*Ibid.*, p. 415〔邦訳下巻二二一頁〕.
＊104――「道徳的良心、美しき魂、悪とその赦し」、PH. E., p. 427〔邦訳下巻二四二頁〕.
＊105――*Ibid.*, p. 424〔邦訳下巻二三六頁〕.
＊106――*Ibid.*, p. 433〔邦訳下巻二五二頁〕.
＊107――*Ibid.*, p. 434〔邦訳下巻二五四頁〕.
＊108――*Ibid.*

＊109——*Ibid*〔邦訳下巻二五三頁〕.
＊110——*Ibid.*, p. 437〔邦訳下巻二五九頁〕.
＊111——*Ibid.*, p. 435〔邦訳下巻二五六頁〕.
＊112——*Ibid.*, p.438-439〔邦訳下巻二六一—二六二頁〕.
＊113——*Ibid.*, p. 440〔邦訳下巻二六三頁〕.
＊114——*Ibid.*, p. 443〔邦訳下巻二六九頁〕.
＊115——*Encyclopédie*, § 564, R〔邦訳『精神哲学』下巻二九七頁〕.
＊116——PH. E., p. 493〔邦訳下巻三五一頁〕.

第五場
芸術宗教と永遠性

ここでは、死霊のようにピラミッド内をさまよう一体のミイラが扱われる。しかし《精神》は石棺のなかにも、像のなかにも住まっていない。ここから先、神々の墓は空である。かれらは、空位になった神々の座を埋める人間たちを見て笑い死にしてしまったのだ。人間もまた同様に死んでしまったこと、この死は間近に明らかになることも描かれる。では、人間はどんな標本に紛れ込むことで、おのれのイメージを保とうとするのか？ どんな記憶をもってすれば、その欠落部を絶対的必然性として愛することをわれわれに教え、それを介してわれわれがおのれのイメージを描くことを可能にし、かつまた人間という名の意味のない偶然が永遠であると示すことができるのか？ 《精神》を具体化して作品やエクリチュールという栄光に浴することを可能にしているのは偶然性であるが、ならばその《精神》はいかにしておのれを高め、偶然性以上のものになることができるのか？

大綱と《歴史》

『精神現象学』は《歴史》の画一的な見方から生じたものではない。《歴史》はその行程をその都度別々の路線に沿って再始動させる。それはちょうど、一つのタマネギを構成する諸々の層のようなものだ。《歴史》は相対的に独立分断された諸々のサイクルを重ね合わせて、それらを諸々の発展へと変えていく。その層がどのように覆われていくのかを理解する必要がある。「このようなかたちで、現在まで生じてきた諸々の人物像」が、当初の「自分たち本来の系列で現れたのとは違ったように配置される」[*1]。ある意味では時間の外にあると言えるかもしれないし、あるいは持続という形をとらない、ある種の同時性を排除しない時間性の形式に沿って配置される、と言ってもいい。物語に見られる逆転可能な時間なのだ。問題は再構成である。そこでは、真理ないしは永遠性という一つの形態に沿ってその再構成がなされる可能性も排除されないからだ。ヘーゲルはその形態を「絶対知」と呼ぶ。

いずれにせよ、問題は単線的な《歴史》では絶対にない。われわれにとって必要なのは逆に、何度かこのスキャンを繰り返し、四色刷の色持ちのよい《人物像》を手にすることであり、諸々の出来事を見定めることを可能にするだろう切断を行うことだ。こうした出来事はさまざまな深度に配置されており、われわれはそのいくつかの地層をあらわに剝いできた。感覚的確信、自己確信、理性的確信、純粋洞察、道徳的良心……これらは同じ地層に位置してはいない。ヘーゲルの採用したこのレベルごとの、あるいは地層学的な切断は、世界のなかに展開された《精神》とは単純な操作から生ずるものではない、ということを示している。すくなくとも三度のスキャンを区別する必要がある。あるいは、同じ地点だが違う深度で裁断された三層の皮膜と言ってもいい。それらの皮膜はそれぞれで変わる別々の基準で解釈され、それによって違った形で視野に収まることになり、一つの「契機」を構成することになる。この契機は明らかに意味の異なった累層ごとに分解される。ヘーゲルの言う《歴史》は一筋の水流を思わせる。それはさまざまな深度やさまざまなかたちの流れを持っており、水面は穏やかに滑らかに静止していたとしても、それぞれの流れの速度はまったく別々であるような水流なのだ。[*2]

ヘーゲルはむしろ、この《歴史》の最初の断面を「主体精神」と呼ぶことになるだろう。それは個人の進化に呼応するものである。ここでいう個人の進化とは、各人のうちで自分と世界との関係を一つの部分評価に従って統合していくことである。ヘーゲルはこの部分評価を、感覚、知覚、悟性等々といったわれわれの能力の配列を通じて、「意識」「自己意識」「理性」……と呼ばれる一連のフェーズを用いて説明している。この精神の主体的形式は《歴史》の最初から最後までに広がっており、哲学者はそれを恣意的ではないやり方で確定していく。恣意的でないといったのは、この主体的形式によって、哲学者と、そして道徳という問題設定に強く影響されるその時代とを介して、まったく客体的な新しい世界の境目が固定されるからである。従ってわれわれは、この主体的側面に甘んじ、自分の内面性や意識レベルに満足して、自分の背後で起こっている衝撃に突き動かされることもないままでいることはできないはずだ。同様に、同程度の範囲に広がる第二層は、自己の外部に置かれている意識が、具体的事物のおかげでみずからを実現するやり方と関係することとなる。たとえば、経済形態、法、つまりさまざまな社会集団内の政治組織（ギリシャ、ローマの都市国家、封建ないし近代都市）などだ。ここで取り上げられているのは、哲学者が後年「客体精神」と名付けることになるものである。しかし、いかにすればこの共同体──およびそれを構成する諸個人──は現実のなかにみずからを表現し、この共同体がその特定の時代に採用しているヴィジョンを指し示すことができるのか？　そのためには《歴史》の第三の形態が必要ではあるまいか？　時代精神、つまりその世界観 *Weltanschauung* がそれ自身のもとに一つの完全な世界として存在していることが明らかにされ、またそれが自覚されてもいるというなら、ではその時代精神とは最終的にはどのようなドラマに沿って演じられることになるのか？　哲学者は、夜のとばりが降りてくるこのときに、《精神》がそこに自分自身を見つめる一つのイメージ、一つの瞬間を抽出することができるのだろうか？　主体的でも客体的でもなく、むしろその二つに含まれる諸層、諸繊維そのもののレベルでこの二つをカバーしているがゆえに、《精神》は一つの構成物、錯綜する陰謀へと高められることになるのである。それによって、それぞれの契機、結び目から、絶対的形象を、印刷屋の使う四色刷とも紛う瞬間写真を切り取ることができる。そしてそのフレームのなかには、一つのポートレート、自分自身のようななにがしかが保存されているのである。

われわれはいま、《精神》がどのようにその姿を現し、どのようにおのれを理解するのかについて見定めるための、これまでとはまた違った問題を前にしているのである。というのもそれはもはや学、道徳、政治といったこれまでのケースのレベルにあるものではなく、精神的な諸作品のなかにあるからだ。

《芸術》《宗教》ないし《哲学》に支配される《ヴィジョン》の作品である。ここでもまた、ひとは《歴史》をその揺籃期から、《絶対精神》と呼ぶべき生成の印となる一連の諸作品を通じて洗い直すことになるだろう。この《絶対精神》は、主体的推移と客体的推移と同じ外延を正確にカバーしているが、しかしより密度の高い別の層に位置づけられるものである。ヘーゲルのロマンティシズムは、一つの犯罪計画のなかにある、この三つのレベルからなる構成、そしてそれらの錯綜に取り組んでいる。犯罪計画、あるいは一つのドラマ化、そういったものがみずからの展示様式として必要としているのは、たとえばデカルトやスピノザの哲学のなかで展開されているような《歴史》の問いをほぼ度外視する古典的な幾何学的連関よりも、むしろ一つのスタイルないしドラマトゥルギーである。これはもう一つの『方法序説』であり、『精神現象学』への序文はそのスタイルやプログラムを予告していたのである。

物語的エクリチュールであると同時に神話学のエクリチュールでもあるこのドラマトゥルギーが駆使する手立ては、すでにヘルダーリンのなかで用いられたものでもある。それはヘルダーリンがギリシャ悲劇を、世界の配置構成として翻訳しようと狙いを定めたときのことであった。こうして、この構成配置はそのようなかたちへと結晶化していくその根本のところで捉えられ、それがそれ自身に向けるまなざしさえもが可視化されるに至るのだ。こうなれば、問題は現実を前にした「意識」でもなければ、「自己意識」でも、政治的情念の動きのなかで働いている「理性」でもない。これ以降は、普遍の世界のなかにおのれの姿を見つけ出そう、そのモニュメントを残すことでおのれ自身を見つけ出そうとするものとしての《精神》が問題となるのだ。それは個々人や個々の社会集団を超えたところに残されるものではあるが、しかしそういったものも《精神》が生きるために必要ではある。[*3] 天を摩し沙漠を見下ろすピラミッドやその他の巨大建造物のような、おのれの外部にある作品は、どのような価値を持ち、なにをわれわれに何を語るのだろうか？　このまなざしは何なのか、そして何をまなざしているのか？ここでは別な事物、まったく例を見ないプランが問題なのだ。おそらくひとはこうした革新的傾向を、シェリングの『神話の哲学』からニーチェの『悲劇の誕生』に至るまでのなかに見出すことになるだろう。ここでのかれらは、世界の一つの年代を理解するために諸々の《神》に訴えかけるのだ。フロイト自身も、無意識の諸力をこのようにエロスやタナトスという神的なものの名で人格化することと無縁ではなかった。こうした人格は、ある一つの演劇のなかに仮面を、あるいは人物像を与えてくれる。こうでもしなければ、こうした演劇は目に見えないままだったろう。ここには、本当の意味での精神の変換検出器あるいは観測機がある。それは《歴史》のなかのもっとも深いところまでへと放たれ、こうしてそのとき、《絶対者》へとまなざしを向けることで《精神》はおのれ自身を再認する……つまり、《精神》を。

これと関係づけて見れば、ヘーゲルの革新性は物語と、そこに相連なる登場人物の重要性を理解したそのやり方にある。ここではそのどれもが、その仕草やポーズが象徴化する時間の組成のなかで作用している力能や力としての登場人物なのだ。物語と《歴史》のあいだには緊密な関係があり、そのドラマ化の形態を把握しておく必要がある。というのも、それこそがすべての層（主体的、客体的、そして絶対的）を一つに結びつけて、そこから共通の「契機」を切り出すことができるからだ。その契機がどう統一されるかが明らかになっているわけではないが、しかしそれはこれから、こういったさまざまな形成層に沿って生み出され、また見極められることになるはずだ。[*4] このように最初の二つの層を三つ目の層のなかで錯綜させることを、ヘーゲルは弁証法と呼んだ。もっとも、この語は『精神現象学』執筆当時にはまだごくわずかしか使われていなかったかもしれないが。問題の弁証法は、「宗教」と題された場の開始とともに完全に展開される。もちろん、その事の起こりはこれまでの運動のなかに切れ切れに存在していたが、しかし、それはただ《聖なるもの》というかたちでしかなかったし、その暴力性は、世俗的なものを拡散させるに過ぎなかったのである。[*5]

宗教的プロセス

宗教によって、われわれは「意識」にとってあらたなかたちでおのれを世界と結びつけるやり方を理解する。それだけでなく、目に見える《精神》という形をとるようになり、こうしてついにおのれ自身をあらわにすることができるようになった《精神》の表象を経由して、「自己意識」が自己の表象にまなざしを向けるそのやり方も理解できるはずである。宗教による最初の現実作用によって描き出されているのは、意識の目の前にある事物との直接的な類似性である。つまり、意識はそれを把握するやいなや、それを《ヴィジョン》というかたちで提示するのだ。最初に問題になるのは結婚であるかもしれず、あるいは太陽熱の感覚が浸透することであるかもしれず、自然の食物を消化することであるかもしれない。そこでは「《精神》はおのれ自身を自然の姿をした対象として理解する」[*6]。それは、食べるものと食べられるもの、ワインと酩酊、元素から出てきたものを知覚可能な目と元素そのもの、それらのあいだの沈黙のコミュニケーションである。ヘーゲルはこの宗教的現象を「自然宗教」と名付けている。しかし、このようにして自然から受け取ったことが明らかになったものは、同時に欲望によって無に帰されるものでもある。草は踏みにじられ、麦は食べられ消えてしまう。それは意識のせいだ。意識は突然じぶんが事物のなかに、祭りの狂騒のあとに残された足跡に囲まれていると気づく。それはラサの谷間にいるときと似ているとも言える。というのも、それを描いたものによって表現されているのは、もはやただわれわれ自身だけなのだ。われわれが《神々》に向かいあうときも同じである。「廃棄された自然の形象のなかに自己を知ること」、そしてその終わりに、意識は「その対象のなかに自分自身の活動、あるいは自己自身を観照する」のだ。それは迷宮図、しかも上から見て、われわれの創造物の技巧によって表現された迷宮図なのだ。

ただ空からのみ、つまり上空からのみ知覚される奇妙なクモ、あるいは巨大なアリ。それを人間が下から把握することはできない。それはちょうど、砂の上に描かれた跡のようなもので、その跡で描かれた形象は神に捧げられているのだ。ここにあるのは、高度を高く保った目によって絶対的なかたちで目に見えるものとなった《芸術》宗教のなかで、意識が自己認識を得る際のプロセスである。しかし、ここを通じて得られるものは、単に《精神》のメタファーないし象徴に過ぎない形相や形象として外部に投影された自己表象だけである。従って、第三の契機が必要となる。それは精神がみずからに対し、現実に作用する事物としてその姿を現す場である理性や概念により近いものになる。それもたんに生きとし生けるもののなかにだけではなく、神的なものの代弁者を通じて名を持つことができるようになった、一つの激動の時代のなかにその姿を現すのだ。「即自かつ対自的にあるとおりに表象されるやいなや、啓示宗教が登場することになる」[*7]。この宗教においては、人間にはいまだ十分に認識されていない一人の《神》が問題となる。《絶対者》のヴィジョンを地上に戻し、遥か彼方で作られた対象としての形態を解消させ、かくして超－人的な人間へと化したことによって引き起こされた《神》の死が、宗教史を乗り越える《哲学》に置き換えられねばならないのだ。《絶対知》の形が生じるのは、神が完全に《主体》と同一になったとき、つまり神のうちで神によって開示されたその世界と同一になったときである。しかし、《実体》の《主体》への統合、そして《実体》と化した《主体》への統合が示すものを、われわれはいまだ把握していない。われわれはまず宗教のプロセスを、その実現化のサイクル全体を通じて踏破してみる必要がある。

自然宗教——光

宗教的な感受性がどのようなものと見なされていようが、それはつねに、おのれ自身を前にした《精神》みずからによる《精神》の開示である。ただ堅いだけの石とは違う。すでに生命の息吹が吹き込まれている。実体のなかに置かれているだけの事物が、存在の相互浸透あるいはテクスチャそしてそこに喚起される思惟を剝き出しに見せつけ、まるで生気を吹き込まれたかのように力あふれるものとしてその姿を現したことを不意に意識すること、宗教とは総じてそういうものである。それはただの物体——たとえば木片——に還元できない。光の前に、天空からまなざす太陽の目の前に置かれた聖なる実在物なのである。そして「光の前に」つまり《精神》の実体化の光に照らし出されることで、聖なる事物は深淵の縁に置かれることになる。それは不意に夜の闇から抜け出して、その夜の本質を背にすることになるのだ。世俗の世界を、そこから守らねばならないからである。

一つの事物に生気が吹き込まれる。それは息づきはじめ、そして精神がそこに浸透していく。しかし同時にその事物は、それが何であるのかについての理解の及ばぬものとなり、そこに距離が生まれてしまう。つまり、自分自身を制限し、閉じ込めることができる一つの空間のなかにひきこもってしまう。[*8]《精神》は、おのれがこの世に到来したその接続の瞬間に、空虚に面した境界線の縁に姿を現す。「自律した姿で現れる、おのれの現実存在の諸契機を前にしたとき、精神はその誕生を創造する神秘となる」[*9]。それは一筋の光、閃光である！　この巨大な石を照らし出したもの、それはこの光であり、それは突如として一つの意味そしてより深い一つの闇によってその石を動かしつつも、それ自体が何かに照らされることはない。事物のもつ聖なる性格をわれわれに示す漏れこぼれる光は「見るものを与える」が、その一部はその隠された横顔の奥底に、視界の及ばぬ危険な闇のなかに留まっている。精神に満たされたこの存在は、自分に生気を吹き込む源を明らかにしようとはしない。それはむしろ姿なきもの、言葉にできぬものという姿に身を潜めている。「すべてを包みすべてを満たし、そしてかたちなきその実体のなかに身を保つ、暁の純粋な光という姿」[*10]に。この暁はいつどこで終わるのか？　太陽の目の到来はいずこに？　暁は始まったと同時にそこにあり、その平穏な光がどこから来たのかを知るものは誰もいないのだ。暁は、その起源が示されることもないまま闇の後に突如として現れ、そんな風にしてすべてを満たす。そして、深淵の縁から、「形づくられたものを飲みこむ、炎から発する光の流出」[*11]のように暁をその他者と切り離し分離する、一筋の光によって浮かび上がる。

暁が精神をその無力さから救い出し、精神の輪郭を蝕みかねない不明確さから遠ざけようとするまさにそのときに、このヴィジョンあるいは聖なる絵画には、あいまいな思惟がつきまとうようになる。天空はあまりに茫漠かつ広大で、それゆえ内省は安定する機会を持てない。だから内省は「不安定で曖昧なままさまよい」、そして世界に茫漠と広がる精神によって麻痺させられる。世界はこのとき、まずは下から見上げるようなかたちで「その境界を広大に拡げる」。だがつねにこの夜によって密かに脅かされてもいるので、片時も目を離さずそれを見張っている。この生まれたばかりの精神の運動が主体としてみずからを表わすのは不可能である。というのも、それは明確な事物に十分に集中することもなく全方位に広がっていくからだ。意識ではあるが、しかしまだどんな規定によって自分はかくも遠く高くへ開かれていくのかについては意識していないわけだ。まもなく、精神は植物といったかたちで局所化され、個体化される。あるいは、植物が開いたものによって、というべきかもしれない。精神はそこで混ざり合い、その身を捧げ、そして吸収される。それを導くのは花々の宗教とでもいうようなアニミズムで、ヘーゲルはいっときそこに精神的視線を投げかけている。

動物的宗教から職人的宗教へ

茫漠たる天空のなかで形を失った暁はこのあと、個別的な諸形姿へと散乱していく。つまり「強弱の差がある、無数に多様な精神へと解体していく」[*12]。ここで、ある種の荒削りな汎神論が幕を開ける。そこでは、諸精神は対決し、互いを食い合い、まるで《他者》の力を吸収するためであるかのように互いを否定し合う。花々の無邪気さとはかけ離れたものだ。動物的宗教は子羊や犠牲の山羊あるいはヘラジ力を食すことから成り立っている。こうした動物たちのうちに、ひとはおのれを認識し、その皮をまとい角をかぶって紛争を起こす。そのときのかれらは「自分自身の本質であるかのように規定された自分自身の動物的姿」を意識している。しかし、それゆえに精神は四散してしまい、動物の移動を追いかけたはいいものの、社会全体がその移動の跡を追うように引きずり回されてしまうことになる。この大移動、大旅行でも、まだ真の内面性はいささかも明らかにはされない。このように、キャラバンには内面性が欠如している。しかしそのことが、ノマドの芸術の発展を刺激する、つまりテントの下で内面性を再建する欲求を刺激することになる。人間はただ「寸断し破壊する」[*13]だけではなく、みずからのもとに対象、家財、動産を携えているものである。それらは多大な労働の成果であり、この四散状況のなかで同一性の一形態を再設定している。《精神》はこうして、自分の印をつけた諸対象や道具によって飾りたてられることになる。それらは動物的な遊牧群族の移動のなかにある種の永続性をもたらすものとも言える。同じ護符、同じトーテム、「一つの対象という形をした外向的な対自存在」[*14]がその助けとなる。

ノマドの大移動に職人はどのような意味で変化をもたらしたのか、そして自分が手を加えた場所に定住するようになるのかがこうして理解される。そこには自分自身の内面性が投影されているわけだ。その内面も、最初は一つひとつの巣穴を作る蜂の住処となる蜂の巣のように、不安定で本能的なものだった。このような本能によって行われた測量は、じつは悟性の力の圏内にある。というのもここでの悟性は、自分のなかのなお鬱勃たる深層に縛られつつも、むしろそこから「ピラミッドやオベリスクといった結晶構造、すなわち平面と［…］均一な比率による直線の単純な結合」[*15]を生み出すことになるからだ。この抽象的な幾何学化が完成しても、この平面同士の関係のなかでは精神はまだ外的なものにとどまっており、自分がそこで目に見えるものとなり行為に加わることができるよう何かを書き込む、つまり不動のなにかを刻みこむ、という静かな可能性を見出しただけに過ぎない。《芸術》の不滅性に託されたものという、また一つ違った《精神》の姿を誕生させようと思うなら、職人は手持ちの質料のなかにみずからを、より深く具現しなければいけなくなるだろう。

抽象的な芸術作品

ヘーゲルは《芸術》作品へのアプローチにおいてはきわめて革新的だった。かれには絵画的イメージによって、石に刻まれた《精神》の姿――精神の現前が客体的に割り当てられること――を明瞭に浮かびあがらせることができるという深い確信があった。つまり空間のなかに、思惟がその姿として選びとることになる見せかけを、整ったかたちで表現するということだ。高いところからしか見えない、人間には不可能な高度をとった場合にしか見えない記号の場合、それは意識にでも自己意識にでもなく、すでに《精神》に固有のヴィジョンに宛てて書かれている。芸術とは具現化を経験することであり、それによって思惟にその発展のさまざまな軸を与え、《歴史》の一契機へそれらを取り集めることができる。この契機は、ヘーゲルが見せかけと呼ぶものの上演とは切っても切り離せない関係にある。

見せかけは《精神》の本質的契機である。どんな本質であれ、どんな真理であれ、単なる観念に留まっていることを潔しとせぬのであれば、おのれを空間化しその見せかけのヴァリエーションを拡げるという試練に直面せねばならないし、またそこに具体性を与えることのできる眼を見つけねばならない。

ヘーゲルこそが『現象学』の創設者であり、そもそもその考え方を生み出したのもかれだとされているのは、かれこそが見せかけというものを絶対的に新しい方法で、プラトンが幻影という語で表現したものとはかけ離れた方法で規定したからである。見せかけとして出現すること、それは――われわれがすでに「知覚」についてのテーマでそれを明確化してきたように――幻影的なものでは絶対にない。それは、《精神》がそれぞれの時代においておのれを明らかにするための、おのれ自身を曝すためのある種のやり方を、目に見えるようなものにしてくれる一つの特殊な配置、配備のことなのである。だからといって、必ずしも人間の目を対象にしたものというわけではない。一列に並ぶ巨石、円環をなす石群、それらの描く輪郭や姿は、超‐人の視点から、言ってみれば精神の視点から見た場合にしか、見せかけとして出現しては来ないのだ。

《歴史》の一契機とは、思惟と存在、主体《精神》と客体《精神》がいっとき接合される稜線が表面へと浮上してくるのを見てとるための特異な方法を意味している。こうしてヘーゲルが生み出した体系においては、思惟は内的思索の表現、あるいは私的なヴィジョンや明証性の表現であることをやめ、一つの石や黄土で出来た物質的な囲いといった記念碑的性格を持つものへとおのれを投影するものとなる。そしてそうした体系はかれがはじめて生み出したものなのだ。こうした形による諸観念と諸事物の顕現や分配は、壁から解放された絵画の骨組みのなかに、また同様に記念碑的作品の建築のなかに、具体的なかたちをとるようになる。こうして「もっとも低いものがそれ故同時にもっとも高められたものであり、完全に表面まで浮かび上がった明白なものが、まさにそのゆえにこそもっとも深いものでもある」[*16]ことが可能になる。内面と外面、主体的なものと客体的なものの出会う場となる《精神》の表面こそが、その交錯を指し示す一つの作品を生み出すのである。哲学とは意味を、あるいはいま述べたような特殊な絵画の一群が住まう場である普遍を取り戻すことに他ならないのである。

われわれはその証拠として、建築的な形象性へとむかう《精神》のゆるやかな進展に目を付けている。ちょうどヘーゲルが、作品がもつ宗教的性格の分析をもとに葬列について詳述したのと同様である。事の始まりは《天空》に向かって立つオベリスクを完成形とするような巨石群と立石群である。オベリスクによって《精神》はその高度を獲得し、大地から離脱するのだ。[*17]《精神》は暗い王国から分離すべく戦う。この王国のなかでは、《精神》はその致命的な内部から解放される手段をイメージのなかに見つけ出さないかぎりおのれを見失ってしまうのである。オベリスクはその完成されたラインのゆえに、《精神》が質料のなかへ一つの切っ先のように投影されたものとなっている。しかし、まだここにある質料は、住まうことのできない質料である。オベリスクは真の意味で内面を穿たれたものではなく、それゆえ人間にとっても外的なものに留まる。みずからを排泄ないし投影するための膜、あるいは内的な肌を必要とするだろう概念にとっても、ことは同様である。

ヘーゲルの用語を用いれば、生は循環しない、と言うひともあるかもしれない。オベリスクをもってしても、主体的《精神》と客体的《精神》は互いに見知らぬ関係のままである。主体的催信、自己思惟は実際に作用している現実のなかで機能してはいるわけではないし、内的な形象性——時代を画し、「世界観」を示すことのできる内壁面——によってみずからを示すこともない。オベリスクはわれわれの立ち入りを許さないため、われわれはそして見知らぬ《神》に向かって屹立するように太陽を目指してそびえ立つその形象や意味の外に留め置かれてしまう。こうなれば、われわれはオベリスクにぶつかり衝突してしまうことになるわけだ。「有機的な生きた自然からは何一つ負うところのない規則正しい形式をしているが、それらはまだ寺院や家で用いられるようになってはいない。ただそれ自身のために作られ、太陽の光を象徴するのである」[*18]。《観念》が順調に機能し、一つの世界という建築的体系を持つに至るには、《観念》が分節化されている必要があり、そしてそのためには空間が家のような形にくぼみを持って、その内部が利用可能なものとなっている必要がある。「従って、工匠は魂のより豊かな形式をそこから作り出すために〔…〕、包み込むような役割を果たす住まいを作り上げていく」[*19]。オベリスクはそれ自身としてはただ独立した事物というおのれの本性ひとつでいまここにある。その表面が砕かれ、思惟がその内部に入り込むこともない。それゆえ思惟にその住処を与えてはくれない。また、思惟が一カ所に凝集してはっきり目に見える結晶構造を得ることもない。寺院やピラミッドによって《精神》は質料と化す。それは可視化というかたちに沿ったものであり、これによって《観念》とその空間内での延長とは不可分なものとなる。ピラミッドは「死者の保護される結晶構造」[*20]である。それは「不可視の内部を庇護するために作られた外部の覆い」[*21]なのである。

ピラミッドは内的空間として登場する。あるいは、世界の形象性が投影されることになる結晶膜として、と言ってもいい。カテドラルのステンドグラスが光を透かすそのやり方を思えばいい。それに比べれば簡略化されているとはいえ寺院にもこのことは当てはまる。時代の様相はここで思惟のなかに芽生え、そして思惟が展開することになるさまざまな層を示す。それを結晶化と呼んでもいい。ヘーゲルはこのことを本当の意味で主題とすることはなかった。この結晶構造のなかで、建築物が呈示するさまざまな面に世界が分割されている。しかしヘーゲルは分析の対象である死者を優先させたために、この結晶構造には軽く触れるに留まったのである。寺院、ピラミッド、それらは空虚な住まいなのだ。その理由はまず、芸術家と職人がそこでは不可視だからである。作品はあいかわらず匿名なのだ。《芸術》作品が抽象的である、ということは、神的なものを優先させるために自分を引っ込める、あるいは創造者の人格性を引っ込めることをも含意する。抽象化とはまた幾何学化と関連している。つまり、おのれを純化して空虚を作り、かくして住処を作り出し、また、そうしたものとして建築物を構成する線や面そして輪郭とは非人格的なものである、ということと関連づけられている。「悟性の抽象的形態に引き上げられただけの外的な現実作用」[*22]を具現している「包み込むような役割を果たす住まい」だ。ピラミッドの場合、こういった作品の抽象化は運動や生命を欠いている。すべてが闇であり、死であり、それゆえ主体的《精神》、あるいは自己思惟はすでに生が失われた空虚な住まいのなかにしかいないことになる。「ピラミッドはそれ自体としては驚くべき創造物だが、結晶構造という役割しか演じてはいない。つまり、死した精神と表現することもできる核を孕むための、そしてその精神の持っていた身体性や形姿を保存するための、ただの単純な貝殻である」[*23]。すべてを包む薄明のなかで、「この内部はまだ単純な闇であり、生気を欠いたもの、形無き黒い石である」[*24]。思惟はここで、最後には自分自身の空虚、すでに逃れ去り蒸発してしまった精神にたどり着くだけである。そしてこの精神を外から覆うものだけが残っている。それは石棺の質量である。あたかも、意味はすでにどこかにいってしまったかのようだ。だがそこでこそ、芸術はその意味を、祭礼や演劇、一人の役者の声といった生きた諸形式によって取り戻すことをその任とせねばならない。つまりはキリストの身体である。それが意味しているのは、絵画的なものは《神》の書によって啓示された《宗教》に書き留められることによって死んだのだ、ということである。

ヘーゲルは芸術作品において絵画的なものが果たす力強い役割に、つまり建築物という貝のなかに引きつるように凝固した形象性に注意を払っていた。ピラミッドについてヘーゲルは、すでにそれを絵画や彫刻が展示されるたくさんの壁からなる信じがたいほどの迷宮であると受け止めていた。その展示は、世界が結晶へと凝固するチャンスを与えてくれる一つのイメージに沿ってなされている。そしてその結晶のもつ生命力は、墓としての生には還元されないものである。芸術は可視性の領域を生み出す。その領域では、空間には一つの広がりが穿たれ、それによって概念は時-空間を得ることができる。ヘーゲルはカントとは違い、その時-空間を具体的に感じ取れるようにしてくれる。『判断力批判』は実り多き一般論という段階に留まっている。芸術史を、《観念》に穿たれた空間の緩やかな内面化、その丹念な吸収と理解するのはヘーゲルから始まるのである。この《観念》が、哲学が絶対知に触れたその瞬間、その力を借りて概念へと高まっていくのである。

悲喜劇あるいは生ける芸術作品

ゆっくりとしかし厳かにみずからに対してみずからを開示する《精神》の生成過程を理解するには、石や彫像をもう一度取り上げる必要がある。しかし彫像は、ことにエジプトやギリシャのもののようにすでに非常に古びたものは、ただの表象でしかない。そうした彫像が目指していたモデルから、彫像はいまやあまりにも遠く隔たったところに置かれている。そのモデルを可視化しようと努めたことで、かえって自分自身とは違うものを目指してしまったわけだ。問題となるのは、つねに接近不可能なものである。われわれには神々がいない。この世界で出会うことはできない。だから石でそれを表せばよいではないか！　ここに、《神》の完璧な特徴と輪郭をなぞる彫刻の最初の意味がある。石壁から浮かび上がったこの完全性と美によって、この《神》は、われわれにとって接近可能なものになるのだ。彫像は不動で冷たく、抽象的で理念的な輪郭のなかに石化した神性だけをわれわれに示す。その質料は、それが捉えようとしていた《精神》の外部に留まっているのだ。彫像が示すのは神が現実に目の前にいるということではなく、あいかわらず何かが欠けている不動の展示物であり、死んだ陳列品であり、固定したイメージである。そこには魂がない。真の自己が無い。それゆえ、「内在的《神》」は依然としてただの「黒い石」に過ぎない。それは生命を持たず、その力が発揮できるのも祭礼や頌歌においてでしかない。[*25]作品は生きたものになることをその責務としており、「人間は完全に自由な運動が可能な［…］像として彫像の場に位置づけられることになる」[*26]。

劇場においては、役者は彫像のような不動性は見せない。役者は自分の生きた身体を《神》に捧げ、自分の肉を英雄の姿の生まれる場に作り上げる。それは神性の具現した奉納物を作り出すことが可能な媒介、媒体である。かくして、かくも不気味な交換の犯罪計画が、あるいは「この叙事詩、すなわち人間と神的なものとの関係を構成するもの」[*27]がじかに幕を開ける。役者の仕草や声音があれば、大理石は用済みである。アキレウスやヘクトールのような英雄たちはただ離れたところに描かれ展示されるだけではない。かれらはここにいる。朗読家や役者が表現する、生き生きとしたものを作り出す芸術のなかにいる。「英雄は自分自身もまた語り手である」[*28]。《神》が必要としているのは、われを忘れた者の語る言葉ではない。規定され、アポロン的な美を湛えた形姿を持つものの言葉である。同時に、みずからについて語る者のなかに、それを吹き飛ばしてしまうようなデュオニソス的な力としての他者の声が芽生える。こうして「すべての個人的現実はその流動性のなかに」[*29]解消されてしまうのだ。言語活動が、その説得力ある発言のもつ流麗な可動性こそが、英雄によって表される半 - 神の前にわれわれを連れていく。役者は彫像とは違い、一個の自己を持ち、そして内面性をあらわにする。観客はそれが性格というかたちで生み出されるのを目の当たりにするわけだ。現実に作用する、はっきりと示された人格と言ってもいい。つまり、われわれにとある他人のことを語るただの人形というわけではないのだ。そのかわりに役者の身体と声音からは、演じている本人の個体性が失われざるを得ない。演じる者は詩の高揚のただなかで、バッカス的な陶酔のただなかで、宗教的なトランス状態へと入っていくことになる。そのとき、役者は我が身に《他者》を具現する。役者はおのれであることなしにおのれであるが、それは頌歌のなかに《神》の声の入り交じる悲劇的な錯乱に陥るというかたちでなされる。「バッカス的熱狂のなかで、自己自身は自己の外にある」[*30]。

「いまここにあるそのままの人格」[*31]の余地を残しておくべく、役者は仮面を付ける。個体としての、自己としてのみずからを消す。自分以外の人間を受け入れ演じるには、誰であってもならないのだ。語りはじめるその瞬間に自分のなかにひきこもっていたとすれば、どうやって自分自身のものとは違う人格を具現することができるというのか？　その脱人格化の様式は、ニーチェがバッカス的ないしデュオニソス的な、と呼ぶことになるものである。おそらく、自己同一性を失い、自分に憑依する《他者》、そして自分が性的享楽という形で具現する《他者》に向かって開かれる、というところにまで至るはずだ。自分がほんとうにそうではないものになろうとするためには、《神》に、宇宙的な力におのれの声を貸し与えるためには、おのれを滅し、空にしなければならない。それが芸術家の深い放心であり、演技者のパラドクスである。これについてはディドロがすでに指摘していたが、才能がある演技者ほど、人格の特徴を演じないものだ、ということがそこでは意味されている。いつの時代にも、役者たちに取り憑いているのは狂気なのだ。[*32]

吟遊詩人、あるいは歌手はおのれの歌の内容に吸い込まれるように姿を消す。重要なのはかれら自身のことでもなければ、かれら自身の考えでもなく、発声器官でさえもない。それは姿を消し、恍惚に歪みその強度を高めていくなかでおのれを否定する。こんにちのオペラ歌手はいまなおそれを見せてくれる。ワーグナー(のちに敵対することになるが)に献呈された『悲劇の誕生』のなかでニーチェが理解することになるものがそのままここにはある。発声器官の能力を超えて達するのが歌というものである。やり過ぎたり、大げさすぎたりすれば、滑稽に転落するまであと一歩だが、そうならないようにするのが才能というものだ。そこでは、声を超えたところで響く高音や低音が聞こえるのである。それはどこか非人間的なものにも、つまりは神的なものにも似ている。歌声はいっさいの悟性を超えており、それゆえ語りであることさえもやめる。本当の意味で神々の掟に取って代わるアンティゴネーを真似るかのように、その歌声が具現する効果を求めて限界まで発せられた女声の場合が特にそうだ。

悲劇が喜劇に転じるポイントは、この歪みのなかに働いている。喜劇は悲劇の内部に住み着いている。おのれの姿形を変える――「自己」によって《他者》を捉え、仮面を手に入れる――というのはなかなか難しいもので、そのため役者は自分をデフォルメする羽目になってしまい、こうなると喜劇へと転がり落ちてしまう。役者から役者を超えたものへと、しかめ面から神へとにたどり着くまでに超えてきた距離に対する意識を強調するのが喜劇である。それは笑いというかたちをとった、自己の裂け目である。ここにあるのは悦びに満ちた笑い、悦ばしき知ではない。演技者と演技者が具現する力とのあいだに開きがあることが演じられているのである。あるいは断片化してしまったことによる不吉な傷のようなものと言ってもいい。それがアポロンの形姿（美と善）をそのままの姿で表すことに取って代わったのだ。それが喜劇役者の犯罪である！　喜劇とは仮面が、神的なものの本質によって突き動かされていたという確信とともに剝がれ落ちる瞬間に相当する。「劇中では神的なものの本質性という役を演じることになっていた皮相な個体性」が失われるやいなや「そうした本質性は、その自然な側で言えば、もはや自分たちのむき出しの直接的な現実存在しかもっていないことになる。これらの本質性は、この劇中にあるものとまったく同じように裸であり、消え去っていく霞なのである」[*33]。剝がれた仮面という光景のなかに、美と善を直接に理解できたとわれわれに思い込ませていた幻影も消えていき、こうしていまここにあるものが身を引いてしまうと、われわれは空虚の前に置き去りにされることになってしまう。

役者はひとり裸のまま舞台に残され、役者本人として、普通の人間として眺められることになる。その理想像を失い、自分自身の笑い以外何一つ見せるものはない。自分が無に等しいものになったことを演じるべく、そしてこの茶番によって「神自身は死んだ」ということを立証すべく、舞台の上にぽつんと一人きりで置いていかれてしまい、そのことに仰天する羽目になるわけだ。それ以降、大事なのはただただ客席、観客のリアクションであって、役者が具現すべきであった《精神》ではない。伝染する笑いが、ついで皮肉な笑いが、こうして劇場で具現化されるべき《神々》などもはや持たない舞台から生まれることもある、というわけだ。喜劇的であると暴露されたのは役者だけではない。笑うことを強いられ、どうでもいいことに拍手する観客もまたそうなのである。劇場の枠を超えてテレビやマスコミで取り上げられることで、笑いは社会全体を征服する。だがその社会とは、つまらない価値観と、どうでもいいような興味関心を決定的瞬間であるかのように見せびらかす、そんな社会である。金銭、バッジやメダル（この時代の直後、マルクスはフェティッシュについて語ることになるだろう）、名誉や栄誉は、明らかな偽物のなかから真の象徴のような顔をして登場するが、他方ではどんな中身でも「善」や「美」といった空虚な言葉で満たされるようになる。どうみても喜劇的な英雄が殿堂入りすることになれば、それに続いて各人は自分をこの世の光であり絶対的自我であると捉えるようになる。そんな時代では、どんな見世物であれ文化の印となるのだ。

神は死んだ

芸術の運動はこうして、その姿を取り戻した一つの実体のなかに具現される主体を明らかにする。そしてそれを明確にすることで、「生成－神的本質を持つ人間」という二項を連動させる。この本質は寺院の外へと向かい姿を消していくことになる。それが向かう先は、街の皮肉っぽい軽薄さだ。そしてこういった孤独な個体性のなかで「絶対的本質なのは自分自身である」[*34] ことが発見されるのである。ここでは、聖なるものが冒瀆されている。というのも、この決め台詞は宗教領域からではなく、「各人すべて」から発せられたものだからだ。そしてそれを口にした当の各人たるや、まるで「低い方の音に合わせた」[35]とでも言うかのように、芸術などの自分の隠れ家の外部にあるものにおのれの本質を宿すことになっているからだ。こうしてもっともありふれた実体へと姿を消していくが故に、《精神》はその高貴さを失い、惨めな最下層のレベルへと格下げされる。この状態を笑う喜劇の《精神》は、自分の持っているものの意味の重さをあざ笑い、そして公的空間からの神の喪失をもあざ笑う。この喜劇的意識は、無頓着な現状に満足しきっているために、アゴラによって《神々》が吸収されてしまったことから生まれるドラマをまだ実感していない。この喪失の悲劇を知らず、《神》の死をかくも安易に口にするこの決め台詞の重さを知らない。ニーチェは、あざけりの声に押しつぶされてしまったこの出来事の重要性を把握していなかった者をからかうこの笑いのことを憶えていることだろう。意識がこの不幸を見つけ出すこと、喪のメランコリックな主張が表舞台に立ち、捨てられたという思いが「不幸な意識」を通じて生じることが必要である。この「不幸な意識」とは、「自己確信のなかにあったすべての本質性の喪失」をあらわに示している。笑い、そして群れることにみずからの力を垣間見た群衆に続いて、「神は死んだという過酷な定式のなかに表現された痛み」[36]が続く。

ヘーゲルはこのすさまじい、えぐり取るような動きを取り上げる。それは《歴史》全体のなかに本物の亀裂を穿つものであり、それによって《歴史》は大きなダメージを受けている。かれはことのほかインスピレーションに富んだあるテクストのなかで、その亀裂に光を当てている。これは典礼風のトーンで語られた、『ツァラトゥストラはかく語りき』における「《神》の死」の宣告の好敵手であろう。『精神現象学』においてもその犯罪計画のなかに織り込まれている――不当にもその手法は忘れ去られてしまったが――このヘーゲルの宣言の抜粋には、まるごと引用するだけの価値がある。「人倫と宗教の世界は［…］こうして喜劇的意識へと陥ってしまう。そして不幸な意識とは、この喪失全体についての知である。この意識にとっては、その直接的な人格のそれ自体としての価値も、思惟された人格性の価値もまたひとしく失われてしまう。神の永遠の掟への信頼も損なわれ、特殊なものについて教える神託もまた同様である。彫像はいまや、生気をもたらすはずの魂の逃げ去った死体であり、頌歌はもはや信仰などすっかり消え失せた言葉の連なりでしかない。神々の饗宴の食卓には魂を潤し養うものの影もなく、祭りや遊びといった本質と自己との悦ばしき統一のなかにも、意識はもはや戻らない。芸術の女神たちの作品からは、精神の力が失われる。精神にとって自己意識とは、神々と人間を制圧することで芽生えるものだったからである。それゆえ、これ以降作品はわれわれにとっての作品となる。友誼あふれる運命の女神はわれわれに木からもがれた美しい果実を、ちょうど若い娘がわれわれにその果実を見せるように贈ってくれたものだった。しかし、そのいまここにあるものの実際の生も、それを実らせるはずの木もこれからは存在しない。大地も、その実体を構成する四大元素も、そのかたちを決める風土も、その生成過程をつかさどる移り変わる季節さえも存在しない。かくしてそれゆえ、運命の女神はわれわれに［…］それが花咲き実を結ぶ季節たる人倫的生の春も夏も与えてはくれない。与えられるのはただその現実のぼんやりとした思い出だけだ。だからこそ、その作品を享受するわれわれが行っているのは、かれらの手にあってわれわれの意識を満たす完全な真理をわれわれの意識に届けてくれる神的なものへと奉仕する、といったたぐいの行いではなくなったのである。たとえば果実の上の雨粒や細かい埃を拭き取るような外的な行いであり、内的要素の代わりに［…］死んだ諸要素、そのいま外的なかたちでそこにあるもの、言語、歴史的なもの等々を膨大に積み重ねるのだ[*37]」。

こうして残されたのは、サイズごとに分けられ磨きあげられたリンゴでしかない。その意味や産地は削除され、どこの枝にくっついているわけでもなし、何かの風味や精神的内実があるわけでもなし、たんに陳列されているだけで、その横に並ぶ食料品にしても、本質に従って並べられているわけでもない。それを分け合うわけでなし、一緒に食べるでなし、埃を払ってくれる売り子の女子をミューズと間違えてしまうような精神的な高揚があるわけでもない。パンテオンと比べてみたという隠喩があるばかりである。美術館を芸術のスーパーマーケットになぞらえるのは無理である。美術館が陳列するのは、《精神》の運動や経路を保存している作品である。展示会、あるいはこのあと開かれることになる万国博覧会からは目に見える意味は失われており、それを目の当たりにした人びとも、せいぜい事物のなかに残された《精神》の痕跡、足跡に愛着するくらいのことしかしない。《神》の死を確認してもなお、不幸な意識はその生き生きとした思い出をはぐくみ、そのためにたとえば萎びた植物標本とよく似た、聖遺物やそのたぐいすなわち「死んだ諸要素の膨大な積み重ね」が並ぶ寺院を再び訪れたりする。その陳列のなかには、キリスト教の地下墓地のなかのように、われわれのために死んだ《神》の意味が保存されているわけだ。時代はさまよい、そうこうするうちに起源に戻ろうということで、この当時誕生間もない考古学および文献学に熱中するようになる。たしかに喪失がある。しかしこの喪失が遺した物もある。それが喪失の記念碑的性格でもあり、それらは墓碑や石碑というかたちで建立される。その数は無数であり、思い出のなかに、あるいはこういった芸術形象の内部に保存されている。超越的なものをことごとく崩壊させた喜劇的笑いのあとには、新たなかたちの過去理解が生まれ、そして近代のメランコリーはノスタルジーへと肯定的に姿を変える。「これらの芸術作品をわれわれに展示するのは運命の精神である。この精神は民族の倫理的生や現実的な生以上のものである。というのも、それはこうした作品のなかにいまなお外化されている精神の思い出、あるいは内在化だからである――それは悲劇的運命の精神である。それは個人としての神々やその実体の属性をすべて寄せ集め、精神としての自己を意識する精神という唯一のパンテオンに収蔵する」[*38]。本質は質料へと、芸術の実体性へと落ち込み、そしてその中に疎外され、死んだ石へと固化するにいたる。「自己」がおのれを思い出し、本質へとおのれを高め、そしてその逆の経路に思いを馳せる必要がある。つまり、神的なものへとみずからを引き上げていく不幸な意識という経路だ。神は失墜し、そして作品の質料のなかにその余震を残しているが、これ以降はそれとは逆方向への運動、すなわち神へと上昇していく人間の運動によって二重化することになる。人間が「《神》への生成」を果たすといってもよい。ここではもはや、芸術作品のなかでそうであるように、《神》が「人間への生成」を果たすだけではないのである。

人間－《神》、あるいは弁証法とは何か？

芸術と宗教のあいだにヘーゲルが紡いだ絆、あるいはある一つの「現象学」というプログラムに宗教を加えたこと、それらは、神学でこれまで言われてきたことを完全に変容させたという意味で注目すべき事柄である。神学によれば、《神》はおのれの統一性の背後に身を隠していることになっている。カフカの『城』にあるように、近づきがたい城を囲む壁のなかに身を隠すような格好になっているわけだ。否定性は否定神学の意味をもはや持たない。否定神学では、われわれが《神》の現前へと近づけるようにしてくれるものは何もないことになっている。いかなる跡も、いかなる記号も、《神》を表現するに値するものではないからである。逆に否定性が意味するのは、《神》が《一者》としての自分自身を否定することによって、そしてそのことによって感覚的所与を、つまりあまりにアポロン的な美の諸形姿を破綻させることで、永遠の隠遁生活の境界線から抜け出す、ということだ。おのれの隠遁をかくのごとく否定することで、人間が持っていた《神》へのアプローチはその射程を伸ばし、《神》が自分自身について抱いているヴィジョンにまで続いていくものとなる。ここでは、《神》はみずからを拡散させることでその進むべき道を誤り、悪の拡大にまで身を落とす。そして、ことは人間の目と神の目は同じ基層のうえで開いているかに思われる、というところにまで至る。あたかも人間なしには《神》は自分自身の知にたどり着けないかのようであり、《神》なしには人間は、その人間的な、あまりに人間的な人間性を超えていくことができないかのようである。

人間なしには、《神》は無であろう。しかし《神》なしでは、人間は人間でしかあるまい。ヘーゲルはニーチェのそれにもなぞらえられるような身振りによって、人間の超克を主張する。それを、たとえばフォイエルバッハの人間主義と同列に置くことはできない。きわめて基礎的な価値しかもたないという意味で有限であり、ひからびたプラグマティズムという偏狭な価値論に閉じ込められているが、それでも人間は一つの欲望を経験する。そしてその欲望の終わりに、人間は自分自身に対して超克されるべき一個の存在として自らを現すのである。欲望の故に、単なる有機体としての生の道を踏み外し、芸術そして哲学という非有機的なものを目指すことになる。このことは、いっさいの限界を乗り越えようという欲望として、精神の奥底から発出するのである。『精神現象学』は絶対に人間主義と混同されるものではない。ヘーゲルはいまここにあるものという言葉を使ってわれわれを教え導いたが、ここで言ういまここにあるものもまた、人間の自由に還元されるものではない。人間の大言壮語の喜劇にとどまること、ただの快適さと有用性への配慮や、富があれば手に入る直接的幸福ないしは自己確信へとおとしめられること、こういったものはおそらく消えることのない痛みであろう。たしかにヘーゲルは神を実体という汚辱のなかに放置することを拒み、またスピノザの体系とは逆に実体とは「自我」や「主体」に生成するべきものとしているが、しかしヘーゲルの哲学は人間学ではない。

ヘーゲルの《神》は個人としての生へと足を踏み入れる。ただし、ここでの個人とは、小説で「登場人物」と言われるような者である。つまり、自己を超えていくことができる者、おのれを忘れて他人になることができる者、欲求にがんじがらめに縛られている諸制約を取り払ってしまうことができる者である。そして、われわれから発する欲望、自己にあって自己の外にある欲望、あるいは、もっとも若くして世に出たフランスの詩人が見出すことになる表現を翻案して言えば「他人のような自己自身」の欲望を招き寄せることのできる者である。人間はある登場人物を介して、一つの概念がくくりつけられた別の人物になる。この人物の生は著者の生よりも過酷なものだ。それはその生が、舞台や小説そして芸術のスクリーンといったものをさらに超えたところへと移り住まう生だからである。神を人間へと還元し、そうすることで人間を万物の中心に据えるというのは不可能なのだ。ヘーゲルが『精神現象学』の終結部でそのポートレートを描く「人間－《神》」は、神が喜劇的な笑いのせいで息が詰まって死んで消えてしまったあとに神の場に置かれたニヒリズムの人間ではない。ヘーゲルの哲学がその歩みの終わりにわれわれに示す絶対《精神》は、道徳意識の限界を破壊するがゆえに絶対なのである。この道徳意識が高貴であろうが人倫をよりどころにしていようが、それは関係ない。この過剰さは、悪や罪、放埒といった名を持つ。それを、意図の壮大さがあり得ないほどの広がりを見せた結果、額縁が吹き飛ばされてしまった作品の持つ崇高さになぞらえてもよかろう。人間と《神》の出会いはすべての規範、すべての価値を吹き飛ばす。それがすでに、神的なものと人間との生きた統一へと達する頌歌の高揚から聞こえてきている、というのもありうることだ。この統一のなかでは何一つもとのままではありえない。それはヘーゲルにとっては、弁証法という名をもつ運動の統一でもある。それはジル・ドゥルーズの示唆的な表現を借りて言えば、それが行われたあとには両者ともどもが脱領土化されるような交換、ということなのだ。もっともその概念は、人間主義よりも冗長、あるいはリゾーム的であるが。[*39]

弁証法とはたんなる普遍的「実体」と個別特異的「主体」の平和的な統合を意味するわけではない。それはヘルダーリンが「怪物的つがい」という語を通じて考えたに違いない騒乱と同じなのである。それはつまり、同じ亀裂に根を張っている両者がたがいにたがいを流用し合うことであり、絶対精神は互いに何の共通点も持たないその両者が交わるそれぞれの接点の様相を変じさせないようにしつつも結びあわされた両者全体を完成させることをその務めとする。ヘーゲルにとって、キリストは一つの顔を持っている。それは絶対者という形象だ。これについてわれわれはすでに軽く触れてはいる。しかし今回は人間という他者に生成し、またこの世界に復活する際にこの形象が被る変容のすべてがわれわれに提示される。キリストは、ある意味でヘーゲル当人なのだ！　しかしヘーゲル当人といっても、それは『現象学』が「人間たち－《神々》」のなかで、その心構えができた者たちすべてを変容させる弁証法の犯罪計画を組み立てている、という意味でのヘーゲルである。それは一八八〇年に出版された『体系と断片』の一節が指摘しているとおりだ。「一人の人間は、すべての要素とは違うものであり、個体的生の無限性はかれとは無縁であるときにのみ、一人の個体的生たりうる。生の全体性が分割されてはじめて、ひとは存在しうる。ひとはその一部であり、残りは他人のものである。しかし、ひとが存在するのは、自分がなにかの一部などではない、自分から切り離されたものは何一つないというときのみである」[*40]。近代民主主義や平等主義的規範によって均質化作用を被る平凡な人間の偏狭なヴィジョンに縛られたままでいることはできない。人間はどこの一部分でもない。全体とは、人間の日には見知らぬ奇妙なもののように映る。しかし人間は、この外部を自分と分離していないものとして考えることを引き受けるのだ。この外部が垣間見られるのは、強風のなかにおいて、一つの変容へとその外部を押しやっていくことのできるすきまから吹き抜ける風のなかにおいてである。その変容は一つの統一体であるが、しかしそれが統一されているのはただ絶対的な多様性ないし無限の裂傷によってのみである。弁証法 *dialectique* はそれゆえ、二つであること、分離、同一ではないものへと続く自己に開いた穴の手がかりである。それゆえ人間は哲学者として新しい人生をはじめることになるのだ。

人間の死

復活は人間の死へ通じている。しかし、同時に神の死へも通じている。それによって一つの存在、一つの思惟が、人間の彼岸かつ神的なものの超越性の此岸へとその位置を向上させられることとなった。当初は宗教的なものであったこのカテゴリーで問題になっているものは、未だかつてない一つの生の誕生と死に関係している。その生は決して人間学的な型にはめられるものではない。むしろ一つの冒険、《概念》に属する一つの犯罪計画というかたちをとる。人間の彼岸の生は存在するのか？　人間なくして継続し進展する思惟の生は存在するのだろうか？　だとするとそれは、デジタル画像処理を行うハードディスク上で起こっていることにも似た、いくぶんかエクリチュールのような、つまり独りでにページがめくれみずからを語り、その続きを展開することもできる書物に記録された観念のようなかたちをとるものだろうか？[*41]　《概念》は特殊な個人に密着した主体的現実に留まってはいない。葛藤に、運動に呼応するものである。ヘーゲルを読むハイデッガーはそれを《現存在》と形容することになろう。もはや動物の生や、いわんや人間という有機体の生とは違い、みずからを客体化する様式を見出し、また技術によってそれを永遠化のものとすることをも見出した生を通じて、その息吹に満たされて現前する一つの存在である。この精神化された機械内部への精神の吸収がどのようなかたちのものであれ、人間は《概念》のエクリチュールのなかでおのれを超克することで一つの意味へとアプローチしていく。それを読み解くのはたやすくはないが、しかし『精神現象学』の終結部はその一つの意味、一つの記憶を解明しようと試みている。その解説の速度はますます増していき、悟性の力や、あるいは感性、はては純粋洞察といった人間に自然な資質の能力を借りることはいっそう少なくなっていく。

ヘーゲルの犯罪計画は論理という装置へと仕上げられていく、と言うかもしれない。思惟の理解へ向けてと言ってもいい。ここで用いられる考え方は、もはや人間に依存したものではない。むしろ自分自身のやり方でみずからを提示し、生の彼岸の生へと神経を張り巡らせる《概念》に依拠した非人称的な語りの様式を創造することを主張するものである。その生は脳のものでも有機的なものでもない、「マシニック」な生である。紙や、あるいはその他の、たとえばこの書の最後で語られる聖杯の金のような媒体の生であってもいい。主体——完全に存続する実体へと組み込まれている——はもはや、カントやフィヒテの主観性とは完全に比較不可能だ。芸術と宗教という経路も、それ自体乗り越えられてしまうのはこうしたわけだ。そうした展示様式はまだ距離の秩序に従っている、つまり、表‐象（*vorstellung*）という乗り越えられない距離に従って機能しているからだ。哲学はあらたな様式の概念化として思惟されねばならない。ただしここでいう概念化の内容は生の外にあるものでも、あるいは生の外に置かれたものでもない。しかし、それでもやはり自然な感覚図式や、あるいは対象を擬人化してアプローチする信仰の諸形態を通じてでは接近可能にはならない。ドイツ観念論——信仰も人間もあまりに簡単に認めてしまう——のいっさいから解放されたヴィジョン、ヘーゲルが目指したのはそれであった。そのためにかれは文学的な手法を、あるいは文字通りに循環運動と化しておのれのなかに包み込まれる概念を提示する手法を用いたのである。かれはこの概念という神経回路の展開のなかに、ごくごく密やかにわれわれを巻き込んでいく。そしてその概念がわれわれに「死んで消えた神人、あるいは人《神》は、それ自身普遍的自己意識である」[*42]ことを明らかにする。意識は死を免れ、われわれから、われわれが経験した諸契機からおのれを切り離すことでおのれ自身を作り出す。それは普遍的自己意識であり、人間主義の向上とはいっさいの共通点を持っていない。自己超克に、あるいは無化に触れる悦びと共通点を持つのである。ここにあるのは否定であり、それが死の試練に直面し、そのなかでしっかりと身を固めることで、《存在》と《思惟》の超‐人的な概念形成を機能させることができるのである。この死をヘーゲルが理解することができるようになったのは「啓示宗教」のおかげである。死は主人を前にした奴隷の不安が表している死ではない。聖書のなかで述べられ記された、人間の域を超えた肯定によって絶対的な勇気を見せたキリストが直面した死である。聖書とは、ここでは無限の図書館として理解されたものであり、それはただの紙片を超えて、沸き立つ生気に満ちた名も知れぬ実体のなかに吸収される可能性をもっている。

おのれの人間性を失う、ということは、いまだ事物の有機的生のなかに囚われ生を失うことを怖れ、かくしておのれの有限性の意識を通じていまここにあることへの執着を見出す奴隷のそれよりも上位のプロセスに属する事柄だ。製造された対象や所有地の手入れにばかりすぐに目がいくような、現実に放り込まれた下僕に似つかわしいやり方とは違うかたちで保たれた超然たる人物像が、ここで告げられている。宗教がわれわれに提供するのは、はるかに抵抗力のある実体である。それは、労働のなかで乗り越えられる奴隷としての身分とはまた違ったものだ。その死は再生の告知であり、われわれはそれを、変容や有機体の生存へ向かうものとは違ったまったく新しい欲望に沿って、誰も見たことのない聖体の秘跡のなかに把握するよう努めねばならない。それはつまり、《精神》はその歴史のなかでの苦難を通じて真の《自己形成》(***Bildung***)、イメージ化(*Bild, Bilder*)を発見したということである。その表現形態は、富の非物質化された流れから、芸術や《国家》のパンテオンを保護するに至って、よりいっそう繊細なものになる。客体的精神はわれわれに、有機体のそれとは違う生の様式を教える。その様式については、われわれはこんにちでは芸術以上にそのテクノロジー的側面を、あるいは一つの永遠性を考察せねばならないかもしれない。たとえば十九世紀初頭のシェリングによる、心霊主義に由来する霊魂や媒体の研究によって口火を切られたようなものを、である。キリストの生涯とその復活でヘーゲルの関心を引いたのは、それが保護の場、あるいはいまここにあることを超えた存続の場となる《概念》のなかに滑り込むことに成功したということである。そしてゲーテは、イメージの持続についての学識あふれる考察の際にそれと同じやり方を用いたのだった。これに関しては、イメージがどのようにその死後の生を得るのかについてすぐに説明する機会があろう。《精神》をこのようにその概念形成のホルマリンに漬け込んでしまうこと、それこそわれわれが、ヘーゲルの発想の閃きに倣って犯罪計画のなかに組み込まねばならない事柄である。そのリズムは、もはや悟性でも信仰でさえもない、完全に哲学に属する文体によっていよいよ加速する。絶対速度を、この禁じられた領域を超える前に、われわれはいま一度キリストの刑場となるゴルゴダの丘を越えねばならない。それを通じて、宗教に対する考察が完成されるからだ。

《概念》は到来するものを指し示し、そして表象の固定された意味を変えることを可能にする。それは《神》の死のなかへの「神的本質の自発的疎外の到来」であり、「死によって生み出された［…］人間への‐生成」である。この変容のもとに、そしてこの人間的意識の死によって、自我の形態は流動化し、「霊的復活、あるいはその普遍的［…］自己意識［のもとへ］の生成」[*43]へと開かれていく。死はたんに終末としてのみ思い描かれるべきものではない。むしろ死が否定しているものの変容、つまり死の死として思い描かれるべきであり、あるいは持続するものないしいまここにあることの持続（持続性persistence）を考える術を知った者のために死を死なせることとして思い描かれるべきである。それゆえ人間は別の生に、ある種の刻印をしるすことで自己を維持することができる精神の生に、その場を譲って、神と同時に死なねばならない。そしてそれをヘーゲルは次第に明らかにしていく。「死はこの自然の意味作用を、精神的自己意識のなかで失ってしまう。あるいはもっと言えば、自己自身の概念になるのである［…］。死は変容し、それが直接的に意味していたもの、つまり個別の個体の非‐存在から、共同体のなかに生き、その中で日々死んでは復活する精神の普遍性へと移行する」[*44]。

ここで死んだのは、おのれの自然的生に囚われた一個の存在の特殊性に過ぎない。そしてこれ以降、そうした特殊性の記憶を保持することのできるあらゆる非自然的な可能性がその前に生じることになる。ある意味では、《概念》がある種のハードディスクないし仮想的な記録領域に存続しているわけである。その構成を描き出すには、おのれの犯罪計画を決意したその段階で、一つのスタイル、モンタージュ、そしてナレーションを発明するしか手立てはない。その計画についての真の学など存在しない。ただゲーテが予告していたような光学論、そしてイメージの持続性の諸特徴について再読するしかない。シェリングの熱中した磁気学的実験については言うまでもない。回帰する者すなわち幽霊について実験するというのは、生を新たに甦らせようとすることである。それゆえ、それも犯罪計画のなかに組み込まれる。この意味で、復活するのは新しい一つの生であり、死者がその身にまとって休らうある種の経帷子であり、身体や魂のそれとは見まごう余地もない飛翔する生である。こうした記録によって自己自身についての意識となった《精神》の轍が、質料そのものに刻まれた微細な溝から浮かび上がってくる。死後の生は、芸術表象のなかにも、信仰される巨像のなかにもない。おのれ自身を知り、一つの原盤のなかに（循環する百科全書 *Encyclopédie*）実体化できるようになった共同体の記憶のなかにある。ヘーゲルはそれについての具体例を目にしてはいないが、しかし、動くイメージの誕生によって、とくに一八二九年のファラデーの車輪の発明によって理解の及ぶものとなったはずである。だがそれも、可視的なものについてのゲーテの研究や、幽霊、そしてかれらの死後の生についてのシェリング[*45]がすでに触れていたような諸実験と無縁というわけではない……。

犯罪と概念

この哲学の犯罪計画が完成されるのは、その始まりと同じように、真理はすでにそこにある、事物のなかにある、という直接的確信によってである。ただしその条件となるのは、問題の事物とは単に外部に置かれただけのもの――この一欠片の塩、その頭蓋骨やあの法則――ではなく、実はそれがすでに個別特異的な、有限な、しかし死のおかげでその限界を超えるまでに拡大された個人としてのわれわれの身体であった、ということだ。死につつあり、そしてまたほかでもないこの世界の一部をなす新たな姿で再生しつつある人間のなかで、神は死ぬ。この認識のもとに、身体に刻印を、印を、彫琢を残す一つの歴史全体の冒険が浮かび上がる。それは自己のエクリチュール、一つの伝記の記録にも似たものだ。それが生まれるのは、聖骸衣に包まれた姿で啓示されるキリストという遙か昔の人物像を通じてのみならず、またわれわれ一人ひとりの肌に直接に刻まれたロゴスを通じてでもあるのだ。肌は傷をあらわにし、そしてこの冒険の姿を明らかにする。それは永遠の星座のようでもあれば、ヘーゲルの言葉を借りればゴルゴダの丘のようでもあり、あるいは翻訳者の表現を借りれば「納骨堂」にも似ている[*46]。肉の断片と切れ端で作られたこの納骨堂は、その肉体が無化され寸断された証しを営々と保持し続けており、そこにはとめどなくその思い出を浮かび上がらせる者たちのイメージが現れている。

《歴史》は人間の経験の残骸のなかに読み取られるものであり、そしてこの《歴史》がそれを意識することができるのは、われわれ読者の溯及的なまなざしを通じてである。ここでは読者とは、ただ唯一の資料、すなわち『精神現象学』のなかに記されたその残余を編纂し直す者たちでもある。われわれ読者は、この物語の口火を切った感覚的確信と、この物語を完結させる自己確信とのあいだで、みずからを啓示する時間を必要とする一つの真理に、一つの絶対者に触れる。永遠のものとなるには、一つの個別特異的なやり方がある。永遠性は、それぞれの出来事の偶然の彷徨によってわれわれのもとに到達するのだ。永遠性それ自体は時間のなかに生じる。つまり、自分自身を明確に啓示するに至る一つの伝記がゆるやかに進行するさなかに生じる。キリストの死に様は明らかに偶然のなせるわざだった。ヘーゲルが一八〇七年にかれの『現象学』を執筆したのも偶然のなせるわざである。イエスの死の偶然性のなかに、あるいは必然のものとは言えぬ一冊の書に孕まれた不確定性のなかに、いかにしておずおずと現れはじめた精神の一連の諸形象が、おのれの真理を見出した一つの構造に従って形づくられていくかが明らかにされる。

出来事は死なねばならず、《歴史》は「いまここにあることを捨てて、その形象を思い出に残す」ことを経験せねばならなかった。「いまここにあるものは消滅しこの夜の闇のなかに保存される。いまここにあるものは廃棄され、除去され脇に追いやられるが［…］それが新たにいまここにあるものとしての精神、新たな世界そして新たな姿となる。そしてその姿のまま、無邪気に、またはじめからやり直さねばならないのである」[*47]。無邪気さとは、疑いを差し挟む余地もなければ失われる余地もないままであり続ける、ということを意味している。出来事の痕跡のなかに、暗室の闇の中に、もっとも繊細なものを抑留しているある種の絵画、静物画ないし写真処理がある。このいつとも知れぬ時の流れに浮かんでは消えた諸々の絵画を並べ重ね合わせる《歴史》の収集ないしツアーを通じてそれをやり直すことは可能であり、その可能性を利してそれらに再び手を入れ、そして読み直すことがここでは問題なのだ。存在は死なねばならず、消滅せねばならない。そうすることで、存在からその形象を剝ぎ取り、そのデスマスクを取り去り、自然な「ここ」そして「いま」を引き離すことができるからだ。この切断ないし除去が可能になるとすればそれはただ、この世に到来したはいいがおのれを保持するためには捨て去られねばならぬもの、瞬間というあまりの短さに囚われたもの、こういったものが失われ無化されるからだ、とも思われる。

この無化が果たされたのち、残りが、残余が生じる。あるいは概念が浮かび上がらせたものが死んだまさにそのときに、その概念を生き生きと保持するべく撮影が行われた、と言ってもいい。死がなければ、われわれのイメージあるいは本質が描いている輪郭を静止状態で切り取ったものが純粋にそれだけでわれわれから分離していくことなどあり得ないだろう。われわれの概念は、経験的生から生じるものでもないが、同時にまたそこから解放されることもない。もしキリストが三十路を越え、家庭など築き、娘や息子の一人ももっていたとしたら、そして歳とともに老い、あるいは周りの厄介者になる、などということになっていたら、キリストはキリストたりえなかったろう……。持続的な意味、永遠の本質を具現するには、存在は無化されねばならないのだ。ここに、ヘーゲルの定式の意味がある。それによれば、概念を通じたアプローチはいかなるものであれ殺害と読み替えられるのだ。このアプローチでは、このアプローチを通じて概念の内部に吸収されたものが消滅していることが求められている。そして最終的には「自己意識はしだいに豊かになり、意識からすべての実体から引き抜いて、その本質性の構築全体を吸収し統合してしまうにいたる」[*48]。『精神現象学』はこの殺害の撮影ないし直接的痕跡の集合であり、神の殺害も人の殺害も含めその記録がそこには保存されている。絶対知はこうした犯罪の手がかりを、諸々の関係に従って再配列したものに過ぎない。だがその関係には、どうしても避けられぬ部分、すなわち「概念的に理解される配列」[*49]があることを、ヘーゲルは読者ともども感じ取っている。つまり、たとえそれぞれの絵画は明らかに偶然的な性格を保っているとしても、そこにはてこでも動こうとしないこの操作の痕跡が残っていることを感じ取っているのである。一つの契機が過ぎたのち、おそろしいほどばかげた殺人――常軌を逸した磔刑――が必然のものとして現れてくる。だがそれには、その殺人がいついかなる時代とも関連づけられるものでなければならない。それは個人によって望まれた殺人と言ってもいい。いまやこの個人は、おのれを理解し、そして永遠性の表紙に、死後の生の結晶格子のなかに、そこに包まれたものをいつまでも保存している蜘蛛の巣に、おのれの姿を書き込むことができるようになっている。

絶対知

時間のなかの出来事の永遠性に気づくという経験は、絶対的真理へと通じるものである。もちろん、それは数学の真理とは非常に異なっているかもしれないが。「真とはバッカス的な錯乱であり、その場で酩酊していないものはただ一人としていない。［…］というのも、その場から離れたところで結局すぐに同じようにつぶれてしまうからである」[*50]。

この酩酊を通じて、哲学は高次のヴィジョンへと導かれる。哲学は死するとき、つまり酔ってそのアポロン的な輪郭を失い《絶対者》へと開かれるとき、それぞれの個別特異性のなかで行われる交換によって、デュオニソス的なものになる。いくつもの自己イメージが失われ、漂流し、そして《存在》へと投げ込まれる。だが《存在》は精神という仮想的な聖杯のなかに、輝くホルマリンの泡のなかに保存された危険きわまりないその痕跡を取り戻すことができる。われわれのポーズをいちいち保存しているフィルムをただ回してやればいい、循環させてやればそれで、この見知らぬ国へ通じる妄想を通じて声高らかに思惟する《存在》というディスクを再放送することができるのだ。一つの次元、そして質料へと神経回路を張り巡らせる心的風景がそこに幕を開ける！「この王国は即自的にいまここにありまた対自的にもいまここにある真理の王国であり、[…]。またこうも言えるだろう、その内容は、自然と有限な精神の創造を果たす前の、その永遠の本質のなかにある《神》のヴィジョンであると」[*51]。こうしてひとは、ヘーゲルは普遍そのものの浮遊するヴィジョンをいまさら取り上げるようになったのか、という感覚を抱く。そしてそこに身体を与え、天地創造をなぞる思惟を展開することでこの普遍は《神》となる。その思惟は人間から遊離したものだが、しかし人間を通じて、思惟はその個別特異性を、その声を、そのエクリチュールを発見することになる。

『精神現象学』は何度も再演され再聴取される。こうして、その結末から再度開始されるという希有な書の一つとなっている。この書はおのれのなかにおのれを含み、おのれ自身の行程をなぞりながらも、その行程には世界の記憶が改めて書き込まれる。その行程はもはやたんに経験された出来事のなかだけではなく、出来事の記憶のなかにも、その印や徴のなかにもある。そしていまやそれらはその記された場を変えることもできるものとなっている。そう、書物とは世界を飲み込んでいるのだ。書物は酔いどれ船であり、開かれてページを割り振られた紙片がその酔いどれ船を表している。ちょうど、黄ばんだ染みの数だけ出来事が書き込まれている吸い取り紙のようなものだ。[*52] 精神は凝縮し、世界の《歴史》の隅々にまで行き渡るこの印刷物のなかで一つの事物となる。そしてこの印刷物の表面がその記録面となるわけだ。アルチュール・ランボーが語った紙で折った船。このとき、かれの詩は普遍を漂流し、そして無限のヴィジョンを飲み込み、旅した空間の痕跡を抑留する素材のなかにそれを吸収していく。どれだけの死者がこの経帷子のなかに隠れ住んでいることだろう？ 詩の漂流を通して語るのはいかなる精神か？ いかなる声がそれを声高らかに朗読するのだろう？ それは、絶対者の声、すなわち時代のデータを記録する地震計やあるいは黄金の聖杯に刻まれ、再書き込み可能なサイクルのなかを自分自身を追いかけるように回転するレコード溝の声に他ならないのではあるまいか？ その上にはさまざまなラインが描かれる。それはまるで、吸水性の紙で折った舟を浮かべるこの子どものために描かれたかのようである。『現象学』を完成させる絶対知はランボーの詩に、《書物》によって組み立てられた船に似ている。[*53] そこには、その紙片に圧縮された場所や土地がしみこんでいる。そこから排出されたもの、あるいはそこについた傷が、きわめて凝縮された痕跡でできた一つのエクリチュールのなかで錯綜するのだ。

わたしは連なる星々を見た！ そして島を

その狂った空は船乗りに道を空けている
——この底の見えない夜のなかに、お前は眠り、ひきこもるのか
百万の金色の鳥たちよ、おお、未来の船乗りよ？
［…］
哀しみを湛えうずくまるひとりの子どもが放つのは
五月の蝶のようにはかなげな一艘の船[*54]

イメージの不滅性

『精神現象学』は、《芸術》とイメージをその関心の中心に据えた哲学をもってクライマックスに達するわけだが、これまでのことから分かるようにそれは決して驚くべきことではない。そのプロジェクトは、見せかけとして出現するものとしての《精神》を、その感覚可能なあらわれ方に従って把握するための営々たる努力と自己認識されている。《精神》がわれわれの前に見せかけとして出現し、またおのれ自身のもとにおのれを出現させることが可能だとしたら、それはただ、外化した《精神》の宿る質料の上に残された痕跡や名残、あるいは書き込みを追うことによってのみである。とはいえそれは、この媒体ないし実体に、自律的に運動するレコードの溝のようなものを刻みつけることで成り立っている。だから、主体は自分がつかの間誕生した生が消えれば一緒に消えるということにはならないのだ。[*55] その書き込みは、時間の偶然的契機に不意に生じ、それが書き込まれ記憶される質料の永遠性のなかに持続

的に抑留されうるものである。それはちょうど、ヘーゲルのこの書を謎めいたかたちで中断させるこの黄金の杯の上で起こっていることにも似ている。

こうした永遠性がもたらされる手法を論じることなしに『精神現象学』を読解することは困難である。ヘーゲルはこのために、記憶（*Erinnerung*）という語の二重の意味を自在に操っている。ドイツ語ではこの語は「内面化」と「追想」を同時に意味している。追想とはイメージの意味で理解されねばならない。一つの形象を、その固定した瞬間において表す過去のイメージ、持続的な刻印である。それは、たとえば石の上に記録可能なものであり、質料の上に繰り返し精神的なかたちを与えることもできるものでもある。質料のおかげで達成されるこの精神の永遠性は、この世界への変わらぬ信仰によって力づけられる一つの哲学によって、はじめて生き生きとしたかたちで試みられたのである。それはつまり、古典的思惟においては、どのようなものであれ不滅性とはこの世界を超えておのれを高め、質料を超越することができるという、精神の超自然的な形式から構想されるものだったが、『精神現象学』では逆に、《自己形成》の冒険とされている、ということだ。これはドイツ語では *Bildung* と言われており、つまりはイメージ（*Bild*）にもとづくものであり、またいくつもの絵画（*Bilder*）のなかに描かれるものである。《精神》はそのさまざまな図像を、みずから動き出して自分自身を追いかけるように回転するモンタージュに沿って連ねていく（*Encyclopédie*）。絵画という設定のなかでこうした図像の配置図を描くために、ヘーゲルはその内部で「影絵で描かれた、世界の自己形成（*Bildung*）の《歴史》を再認識することになるだろう」[*56] 一つの生きた形態の助けを借りる。

おそらくは経験的で不確実なわれわれの現実存在から、精神は「その形態はもはやほんのわずかな痕跡、ただの影に過ぎない」[*57] さまざまな追想の断面やイメージを取り出す。このイメージ群は「完成品として供給され、ただそれを受け取ればいいというだけの刻印つきの硬貨ではない」[*58]。「小さなカードのついた骨格標本のような一覧表」[*59] にはさらに似ていない。その生気を取り戻し、「よく知っている」[*60] もの、使い古されたものをいっさいそこから洗い落としてしまうこと、これらの影のなかの創発的な部分を再始動させ、新たに運動させることが必要なのだ。その光の新鮮さを取り戻さねばならない。そのために、習慣を揺すぶってやるのだ。というのもこの習慣のせいで、これらの影が延々と繰り返され、俗な教条主義へと沈んでしまうからだ。《精神》がこの世界から解放するものは、凍りついた影のなかに解体されるようなものではなく、むしろ一つのダイナミックな概念によって解体されるのであり、その概念というのも諸現象を一つの運動するイメージのなかに溶かし込むような概念なのである。それはこれらのコピーを寄せ集め飾り立てたイメージであり、そしてこのコピー自体もまた事物からは排除され、非常に強力な否定によってそこから切り離されてしまう。こうしたイメージ自体もまた、いまや自由を得た一つの働きによって自然な諸要素からは「解離」している。[*61] ヘーゲル的《概念》はこうして、見せかけとして出現するものを取り巻いている霊気を全面的に活性化する可能性をもたらすのである。ほとんど技術的とも言えそうなこの快挙は映画の発明に端を発するものではなく、むしろ映画の発明の方がそこからインスピレーションを受けている。それが最初に登場したのはヘーゲルの時代であり、とくにファラデーの車輪という奇妙な発明品がそれを代表している。この円盤の上には、別々の連続した図柄が描かれており、それを回転させることで動く絵が現れたと感じるよう知覚を誘導する。これによって、かの有名なギャロップする馬を再生することも可能になるわけだ。円盤ないし車輪によって、本当は動いていないひと続きのイメージが無限に回転させられると、こうしたイメージは互いに重なり合い、それを利用することで結果としてそれらのひと続きのイメージが同じ場所で動き出したかのごとく見えるようになる。ファラデーの想像した光学式回転盤の特徴はこの特殊な循環形式であり、そのおかげで、このアニメーションは潜在的には永遠に続くこともできる。そこに出現するギャロップする動物は、必ず最初の図柄に戻っていくという意味で始まりも終わりもなく回り続けるからだ。現実は綴じた循環として作られたという確信を支え、また『現象学』を構成するそれぞれの環に対する確信を支えているのは、それ自体は動かないひと続きのポーズをとった図柄であり、またこのように切り分けられた図柄を、それが動いているという感覚的確信によって連続したもののように受け止めてしまう眼の仕組みである。

眼の奥にイメージが残留し続けるために、そのイメージと次のイメージと結びつけられ、その結果構成というかたちで網膜上の運動が作り出される。ゲーテが『色彩論』で準備したのもこの構成である。この深遠かつ密度の濃い本から、ヘーゲルや、あるいはかれの同時代人の誰しもがいくつもの教えを受け取った。[*62] 網膜によって生み出されるイメージはそこに持続する。たとえば、目をそらした後も壁の上に赤い染みのようなものがずっと見えている、というような具合である。先ほどのギャロップする馬というのも同じである。別のポーズの馬の絵が現れても、網膜はその前のポーズの痕跡を抑留している。この持続性が、この一風変わった運動の条件そのものでもある。それは心的運動でもあり、精神の運動であるとも言える。そのおかげで、目の前にある一瞬一瞬を切り出して描かれたイメージを飛び越えてしまうことも可能になり、そのイメージを交代させ連結させることで、ファラデーの車輪のような新しいイメージを出現させることも可能になる。ファラデーの車輪もまた、回転し、その回転のなかに切れ目無く連続するイメージを出現させるものであった。時代の精神的運動は、精神のリズムがこのようにして発見したものと、死者たちのあいだに復活したものと改めて関連づけねばならない。そしてヘーゲルとシェリングは、この運動から図像の持続の様式を、交代運動する諸形相としての永遠性の様式を手に入れたのである。

この抑留 retenue〔仏語では抑留、保留と同時に控除、天引きをも意味する。〕（*Aufhebung*〔止揚〕）によって、《精神》は禁じられた世界、予期せぬ現実へと足を踏み入れる。フォトグラムの先祖にあたるある種のラフスケッチと言ってもいい。それは心理的、生理学的な可動性を基礎としている。あるいは概念そのもののアニメーションとも言えるかもしれない。それによって、戦塵さめやらぬワイマールやイエナを進むナポレオンというぎくしゃくと動く幽霊を密かに目にすることになるのである。これらのイメージには、ひっかき傷やかすり傷がついている。なぜならそれらは自己がもぎ取られたもの、われわれが網膜によって奪い取ったものだからだ。ヘーゲルの概念 *Befriff* もそれと同じである（*Begriff* というドイツ語は、フランス語では概念のかすり傷 éraflure du concept と訳される）[63]。『精神現象学』の序論全体がこの精神の自動装置を言祝いでいるのだが、その祝い方はますます意味不明なものになっていく。そうこうするうちにイメージはルポルタージュのような外見をまとうようになる。それは永遠に動くことのない、にもかかわらず絶対普遍の媒体に、たとえば最後には「われわれの無限性が泡立つだろう[64]」聖杯のような媒体に投影され維持されているわれわれのシルエットについてのルポルタージュである。

原注

＊1――「宗教」、PH. E., p. 449〔邦訳下巻二七七頁〕.

＊2――こうした多重線形の歴史の複雑さは『精神現象学』の以下の箇所できわめて稠密に描かれており、この箇所は「結び目」や「陥没」に満ちた「系列史」、という見地に照らして再読するに値しよう。PH. E., p. 449-450〔邦訳下巻二七七―二七八頁〕.

＊3――「宗教において、おのれ自身を知る精神は直接的に自分自身の純粋な自己意識となる」。PH. E., VII, p. 446〔邦訳下巻二七二頁〕. ここで問題となるのは「思惟された現実作用」は「人格」となり、こうして自分自身を表すことになることである。「宗教のなかで精神は自分自身を表す」のであり、この精神とは「自分自身を意識する精神」である。*Ibid.*, p. 447〔邦訳下巻二七四頁〕.

＊4――近年の、物語に立脚することで制約を軽減した一貫性モデルおよび叙述によって拡張された、ある種のヘーゲル主義に従って、ポール・リクールが絶えず強調していたのはまさにこのことであった。

＊5――本書第二場におけるバッカスの分析を参照。

＊6――PH. E., p. 451〔邦訳下巻二八〇頁〕.

＊7――*Ibid*〔邦訳下巻二八一頁〕.

＊8――これは、ロジェ・カイヨワが『人間と聖なるもの』において展開したテーゼである。民族学的な資料を利用してはいるが、コジェーヴの『精神現象学』講義の影響は拭いようもない。

＊9――「自然宗教」、PH. E., p. 454〔邦訳下巻二八五頁〕.

＊10――*Ibid.*

＊11――*Ibid.*, p. 455〔邦訳下巻二八六頁〕.

＊12――*Ibid*〔邦訳下巻二八七頁〕.

＊13――*Ibid.*, p. 456〔邦訳下巻二八八頁〕.

＊14――*Ibid.*

＊15――*Ibid.*, p. 457〔邦訳下巻二八九頁〕.

＊16——*Ibid.*, p. 268〔邦訳下巻三五二頁〕.（一部改訳）

＊17——*Ibid.*, p. 457〔邦訳下巻二八九頁〕.

＊18——*Esthétique*, p. 39〔邦訳『美学』、第三巻の上一五二〇頁〕.（ジャンケレヴィッチ訳を利用。）

＊19——PH. E., p. 458〔邦訳下巻二九〇頁〕.

＊20——*Leçon sur la philosophie de la religion, op. cit.*, II, p. 181〔ヘーゲル『宗教哲学』木場深定訳、岩波書店、一九八二（以降『宗教哲学』と略記）、中巻二二九頁〕.

＊21——*Esthétique, op. cit., II*, p. 68〔邦訳『美学』、第二巻の上、九一六頁〕.

＊22——PH. E., p. 458〔邦訳下巻二九〇頁〕.

＊23——*Esthétique, op. cit.*, III, p. 49〔邦訳『美学』、第三巻の上、一五三四頁〕.

＊24——PH. E., p. 459〔邦訳下巻二九二頁〕.

＊25——「抽象的芸術作品」、*Ibid.*, p. 463〔邦訳下巻二九九頁〕.

＊26——「生きた芸術作品」、*Ibid.*, p. 473〔邦訳下巻三一六頁〕.

＊27——「精神的芸術作品」、*Ibid.*, p. 476〔邦訳下巻三二〇—三二一頁〕.

＊28——*Ibid.*, p. 478〔邦訳下巻三二五頁〕.

＊29——*Ibid.*, p. 477〔邦訳下巻三二二頁〕.

＊30——*Ibid.*, p. 473〔邦訳下巻三一七頁〕.

＊31——*Ibid.*, p. 474〔邦訳下巻三一七頁〕.

＊32——以下の書籍では、この真理が入念に解明されている。Philippe Lacoue-Labarthe, *L'imitation des modernes*, Paris, Galilée, 1985〔フィリップ・ラクー＝ラバルト『近代人の模倣』大西雅一郎訳、みすず書房、二〇〇三〕.

＊33——「精神的芸術作品」、PH. E., p. 485〔邦訳下巻三三七〕.

＊34——「啓示宗教」、*Ibid.*, p. 487〔邦訳下巻三四〇〕.

＊35——*Ibid.*〔独語の herunterstimmen のニュアンスを優先した〕

＊36——*Ibid.*, p. 489〔邦訳下巻三四三頁〕.

＊37――*Ibid*., p. 489〔邦訳下巻三四三―三四四頁〕.

＊38――*Ibid*., p. 490〔邦訳下巻三四四―三四五頁〕.

＊39――ジル・シャトレは弁証法という概念が豊かな運動性を、あるいはドゥルーズ的な意味での差異化の能力を持つものだとしている。以下の、とりわけ第三章と第四章を参照のこと。Gilles Châtelet, *Les enjeux du mobile*, Paris, Seuil, 1993.

＊40――Georg Wilhelm Hegel, *Système et fragments*, Nohl, 1880, p. 346〔「一八〇〇年の体系断片」、『神学論集』第一巻、二七五―二七六頁〕.

＊41――エリー・デューリングが作成したポンピドゥーセンターの都市論についてのサイトに掲載された「マンハッタンのヘーゲル」と題された拙論でこの論点にアプローチしている。これは以下のブログに再録されている。« jeancletmartin.blog.fr »〔現在は下記の著作に収録されている。Jean-Clet Martin, *Plurivers. Essai sur la fin du monde*, Paris, PUF, 2010.〕

＊42――PH. E., p. 506〔邦訳下巻三七三頁〕.

＊43――PH. E., p. 507〔邦訳下巻三七六頁〕.

＊44――*Ibid*〔邦訳下巻三七七頁〕.

＊45――ゲーテは『色彩論』（*Traité des couleurs*, Triade, Paris, 1993〔『色彩論』木村直司訳、ちくま学芸文庫、二〇〇一〕）において、組み合わされて回転する車輪ないし円盤を構想している。ヘーゲルはそれがどのような色の動きを見せながら運動することになるか完全に理解していた。シェリングが関心を持っていた心霊主義とは一線を画しているとヘーゲルはその序論で告げてはいるが、それに加えて視覚的なものが発生する過程を考える際も、幽霊的幻影にこだわっていたことは見逃すことはできまい。「色調と延長を持つ対象群との関係から、その自然の上で揺らめき具合に応じて、いくつかの魂の状態が生じさせられる。それは《観念》の持つ幽霊的幻影から［…］間接的に引き起こされるものである」。Friedrich Wilhelm Schelling, *Philosophie de l'art*, Million, Paris, 1999, p. 227〔シェリング『シェリング著作集　第三巻　同一哲学と芸術哲学』伊坂青司、西村清和編、燈影舎、二〇〇六、ただし部分訳のため当該部分は未収録〕.

＊46――PH. E., p. 524, note. 3.〔仏訳の注のため和訳なし〕. この表現がもつ意味は、われわれが概念について論じた以下の著作で十全に論じられている。Jean-Clet MARTIN, *Ossuaires*, Payot, Paris, 1984.

＊47――PH. E., p. 523〔邦訳下巻四〇六頁〕.

＊48――*Ibid.*, p. 518〔邦訳下巻三九七頁〕.

＊49――*Ibid.*, p. 524〔邦訳下巻四〇七頁〕.

＊50――「序論」、*Ibid.*, p. 47〔邦訳上巻六四頁〕.

＊51――Georg Wilhelm HEGEL, *Logique*, I, Aubier, Paris, 1947, p. 35〔『大論理学』上巻の一、三四頁〕

＊52――世界を吸収し、それを一つの肉に変える、そんな文学を通じた縮約化を、ジャック・ランシエールは精密かつ広範にフォローしている。Jacques RANCIÈRE, *La Parole muette*, Hachette, Paris, 1998; *Le Chair de mots*, Galilée, Paris, 1998. ここでは、語は事物と化して書物を超えたところに身を投じて記号の浜辺にうち寄せられる、という文学の幻想を取り上げてもいいかもしれない。記号によって織り上げられたその浜辺は、ヘーゲルのなかに自分と同じようなパッチワークを見つけ出すことになろう。というのも、ヘーゲルは《書物》のもつ現実性を、つまり現実の肉体としての書物を信じているからだ。世界へと生成していく詩を通してランボーがそう主張しそうな言い方を真似てみれば、そうも言えようか。

＊53――ジャン・イポリットはマラルメについての一つの読解を提案したことがあるが、そこで論じられたマラルメとも関係するといえなくはない。この読解では、イポリットはサイバネティクスに近いところからインスピレーションを得て、ヘーゲルとマラルメの親近性を指摘している。

＊54――Arthur RIMBAUD, *Le Bateau ivre*, 1871〔アルチュール・ランボー『ランボー全詩集』鈴木創士訳、河出文庫、二〇一〇、三四三―三四四頁〕.

＊55――「見せかけとして出現することとは、誕生と消滅であるが、誕生や消滅それ自体は誕生も消滅もせず、自己のうちにあって、真理の現実作用と運動を構成する」。PH. E., p. 57〔邦訳上巻六四頁〕.

＊56――「序論」、*Ibid.*, p. 45〔邦訳上巻四五頁〕.

＊57――*Ibid*〔邦訳上巻四四頁〕.

＊58――「序論」、*Ibid.*, p. 52〔邦訳上巻五五頁〕.

＊59――*Ibid.*, p. 61〔邦訳上巻六九頁〕.

＊60――*Ibid.*, p. 47〔邦訳上巻四七頁〕.

＊61――この「解離」と「分裂」は「序論」において、否定の力ないし「否定的なものを存在へと転換する魔力」としてアプローチされている。PH. E., p. 48〔邦訳上巻四九頁〕.

＊62――ゲーテの論じるこうした連続性や、十九世紀におけるイメージのあり方については、わたしとエリック・アリエズとの以下の共著で分析されている。とくに「ゲーテの変容」と題された章を参照。Éric ALLIEZ, Jean-Clet MARTIN, *L'Œil-cerveau*, Vrin, Paris, 2007.

＊63――概念 *Begriff* という語は把握する *Begreifen* という動詞から派生している。つまり、フランス語では爪 griffe や鉤爪 grappin と訳されるような、摑む *greifen* や握り *Greifer* といった語と関係する。さらに言えばグリフォンとも関係する。ドイツ語では概念の語義にはある種の暴力が潜んでいる。つまりその意味するところは、能動的にある観念を摑み、その手の上に（爪の上に）置いて抑留することでもあれば、また同時に受動的に、概念にじかにエッチングつまりかすり傷によるラフスケッチを描き出すことでもある。こうして概念は非常にさまざまな跡をとどめることになる。概念はこのように、痕跡を残すことができるものならなんであれ記録される記録面なのである。ここで問題となっているラフスケッチ relevé という語は、ヘーゲルにとっては交代 *relève* (*Aufhebung*)〔止揚〕という語と関係づけることもできるだろう。

＊64――PH. E., p. 524〔邦訳下巻四〇七頁〕. また、この映画のような流動的思惟は、特に以下で展開されている。「序論」、PH. E., p. 46-50〔邦訳上巻四五―五三頁〕.

エピローグ

ヘーゲルは『精神現象学』を飛び交う銃声のなかで完成させた。哲学者の住まいは略奪にあったので、かれは逃げ出し、イエナでモンテベロ公〔ナポレオン麾下のフランスの軍人ジャン・ランヌを指す。〕の軍に制圧されたプロイセン傭兵軍に混じってあてどなく逃げ道を切り開く羽目になる。そしてかれは書籍商のフロマンのもとに避難する。歓喜に湧く街のなかを、そのマントの下にまるで盗賊のように『精神現象学』の重たい草稿を隠して。ナポレオンのシルエットがイエナの街に現れたとき、ヘーゲルはその草稿を小脇に抱えていた。それは物理的な事物だ。しかし精神はその上を流れ、そして長らく秘密のまま隠されていた、この黒いインクに満たされた美しい聖杯からあふれ出ていく。

この紙片の上で、思惟は署名を書き込まれる。その出発点は一枚の羊皮紙との出会いである。すべての《歴史》がこの紙片によって吸収され飲み込まれていくのだ。羊皮紙 *parchemin*、それは「道を辿って *par chemin*」という意味であり、丘を越え谷を越えてあちこちへ、という意味でもある。この困難な状況下では出版社も見つからず、テクストは宛先の保証された書物というより、海に投げられた小瓶に似通っていく。テクストはフィヒテだけでなくシェリングにも攻撃を向けており、やっとその学問体系が大学に取り入れられたばかりのカントさえその例外ではないからだ。それはまさに、フランス思想の「唯物論」と同時に「ドイツ観念論」にとどめを刺すものであった。ゲーテへの、ことにそのイメージと色彩の幻影現象についての著作に対しての共感も表明されていないわけではない。ヘーゲルの哲学は――『精神現象学』は――騒乱という姿で登場する。それは、はるかのち、大学に承認のもとに――おまけにひどく遅ればせの、不明瞭な承認だが――完成され、そしてそういった関係のためにこの若書きのテクストのぞんざいな縮小版に甘んじてしまった一つの体系の姿とは違っている。

この哲学が示すのは、混乱に陥った一つの存在、逃走中の人間であり、その手稿は伝記形式、あるいは生の記録をとどめている。それも、《神》そのものの手稿だ。《神》はこの雑然と構成された作品のなかに眠り、そしてその諸形象が陰影線でラフに描かれはじめると、そのあとに映像を一コマ一コマ記していく哲学者の《精神》が現れる。《天地創造》のなかの抹消された部分を感知し、宇宙の果ての物音を感知するゲオルグ・ヴィルヘルム・フリードリヒ・ヘーゲルという名の一人の人間のエクリチュールである。そしてこの物音の波形は、連続するバーストで構成され、ファラデーの車輪の要領で動く回転盤の上に書き込まれているわけである。

ヘーゲルがどのような矛盾にその根を下ろしていたのかが理解される。自分は紙の上に、あるいは円盤や聖杯の上に記される、創造者の孤独に沈むかれ以外の誰にもまだ読まれたことのない一つの《概念》を啓示する者の手となっていたのだ、という感覚である。しかしこのとき、かれはほんの一瞬ナポレオンの視線を感じる。そこにかれは、自分の書いたものの放つ光や炎を垣間見たように思ったのである。かれは自著の出版の資金援助をしてくれたニートハンマーにこう語っていないだろうか？「皇帝――この世界精神は偵察のために街から出る。馬上にあって一点に意識を集中し、世界を手に収めそれを支配する、こんな人物を見るとはじつに素晴らしい感覚だった」*1。ヘーゲルはこのわずかな一瞬に、完成された哲学者としてではなく、否定の、それもどうあがいても凍りついたかのようにその場を離れぬ否定という行程を堪え忍ぶ一人の背信の輩として登場している。背信の輩。それは生を否定したものすべてに対する、あるいは《精神》がその本質的な柔軟性を利して生成することを抑圧したものすべてに対する「再−否定 re-négation」である。しかしそれでも同時に、おのれが彷徨していることに、つまりみずからに閉ざされることはできないことに気づいている者のことでもある。

ヘーゲルは「おのれを完成され閉じた一つの全体、統一体のように見なしつつも、同時に自分ではないものに依存しているにも気づいている、そしてこれらから引き起こされるこの矛盾した状況のなかでこの矛盾を解決するために戦っているが、戦いを長引かせることにしかならない緊張関係へと行き着いてしまう」[*2]一人の個人になぞらえることもできるかもしれない。つまりは一人のゲリラだ。だが『現象学』の執筆時、その戦いはなによりまず、「二つの矛盾する世界に住み、意識はこの二つのあいだでためらい続け、落ち着くことができない、そういうある種の両生類」[*3]のような自分自身に向けられている。『精神現象学』の執筆時では、この両生類的存在を結び合わせる絆が見つかるなどまだ思いも及ばないことだった。つまり、自分のうちに蠢いていることをヘーゲルが感じとっている二つの世界、現実的なものと潜在的なものの和解はまだあまりに遠かった。世界の意識を自己意識へ、主体をその実体へと導いていく循環は、完全に密閉されたかのようにみずからを閉ざすことはできないのである。目の前に降りしきる砲火から逃れる際にヘーゲルが携えていた書には、その最初のページからして当初の逡巡が、酔いどれ船のようにかれを揺り動かす断層が、すでに記されている。この酔いどれ船は波に酔い、そして不死の「聖杯」から立ち上る泡に酔うが、しかしこの本はこの聖杯をもって完結されるのである。

《神》が人間を笑い、笑いすぎて死んでしまったということ、人間自身も自分自身の無意味さのなかで死ぬが、その無意味さこそが新しい、超－人たちの時代を産み落とすということ。これらについて、しかもいまここにあるものの自由をもたらすものを否定することなく説明することのできる論理は、おそらくまったく存在しないはずだ。そのためには、別の論理学を作り直し、不条理さを少しも怖れない一つの方向性を与えるしかないのだ。

概念は、もっともありえないもののなかに置かれることでしか生きたものにはならないし、自己から発して現実存在に向かうこともない。神学者の証明が押しつけてくるように、もっとも現実的なものとして現れてきたものが、もっとも確実なものというわけではない。おのれの不確実性の行路を見つけ出してくれるはずの人間抜きで最初からいまここにあり自足している《神》などいないのである。神がいまここにあるもの——神が完全であるならばそれはいまここにある必要がある——へと移行することを可能にする一つの理念型、完成形だけを求めねばならないとしたら、《歴史》は生まれる前に流産してしまったことだろう。けがれなき概念形成の固定性のなかに凍りついてしまっていたはずだ。[*4]「天が下、新しいことなどなし」[*5]！　それゆえ、「純粋論理学」とは別の視点から「絶対《知》」なる表現の言わんとすることを理解せねばならないのだ。ヘーゲルにとって、絶対者には不完全性がつきものである。いまここにあらんと熱望している、あるいはこれこそ具現化されるに値するものだと思えるような潜在的本質を熱望している、ふさわしい候補者を見つける必要は確かにあるのかもしれない。しかしわれわれは、論理や完全性といった手段だけを用いて（神は完全であり、いまここにあるとは完全性の謂いであり、神はいまここにあるからして……）それを実現することは拒否せねばならないだろう。こちらの側、つまり理念的なものの側には、現実作用するかたちで実現されるものはほとんどない。そういったものが死に絶える必要があったのだ！　完全性は依然としてあまりに脆弱であり、無味乾燥であり、現実存在の暴力と駆け引きし和解に持ち込む、ないし対決するだけの力も戦略も欠いている。あいかわらず動きを欠いた、命のないものでしかないのだ！[*6]

つまりヘーゲルは、同一性原理ないしはただの無矛盾性を押し戴いて、一つの事物が存在していることを確かめようとする、という姿勢とはおおよそ無縁なのである。逆にただ矛盾だけが、現実や差異がこの世界を覆うことを熱望しうる。もっともあり得なさそうで、もっとも喧嘩っぱやく、もっとも定義しがたいもの、それこそが存在のなかへ到来するよう働きかけているのだ。生に近づくためには、一つの削り跡、傷跡を前提にせねばならない――つまり、最初の犯罪である。それが幕開けをもたらすのだ。理性的なものが現実的であるのは、ただ理性的なものがその基礎を失ったときにのみであり、つまりはその核心に非理性的なものがあると認めてみずからを外部に捨てる覚悟があると示したときだけである。「本質がいまここにあるものに先立つ」と想像することは不可能である。《神》はその論理的な完全性のゆえに、永遠にそこにあらします、などと想像することも不可能である。それではまるで、それが可能というだけでそれがいまここにあるに十分である、というのと同じではないか！　ただ死と犯罪と完全性を犠牲に供することによってのみ、純粋に天使的な《理念》に異を唱えることによってのみ、概念はおのれをいまここにあるものへと至らしめるための術を見つけるのである。[*7]《絶対者》はこうしてまったく新たな意味を持つようになる。すべてから切り離されたものを指すだけでなく、一つの裂傷、傷跡、あるいは亀裂によって自分自身から切り離されるものをも指し示しているのである。しかしそれらの傷こそが、予期せぬものを暴き立て、怪物的なものを狼狽させ、それを思惟の極限で熱狂させることで、およそあり得そうにない諸々の出来事を生み出すことができるのだ。《絶対者》は高みを目指した分離を実現するのではなく、その超越性によって世界から離脱するのでもない。逆に、失墜することでみずからを分離するのだ。それは沈潜し、内在的な痕跡に沿ってみずからを分割するという運動である。底の底まで突きつめれば、悪は創造の根源を体現するのである。

原注

＊1――ヘーゲルがニートハンマーにあてた一八〇六年十月十三日付の書簡から。*Correspondance*, t. I, Hamburg, 1962〔『ヘーゲル書簡集』小島貞介訳、河出書房、一九三九、七四―七五頁〕. この件に関しては以下の美しい著作でも読むことができよう。Jacques D'Hondt, *Hegel, biographie*, Calmann-Lévy, Paris, 1993, p. 175〔ジャック・ドント『ヘーゲル伝』飯塚勝久訳、未來社、二〇〇一、二三八―二三九頁〕.

＊2――*Esthétique*, I.（この両生類の箇所は、ギブランの訳を利用。1944, p. 186.〔ただし版の違いにより当該箇所は邦訳『美学』には未収録〕）

＊3――*Ibid*., p. 48〔邦訳『美学』、第一巻の上、六六頁〕.

＊4――「何かが欠けているからである〔…〕なぜなら、それは一般的なもの、あるいは原理でしかないからだ」。「序論」、「序論」、PH. E., p. 41〔邦訳上巻三九頁〕.

＊5――Hegel, *La Raison dans l'histoire*, *op. cit.*, p. 92〔邦訳『歴史哲学』には版の違いにより未収録〕.

＊6――それは、胎児だけで人間ができあがると認めるようなものだろう。しかし「胎児はたしかに即自的には人間であるが、しかし対自的にはそうではない。人間が対自的に人間であるのは、みずからをかつて即自的であったときの理性にまで作り上げる自己形成された理性としてのみである」から、そのために行為や悪のも

つ偶発性を経験するのである。「序論」、PH. E., p. 40〔邦訳上巻三六頁〕.

＊7――ここから同様に理解されるのは、古典論理に導入された必然的な断層である。それによって「真は、それにふさわしい時が来れば突然乱入するが、そのときが来なければ出現しない、そしてこの理由により時期尚早に登場することは決してない、という性格を持つ」ことになる。「ミネルヴァのフクロウ」についての不当な解釈で言われているように、遅すぎるというわけでもないのである。ヘーゲルはフクロウがお気に入りで、それを哲学者になぞらえていた。おのれにふさわしい時に先んじようとすれば、あるいはアクチュアルであることを目指そうとすれば、哲学者はおのれの抽象的本質の外に身を置くことになり、異端のそしりを受けることにもなる。こうしてまずは「自分ひとりにとっての問題」のなかに飲み込まれてしまう。それは自分のスタイルとは切り離せず、また同時代人には理解しがたい。だからこそ、夜行性の鳥たる哲学者は、良識なるものに攻撃を仕掛け、限りない静謐をその本質とする犯罪を企てるのである。「序論」、PH. E., p. 75〔邦訳上巻九三頁〕.

宇宙の驚異よりも犯罪を——訳者あとがきにかえて

本書は次の書籍の邦訳である。

Jean-Clet Martin, *Une intrigue criminelle de la philosophie : Lire la* Phénoménologie de l'Esprit *de Hegel*, La Découverte, 2009.

著者のジャン＝クレ・マルタンは一九五八年生まれのフランスの哲学者。現在はアルザスの小村に住みリセで哲学を教えるかたわら、旺盛な著作活動を続けている。日本では、『ドゥルーズ／変奏』（毬藻充、加藤恵介、黒川修司訳、松籟社、一九九七）の邦訳出版により、ドゥルーズ研究の新世代を担う一人として強烈な印象を与えたことをご記憶の読者も多いかと思う。この著作の原著の出版は一九九三年であるが、以来ほぼ年に一冊かそれ以上のペースで哲学書、はては小説に至るまでの出版を続けていると同時に、ジャン＝リュック・ナンシー、エリック・アリエズらとの共同作業や国際哲学コレージュでの活動も続けている。かれの主催するウェブサイト"Strass de la philosophie"[*1]では、かれを中心にピエール・マシュレ、ジャック・ランシエールなど優秀な執筆陣が毎回かなりの長さを持つ批評を頻繁に掲載しており、ご興味を持つ向きはこちらも一読くだされば現在のフランスの哲学事情に関する有益な情報が得られることと思う。

日本では上述の『ドゥルーズ／変奏』を皮切りに、ポルトガル語の翻訳も出版された『百人の哲学者　百の哲学』（杉村昌昭、信友建志監訳、河出書房新社、二〇一〇）、ゴッホやフェルメール論といった美学的著作など、本書を含めすでに六冊の著作が邦訳され紹介されている。また二〇一三年二月から三月にかけては、大阪大学、明治大学でスピノザについての講演を行っている。アカデミズムの「トピカ」の枠組にとらわれず、柔軟に、ときに詩的に接続線を引いていくそのさまは新鮮で、かつての「フランス現代思想」の難解さには辟易していたものだがこんな風に生きたものとして使えるものなのか、という来客の声を筆者も少なからず耳にしている。とはいえ、マルタンも先に紹介したサイトでは、そうしたトピカへの通暁っぷりを十分に伺わせてくれることもある。たとえば、本稿ではあまり取り上げられていない、近年発見のヘーゲルの新資料などの話題もそこには散見される。

かつてははっきりと独自のスタイルを持っていたフランス思想も、グローバル化と軌を一にするのであろうか、とりわけ若い世代では、そのまま逐語的に英訳すれば英米圏の哲学者と区別がつかなかろう、というケースも増えた。こうして見るとマルタンの親しみやすくもあれば同時に詩的でもあるそのスタイルは、フランス的例外の最後の生き残り、と言えるのではないかという気さえしてきてしまう。

さて、本書の独自性の一つは、こうしたキャリアからも伺えるようにドゥルージアンと見なされていた哲学者が、こともあろうにヘーゲル論を書いた、という点にある。よく知られているように、ドゥルーズは各所でヘーゲルへの嫌悪をあらわにしていた。その影響は大きい。コジェーヴの影響下にあった世代からドゥルーズの影響下の世代に移行するとヘーゲルの登場頻度が激減するのはそのせいだ、という印象さえ与えるほどだ。しかし、マルタンは筆者との私信のなかで、両者の関係はそこまで単純ではないと語っているように。たとえば『哲学とは何か』においてはヘーゲルが言う意味での概念の持つ創造的な運動を参照しているように。本書でも若干触れられている通り、ドゥルーズがニーチェに見出したものは本来ヘーゲルに見出される、あるいはドゥルーズのニーチェ論を通じてヘーゲルのなかにニーチェとの系譜学的なつながりが見えてくる、という含みも感じられないでもない。むろん内外を問わずヘーゲルとニーチェの近親性を論じる向きはいくつかある。たとえば「神の死」はヘーゲルがすでに記している、といったことが端的にその傍証となる。そうした流れのなか、本書で言われる「犯罪計画」は、ニーチェ以前に『道徳の系譜学』を描き出していた哲学者としてのヘーゲルの一側面を形容するものだと考えていいだろう。

タイトルからしてキャッチーな（邦訳はほぼ原題の直訳である）の本書の評価は高く、たとえば『スピノザとヘーゲル』[*2]でも知られるピエール・マシュレはたっぷり一万ワードはあろうかという長文の評論を寄せている。[*3]ここではマルタンの愚直なほど率直なスタイル（確かに本書の章立てはかなりきっちりと『精神現象学』の章立てをフォローしており、その意味では参考書的でさえある）が逆に問題の核心を描き出していることが評価されている。その魅力を日本の読者にもお伝えできればと願う次第である。

1　ヘーゲルと犯罪——Mange ton Dasein ?

ラフォルグはこう語っていたそうである。

「マルクスが、若き日の哲学の師匠ヘーゲルの言葉を繰り返し話しているのをわたしもよく耳にしたものだ。『悪人の犯罪的思考でさえ、宇宙の驚異よりは偉大で高貴だ』」。

もっとも、これはマルクスが酒や煙草に始まるおのれの悪癖を正当化するために使っていたというのだから、あまり妙に深読みする必要もないのかもしれない。しかし、絶対知、絶対精神の哲学者というくらいだから、なにやら絶対の普遍性も称揚されているのであろうなあ、というイメージを裏切る感はあろう。

もちろん、そんなことを言わずとも、すでにヘーゲルの新資料についての研究から、体系の哲学者というイメージはすでに過去のものになった、という指摘もあろう。犯罪についても然り。プロイセン体制のイデオローグ、というイメージは、たとえばベルリン警察の資料を駆使したジャック・ドントによる一連の伝記作品などによってかなり覆されている。[*4] そこに描かれるヘーゲルは、当時の政治活動家たちについての内偵資料に頻繁に登場する、まるで（やや大げさに言えば）黒幕のような存在だ。ご丁寧にも当局に睨まれている人物ばかりを助手的なポジションで雇い続ける。はては川に面した監獄に収監された弟子と会話するために、夜中に小舟を出して格子越しにラテン語で声をかける、などという一幕も報告されている。不遇の私講師、新聞の編集長、ギムナジウムの校長などを経て、ベルリン大学の教授として功成り名を遂げたあとも、ヘーゲルはどこか不穏であり、そして弟子たちは輪をかけて不穏であり、職務熱心なベルリン警察はそれを怠らず監視していたわけだ。赤狩りならぬ「デマゴーグ狩り」を、おのれに恥じることのない態度で切り抜けたことをヘーゲルが誇るのも無理はない。こうした時代だからこそ、そしてこうした事情だからこそ、ヘーゲル色を一掃するための切り札的な大物としてシェリングが登用されたという哲学史の一コマが、政治史的にも納得のいくものとなりそうである。さしあたり、国家主義的哲学者のイメージの裏に、犯罪の匂いをかぎ取ることは決して受け狙いの牽強付会ではない、ということはまずご理解いただけるのではないかと思う。

かといって、ヘーゲルが犯罪を称揚していたとか、そういう話がここで展開されるわけではない。ただ、われわれは特段の無理もなく、マルタンとともに、沈黙のうちに凍りついたかと見える事物のうちに、輝きに満ちたその規定性のうちに、クローゼットのなかの骸骨よろしく不穏な系譜学を見出そうとするヘーゲルの、その圧倒的で静かな殺意のようなものを読み取ることができるだろうし、そうすることはけっして無駄な試みではない、というだけだ。そしてのちに触れるように、そのような内破こそが同時に最終的な組織化の条件でもある、ということこそが暗黙のテーゼだと言っていいのかもしれないと思える瞬間さえあるのだ。精神分析において、喪の作業の完遂が最終的には象徴的摂食で果たされるとされているように、ヘーゲルは犯罪によって内破させた諸現象を食い尽くし、それを体内化していく。ラカンの“Mange ton Dasein”、汝の現存在を食え、という言葉は、通常ハイデッガーを示唆するものとされるが、あるいはそれはヘーゲル主義の表明と見なすべきだったのかもしれない。

2 フランス的例外の系譜

本書にも紹介があったように、フランスのヘーゲル受容はコジェーヴの講義に大きく影響されている。マルタンも指摘するように、たしかにそのなかでも有名になったのは「主奴の弁証法」の分析であり、否定性、暴力性の強調だろう。そうしたヘーゲル読解は、すでに幾多の研究によって乗り越えられている、という見解もあろうかとは思う。しかしそれだけに、コジェーヴ以降のフランスでのヘーゲル解釈の流れは馴染みのないものになっているという方も多いかとも思えてくる。そのすべてを限られた紙幅とさらに限られた筆者の能力でフォローできるわけもないが、本稿ではマルタンが名を挙げた思想家を中心に概説し、本書の理解の手がかりを読者に提示したいと思う。

コジェーヴはヘーゲルの言う否定性をクローズアップした。事実、そのこだまはたとえば象徴的なもの、シニフィアンをヘーゲルの「概念はものの殺害である」というテーゼと重ね合わせ、そこに死の欲動の起源をほのめかすラカン、コジェーヴに大きく影響されたこの精神分析家にも聞き取ることができる。あるいは、ヘーゲルを引用しつつ、命名が殺害であることを、そしてその否定が言語と結びつくものであり、そこにある無がわたしに話すことを要求する、と見るブランショを思い浮かべてもいいかもしれない。[*5]

それに呼応するかのように響く「夜の方がわたしを探究しに来ているのだ」という、本書の巻頭にも掲げられた言葉は、やはりコジェーヴの講義の出席者であったバタイユのものだ。原初の存在とは、それ自身にとっては欠けたるところなく充溢した生であったとしても、われわれにとってはわれわれのうちにあってわれわれに触れ、われわれを沈める夜でしかない。生の持つ産出性は、それ自体限りなく豊穣な享楽でありながら、われわれには死のイメージしか与えない。比喩的な言い方を許してもらえば、神がわれわれに触れるとき、われわれは消える。もしわれわれが消えず、そして世界が現象の繁茂する土地となるのなら、それは神が、この深い夜がわれわれに触れ損なったからである。個別者はただそれだけではおのれの概念と合致しない(『小論理学』§213)というヘーゲルの言葉は、そのようなものとして解釈される。

無限な産出力が想定されながら、それは否定というかたちでしか現れないことがこうした議論の特徴である。ドイツ観念論以降の一つのテーマが、自己産出性と自己組織化を主眼としている、と言ってよければ、[*6]フランスはヘーゲル゠コジェーヴの影響のもとに、その産出性が否定性というかたちでしか現れないにもかかわらず、なぜ自己組織化が可能になるのか、という問いに取り組んだと言っていいのではないかと思う。

A

その手順は次の二ステップを踏むことになる。

まず、存在の認識とは必ずその存在の不在の認識に裏付けられる、というかたちでヘーゲルにおける存在と否定的なものの関係を改めて理解しようとする論点が出発点となる。これはヘーゲル解釈の古典的な論点であり、たとえばアリストテレスにまで遡って基礎づけが図られることもある。しかしフランスではイポリット、この篤実なヘーゲルの注釈者が、フロイトの論文「否定」をめぐってより現実存在に近しい運動としてそれを描き出すことに成功した。[*7]

イポリットは、フロイトの言う否定が二種類あることを指摘する。一つ目は存在することを知りつつそれを否定する、というものであり、二つ目はそもそも存在自体が認識の外にある。つまり、否定という形でさえ認知されていない。それはたとえば、ハイデッガーとユクスキュルの描くダニにとって、ある温度と酪酸との組み合わせが得られなければ外界そのものが存在しないかのように無視され続けるようなものだ。ラカンはそれを承けて、前者を神経症的な抑圧、後者を精神病的な排除と規定した。つまり、われわれ神経症者にとっては、存在は常に不在の可能性とセットであり、この不在は「気づかないうちに靴の裏にくっついて離れないガム」同様に執念深く存在に張りついている。ラカンの面白いところは、この在と不在のセットが《他者》に対する原初的肯定によって可能になる、としたところにあろう。ここから敷衍される承認論への展開は後で触れることとする。

次いで、このように、存在の裏に張りつく無、という論拠をさらに敷衍して、カント以来の構想力の持つ産出性を否定的なものの産出性へと置き換え、かつそれが内在的に組織化能力を持つ、と証明する努力が行われた。一九六〇年代からのラカンの数学化への努力は、フレーゲ、ペアノ、集合論などさまざまな固有名詞、テクニカルタームのカオスをもたらしただけに終わったようにも見えるが、突きつめればそのどれもがこのような証明を論理学的に行えるはずだ、という、ある意味できわめてヘーゲル的な努力の一環であったと言えると筆者は考えている。この無駄な骨折りを笑うことはたやすいが、なぜかドイツにおける正統的なヘーゲル研究の代表者の一人、ディーター・ヘンリッヒまでがラカン同様に、カントールの対角線論法を示唆して同じような議論の必要性を説いたように思われることからも、この種の努力がけっして突飛な思いつきではないことがご理解頂けると思う。[*8]

この二つのステップからなる努力は、「どこにも含まれないもの」が常に余分に一つ作り出せる、というかたちで「産出性」が説明され、そしてそれによってたとえば実数のような秩序が構成されることが「論理化」される、という期待のもとにあったことは間違いない。なるほど現象学から論理学へ、というヘーゲル主義のパロディーか、とからかいたい誘惑に駆られないではないが、ともあれ認識しておくべきことは、コジェーヴ主義は否定性ないし無の持つ産出力と構成力およびその論理は何か、という、ドイツ観念論の伝統の変種と言っていいだろうものとして継承されていき、その同根性こそが、変わり者のフランスの精神分析家と、かれとはまったく没交渉であったろうドイツの正統なヘーゲル研究者とに、同じ疑似数理論理的説明に飛びつかせるような事態をもたらしたのではないか、ということであろう。

B

逆に、英米圏のヘーゲル解釈に見られる承認論との接点はどうだろう。[*9] この場合もスタート地点はやはりコジェーヴということになる。具体的には、かれのヘーゲル解釈のもう一つの柱、欲望である。主体の欲望は他者の欲望である、というかたちで解釈されたヘーゲルを全面的に利用したラカンは、その直系の後継者というべきだろう。

この系譜は、あるいはヘーゲル研究の最近の流れに一つの問いを投げかけることもできるものかもしれない。というのも、この系譜のなかで、承認と呼ばれるものは二重化されていくからである。承認は当初対等であり、やがて主奴に分かれる二人のあいだで争われるべき対象であるだけではなく、それ以前にその二人を互いに闘争すべき対等の相手として認知する別の次元の《他者》に求めるべき対象でもあることになる。おそらくそれは『精神哲学』でヘーゲルが語る守護神Geniusに近いものとなるはずである。明らかに動物磁気からインスピレーションを受けているこの問題に触れたのが、催眠や模倣的感染というオカルト一歩手前のきわどいテーマを怖れず扱うジャン＝リュック・ナンシーだったのは、おそらく偶然ではないだろう。[*10] この《他者》に走った亀裂、ナンシーが切り出したヘーゲルの言葉で言えば「動揺」が、われわれを対等の他者からの承認を求める欲望へと向かわせる。

ここではつまるところ、承認は二重であり、他者も二重である。ナンシーが批判したように、ヘーゲル研究者たちの論じる存在と否定の重ね合わせ状態は、それでもやはりこの存在の最初の肯定を前提とせざるを得ない。ラカンは精神病圏においてその肯定が排除され、《他者》の享楽の海に浸される可能性を示したうえで、同時にその肯定されるべき《他者》のあいだに走る動揺、亀裂、バタイユの言葉を借りれば「夜」の浸食が起こり、それが現象としての他者、同じように《他者》からの承認を必要とする他者を生み出してしまうことを論じている。だからこそ、その他者によって承認されることが《他者》の欲望に叶うことになり、またこの他者を媒介にして《他者》の承認を得ることが、いまとなっては揺らぎはじめた自分自身を概念把握するために必要となる。コジェーヴ的な主奴の弁証法における承認は、こうした文脈ではつねに「再認」なのである。

さらにもう一つ、この再認はつねに残余を残す。対等の自己意識同士の相互承認は存在しない。それが主奴だろう、とおっしゃりたい向きもあろうが、大事なのはむしろその関係は労働の生産品に媒介されねばならない、ということの方である。残余はそうした媒介に拾われる。しかしその媒介もすべての残余を拾い切るわけではない。労働力と貨幣の交換は、今度は剰余価値を生み出してしまう。ラカンに代表されるフランスでのポスト・コジェーヴ世代は、こうした常に生じる残余を組織化する必要を感じ、その努力を続けることになる。

まとめよう。一方では欠如、一方では残余、どちらの場合でも、それらはつねに産出され続けてしまう。しかし、にもかかわらず、その邪魔とも障害とも見えるものを逆に組織化の道具に使えないのか、その論理学は可能ではないのか、そうしたかたちで問いは形式化されたのである。

3　犯罪——いまここにあるものの不穏さ

こうして系譜を追っていけば、ごく単純に章句の解釈のレベルでも本書の理解の手がかりは増えていく。たとえば本書第四場「精神」のブロックでマルタンが論じる、彫像の背後にいてそれを保証してくれる《他者》としての普遍的精神の役割が、こうしたフランスの伝統のなかに位置づけられることがはっきり分かる。あるいは、議論の出発点をさらに別のフランス的伝統に求めることもできるかもしれない。たとえば、プロティヌスのなかにさえ存在の亀裂を、「悪意」ないし「ひねくれ」を認めるドゥルーズはどうだろう?

しかし、ここではマルタンの出発点を大事にしよう。かれが引用するのは、犯罪者のための弁論を講じるヘーゲルだ。といっても、もちろんヘーゲルが犯罪を擁護するわけではない。だれのものでもない「抽象」的な観点から、だれにでも当てはまりそうな非難を投げかけるよりは、まだ犯罪の持つ絶対的な特異個別性が望ましいというだけだ。ここでは、犯罪者とはみずからの行為を通じて法に包摂される一つの契機であるというような、『法の哲学』に見られる回収は現れていない。

それは、ここでマルタンが『精神現象学』の立脚点として読み取ったものが「哲学することで、いまここにあるものの不穏さに気づくこと」であるからに他ならない。

いまここにあるもの、さしあたりそれは現象である。しかし、本書ではそれが真実の光の下に照らされて消えるようなものとして、個別者が概念として捉えられることで偉大なる絶対知の下で雪のように溶けていくものとして描かれることはない。マルタンの描くヘーゲルにおいて、生とは彼岸も此岸もない現象性の繁茂する地である。

だとするなら、すべてが終わったのちもわれわれが見出すのは同じものだ。問題は、その何かをここにあらしめた欲望である。だからこそ、「欲望の未知の力へと遡ること」が、「その犯罪計画」となるのであり、そしてまた同時に「他人の位置に身を置くことが犯罪計画には必要であること」が論じられるわけである。ここに、さきほど指摘された他者の二重性を聞き取ることはさほど難しくないだろう。われわれが現象として見ているものは《他者》の欲望の、あるいは動揺の産物として構成されており、かつまた、その欲望こそが他者の、あるいは「他人の」位置に身を置くことを可能にすると同時に、その位置に身を置くことのそもそもの動因でもある。というのも、《他者》の欲望を捉えたものこそが他者ないし他人であると思われるからだ。

しかし、この時点では哲学はまだ犯罪ではない。むしろあちらこちらに《他者》の動揺の気配を感じ取ろうとするただの探偵である。それもかなりパラノイアな探偵ということになるだろう。この探偵が犯罪者に変わるのは、探偵趣味の行き着いた末、つまり、自然的犯罪から思惟を道具にした犯罪としての懐疑論を経ることになる。思惟においてはヘーゲル自身が「絶望の道」という、徹底した否定によって、そして歴史においてはフランス革命を席巻した「キャベツ狩り」[*11]において炸裂する否定の威力を、身をもって知ったのちのことだ。

「キャベツ狩り」ののちに明らかになったもの、それは否定によっても、あるいは否定を背景にした交換や消費によっても支配できない他性が生じてきてしまうことの方である。承認論としてのヘーゲルは、やはりこの部分を無視しているが故にヘーゲルの持つ脱-観念論的性格を薄めてしまいかねない危険がある。むしろ犯罪とは、そのような同時に生じてしまう何か隠された別のもの、それを引き起こす犯罪計画によって成立させられるものとなる。

犯罪小説と『精神現象学』の類似点は、だからこう説明することもできよう。両者ともに、外部に訴えかけてはならないのだ。犯人は通りすがりの通り魔などという推理小説があり得ようか？　犯人もその手がかりも、すべて書かれたことのうちにある。だからこそ、われわれは徹底した懐疑の道というアリバイ検証を行って、登場する要素のすべてが当初の位置を失うまで進んでいかねばならない。このとき世界は外に向かっては閉ざされているが、内に向かっては無限に掘り下げることができ、その都度違った窓を、違った事件の系列を接続していくことができる。

だが、類似点はそこだけではない。

ヘーゲルが『精神現象学』において、現象そのものの流れのなかにいる者と、導き手となる哲学者とともにあって哲学者にわれわれと呼びかけられる読者と、二つの著述のレベルをもうけていたのではないか、ということはしばしば言われることである。マルタンもまた本書で、さまざまな概念が人物像として登場することの重要性を説いている。

しかしそれを「答えを知っているわれわれ読者が目の前に繰り広げられる演劇をナレーターたるヘーゲルとともに楽しむ」ようなものと考えてはなるまい。出来の悪い古代弁証法の猿まねのように、一方の登場人物の都合のいいように誘導される相手を見て楽しむ読者、というわけにはいかないのだ。それよりもむしろこれは、アガサ・クリスティの『アクロイド殺し』に始まる「信頼できない語り手」、つまりナレーター本人が犯人である「叙述トリック」になぞらえるべき犯罪小説なのである。犯人は哲学者本人であったらどうだろう？　そのときわれわれは、観客気取りですべてを俯瞰していると思っていた絵が、すべて犯人によって念入りに選択された、われわれのために用意されたものであったことに気づく。本書で言う「犯罪計画」の、もう一つの側面である。

4　二つの残余――メディアと幽霊

こうして、「犯罪計画」というタイトルの意義を押さえ、解釈の全体的イメージを共有して頂いたところで、先述のフランス的ヘーゲルの伝統のなかに、マルタンの議論が何を付け加えようとしているのかを見ていこう。あらかじめ見出しを付して若干の整理を試みればそれは残余物としての物質性、非物質的あるいはマシニックな生、その両者をつなぐものとしての事物としてのメディア、という三本立てになる。

A

まず一つ目の残余という問題からはじめよう。マルタンは媒介に特殊な役割を充てている。通常、ヘーゲルでいう媒介は外化の結果であり、みずからを対象として析出する必要性であり、そしてそれをふたたび自己に取り込むことが精神の運動であるとされていたはずである。フランスの伝統で言えば、ラカンの鏡像段階、そして疎外と分離の弁証法はものの見事にこの伝統に当てはまる。

しかし、マルタンの言う媒介は、当初はそのような伝統にあるもののように見えながら、やがて次第次第にその色を変え、むしろこうした精神による回収作業、あるいは交換や消費、さらには承認ないし再認によっては拾い残されてしまう物質性へと重きが置かれていくようにある。

それらは言ってみれば「症状」である。個々の症状こそが、世界が揺らいでいることの証拠である、というヘーゲルの、マルクス＝フロイトに先行する言明をマルタンは援用する。見せかけは幻影ではなく、精神がそれぞれの時代においておのれをあきらかにするためのやり方を可視化する一つの配置となるのである。

症状である以上、それはあくまで偶然的に選ばれた見せかけでしかない。そもそも、この思想史的文脈での症状とは、何でもいいから偶然的に手元にあったものをおのれの表現手段として用いるもののことを指す。しかし、この見せかけこそが本質的契機を構成するものであり、また生の唯一の指針である。だから、その対象はゴミのようなものであってもいいのだ。啓蒙主義のあざ笑うこのゴミのような対象を選ぶこと、それはこうした現象的所与に目を向け、その偶然性を選び取ることのできる主体の力の証しとなるべきものである。

だが同時に、それはこの精神による回収作業が、それ自体としては閉じたものにならないことをも意味せざるを得ない。みずからを対象とし、それをふたたび統合するというプロセスは、つねにこの余分なゴミを析出することになり、そしてヘーゲル的な主体は、むしろこのゴミを選び続けることで、廃棄された自然の形象のなかに自己を知ることで、その循環運動を支えるものとなるのである。

マルタンはそれを悲劇から喜劇への移行で例示している。自己の身体を用いて、より正確にはそれを明け渡すことで、《他者》を捉え具現化しようとする悲劇とは対照的に、喜劇において舞台上に転がっているのは、この表象作業の失敗と、そしてその結果として、表象作業が完遂されれば消去されるはずだった役者個人の身体という残り滓の露呈である。そして作品もまた作者を表現するものではなくなり、むしろ極度の偶然性へと座礁するものとなる。だが、見せかけを打破して真実にたどり着くという運動では、結局見せかけと真実の二元論を免れることはできない。そう考えると、ヘーゲルの君主制支持は違った意味で取ることもできる。それは、最終的に偶然の自然に任せた残滓のような物質が必要だ、と解釈されることになろう。マルクスの「二度目は喜劇」が君主制であった所以である。

B

ここで、それとは矛盾するような第二の問題、すなわち非物質性が浮上する。それは、言語に代表されるネットワーク内での生、という主体の戦略として描かれるものである。マルタンは教養ないし自己形成を、ドイツ語の語源に遡ってイメージ化と捉えたうえで、そこに非人称的な語りの様式、あるいはドゥルーズ＝ガタリの用語を借りればマシニックな生と呼ぶこともできそうなものの登場を捉えているのである。

もっとも、それをあまり神秘的なものにする必要はない。非人格的な何か、呪われた部分とは、同時にたとえば金銭の普遍性のようなものであってもいい。機械による人間の取り込みと、その結果人間が交換可能な生産品になることであってもいい。つまり、純粋に論理的な装置がそれ自身の翼を得て自立し、それが存在とも無とも違う存在論的なステイタスを獲得すること、それどころか、かえって古典的な意味での物質、とくに人間を取り込み、その媒体として利用することまで可能になった、ということである。

この点に関しては、ガダマーの興味深い指摘を補足しておくと理解が容易になるかもしれない。[*12] ガダマーはハイデッガーがそのニーチェ論のなかで「反省という不気味なもの」と述べていることを承けて、反省とはわれわれに自らを現すもの、この文脈であれば非人格的な何かと同一視して良かろうと思われる超越を強いるもの、それが論理学的な運動であり、それゆえわれわれを安らわせることができないものと読み替えている。奇妙なことにここでは、非人格的なものは同時に論理に従うものである。これは、一時期のラカンが、単なる記号操作の世界としての象徴的なものこそが死の欲動を担うと見なしていたことを思わせる。非人称的な何かとは突きつめればたんに論理に還元されるのである。

マルタンの言葉を借りれば「精神の自動装置」、それは存在でも否定でもなく、非存在というあり方である。

つまりそれは、ひとを死から共同体のなかに生き日々死んでは復活する精神の普遍性へと移行させるような何ものかである。それは象徴的な論理操作に従う一つの装置であれば何でも良かった。そして、それが仮想的な記録領域に残り、かつ物質化される可能性が生じたのがヘーゲルの時代、ということになる。それは、ヘーゲルを非存在ではなく否定の思想家であると見なした『差異と反復』でのドゥルーズに対抗して、非存在のヘーゲルを提示する、マルタンの独自の試みと見てよいのだろう。

それを改めてドイツ観念論風の用語に還元して、コジェーヴ以来の課題のフランス側からの解決案として提示してみてもいいかもしれない。シェリングの比喩を借りれば、生の流れのなかの渦が主体なのでもなく、あるいはフィヒテ風に、主体の前にある非自我としての対象があるのでもなく、この主体そのものが生の、あるいはヘーゲルなら実体と呼ぶものの流れのなかの非‐流れ、障害として存在しているのである。だからこそそれは、純粋な失敗の歴史としての精神史、精神現象学を必要とするのだ。そしておそらく絶対とは、外的な原因により妨げられていたかに思えたもの、解決不可能な二項対立のもとに置かれていると思われていたその構図が、それ自体の失敗の結果であり、それゆえそれ自体で完結するものだ、という意味であり、しかし完結といっても後世ホーリズム的と呼ばれるような意味での「総体的」とは対置されるがゆえに「絶対」でしかないのである。

現象が夢のようなものであるとしたら、フロイトにとって夢が解消不能な現実を解消する試みであったように、シェリングにとっては現象そのものが、神が神自身の無底、不可能性を解消するための試みであった、と言えるかもしれない。図式は本来世界の構造化のための装置であり、ヘーゲルの守護神はほとんどその図式であると読解してよければ、そしてその図式の破綻を迫るものが夜の闇であり、動揺であり、その破綻が主体を分離させる、あるいは何かを主体化させている、とヘーゲルは語っているのだと見てよければ、ヘーゲルにとっての主体はここでのフロイトやシェリングと同じ意味で、図式の見る夢としての主体である、と言っていいことになろう。主体の存在と現象の存在は同根なのであり、それゆえ現象を構成するはずの主体と、現象として構成される主体という二律背反がいちおうの解消を見るのである。だからこそ、マルタンの言葉を借りれば、世界の構成配置の結晶化の根本のところで押さえられ、自己に向けるまなざしまでが可視化されることになるのだ。

C

しかし、マルタンのヘーゲル論はここでドイツ観念論の伝統から離脱する。そして、ここまで挙げた二つの問題系に導かれるように、三番目、すなわちメディアという問題系が必要となることが論じられる。つまり、残余と非存在が一つの物質の上で出会うこと、を描く必要があるのだ。こうした運動は、事物そのもののなかに接合されている、とマルタンは考える。そしてヘーゲル以降の思惟とは、それを追っていくことをその務めの一つとするべきなのだ、と。

とはいえ、それはただの物質というわけではない。それはむしろ、そこに情報が記される、という意味で思考の内面性が刻み込まれた物質であり、媒介は媒介でも情報媒体としてのメディアというべきものたちである。

ヘーゲルの時代は蒸気機関の時代、と、キットラー風の言い方をしてよければ、こういう説明も可能だろう。力のフィードバックとしての反省によって力は自らによって自己制御が可能になる、とすると、力そのものよりそのフィードバックされるべき情報の伝達としての思惟ないし概念が優先されるのは自明である。媒介とはこの場合、力を情報に変換する装置である。力を情報に変換する過程で力にはロスが出るが、これは致し方ない。媒介は物質であると同時に情報処理装置であり、力の一部をそこに割かざるを得ないという意味では力のロスであるが、しかしそのロスがそのまま情報となる。

聖杯、レコードの溝、本書で多用される比喩はどれもいささか難解であり、筆者のこの読解以外にもいくらも読みの可能性を残すことは否定しない。しかし、こうすることで、マルタンにとっての絶対のイメージはより良く理解できるようになるのでは無いかと思う。

5　絶望の道から犯罪計画へ——ファラデーの車輪

ヘーゲルはその否定の力を精神の力の形態として見出し、その現れを懐疑論に見出した。その懐疑論は、ヘーゲルの言葉を借りれば「絶望の道」であった。あるいは、全身がばらばらにされるような苦痛であった。こうした言葉が知的遊戯として書かれたのではなく、実際にあらゆる共同体が崩壊し、そして炸裂するテロルの嵐を間近に見、輸出される革命の激流に巻き込まれながら書かれたものであることは忘れてはならないだろう。

しかし、ヘーゲルのこの圧倒的な否定の力は、これまでも見過ごされてきたわけではない。たとえば、アドルノはどうだろう？　かれはヘーゲルが語ったとされる、弁証法とは組織された反抗心なのだ、という言葉を紹介している。[*13] アドルノによれば、ヘーゲルが目を向けていたのは非理性の傷跡であり、そしてそのなかにある理性であり、しかしまた、けっしてなくすことのできない同一的なものが体系を破壊していくさまであったのではなかったか？

本書でもマルタンは、弁証法は対立すると見える両者がともどもが脱領土化されるような運動であると述べている。しかし、それだけではない。アドルノが紹介した言葉にもあったように、それはまた組織化の原理ともならねばならないはずなのだ。ラディカルな「絶望論」の果てになんらかの可能性があるというだけでは十分ではない。手探りながらもその組織化の試みを探らねばならないのである。そしてそれこそ、その死の前年度の講義に至るまで、哲学の革命の原理であると主張し続けたヘーゲルの正しい利用法であるはずだ。本書の大きな魅力は、そこに直接的な解答とは言えないが、しかし一つの図式を与えたことにある。だから本書で描き出されたヘーゲルの賭は、こうした絶望の道、テロルの嵐と異ならない否定の道から引き返して、たとえば国家のようなものへと止揚していく、という方向には向かっていない。これはヘーゲルなのだから、媒介は外部から降ってくるわけもない。媒介はそれ自体の運動の残余である。そしてその残余の連続の描き出す軌跡が、あらたな組織化の手がかりになるべきなのだ。

A

最初の犯罪、それは削り跡であり、傷跡であり、しかし同時に主体が力ずくで奪い取ったものでもあるが故に犯罪である。理性的なものが現実的であるのは理性的なものがその基礎を失いその核心に非理性的なものがあると認めたときであり、絶対知は犯罪の手がかりの再配列である、とマルタンは語る。

B

しかし、残余の軌跡、その再配列の構成は同時に、組織化の原理としての非物質性の領域、非存在の領域をも必要としている。

そのためにマルタンが本書で取り上げるのは、デリダらの系譜に倣うように、主体の側の幽霊である。もっともそれ自体は、エリック・アリエズとの共著によるゲーテらの自然哲学分析の結果から導かれたものだ。さて、その幽霊的なものを、マルタンは光学的なものだ、と考える。たしかに、この時代、ヘーゲルやシェリングが、本書でも引用のあるゲーテの色彩論からえたものは大きい。色彩をスペクトルに、つまりは数学的に分解することで事足りるとするニュートン光学に対立してゲーテが訴えるものの一つとして、本書ではそれを見つめる目の側との相互作用とりわけ残効が取り上げられている。それを、色彩とは何の関係もない人間の側の生理的、心理的特徴ではないか、と切り捨てることはもちろん可能であるし、むしろ現代ではそれが普通であろう。しかし、ことは光学ではなく色彩である。光が（あるいはゲーテに倣って光と闇が）もたらす効果、あるいは場合によっては効果の不在が、主体にどのような刻印を残し、それを主体がどう再構成して世界を構成するのか、その流れを一つの生の流れとして読み取ることは決して無意味ではない、という教科書的な応答も可能だろう。

しかしそれはむしろ、幻覚、とフロイトなら言うかもしれないものである。周知とは言わないが一部では論じられているように、フロイトの心的装置論は主体の持つ幻覚の産出性をもとに、そこから主体性が組織化され心的な機構が整っていくさまを描こうとするものであった。だからこそフロイトは、妄想にこそ厳密な論理学が行使されていることを描くのである。

C

マルタンが本書でこの論点に対して付け加えるのは、この主体のなかにある過剰性としての幽霊的なものが持つ独自の構成力である。それこそ、マルタンが冒頭で述べた、ヘーゲルの無限の円環を開くわずかな差異の正体となる。それによって、この無限の円環は永遠に循環運動を繰り広げつつも、その循環運動の軌跡が一つの痕跡を図像化して登場させ、もって組織化に代えることが可能になっているからである。

本書でもっとも印象的なイメージは、おそらくマルタンが用いるファラデーの車輪である。絶対者は終着駅でも不動性でもなく、むしろ運動の継続性ないし永続性が描き出す一つの軌跡の安定性なのである。メディアはこの軌跡を記すものである。ということは、これ自体は循環の軌跡のなかに入っていてはいけないことになる。循環の軌跡から見れば回収しきれない残余と、その転々とする残骸の連なりが描き出す軌跡。回収しきれないという意味では、それはまたしても現象と呼ばれる見せかけの世界であることに変わりはない。しかし、この犯罪計画ののちは、それこそが、どこか永久革命を匂わせるようなファラデーの車輪が、現象であると同時に絶対者として登場してくることになるはずなのだ。

6　おわりに

マルタンにとってヘーゲルは特別な思想家である。というのも、一九八二年ストラスブール大学へ提出したかれの修士論文の主題は『否定的差異についての批判』であり、これは形而上学の終焉を疑問視しつつ、『精神現象学』の循環的道程を問い直すものだったのである。本書にはそこからの再録は含まれていないとのことだが、しかしかれにとってヘーゲルが終始変わらぬ問題設定の核であり、それが本書に結実したことは間違いない。

その頃、マルタンとの議論のなかでドゥルーズはさかんに「ヘーゲルは思惟のなかに運動を持ち込んだ最初の思想家だった」と語っていたという。事実、この語は晩年のドゥルーズのガタリとの共著『哲学とは何か』の冒頭に結晶化することになる。

だが、ドゥルーズの系譜はここまで。こうした「運動」の重要性を強調しつつ、その運動が残す残余、残滓の描く連続線が主体のなかの残余としての幻覚と再び結びつき、一つの形象を描き出す可能性に賭ける、という見立てはマルタンに独自なものだ。そして、この残滓の連続線の必要があるからこそ、ヘーゲルにとって現象学はそれそのものとして常に実際に再演されつづけなければいけないものなのである。それはどこからはじめてもよいのだろうが、しかし必ず実際に演じられ、そして必ず実際に繰り返されねばならない。それは反復運動の残余が描き出していたことに気づく軌跡として事後的に再構成されるものでしかあり得ないからだ。

ある意味では、このヘーゲル論はそこに取り上げられた二人の詩人を見れば簡単に要約できる、と言えるのかもしれない。マラルメはよい。誰もがマラルメとヘーゲルの親近性を知っている。骰子一擲は決して偶然を棄てず、と言ったマラルメから、偶然こそ真に理性が必要とするものだと語ったヘーゲルを連想することは容易だし、一冊の書がその無限の偶然のループを描き出しうるものであることもすぐさま脳裏に浮かぶ。しかし、その偶然の折り重なりを一つの軌跡に変えるには、旅に出ねばならない。こうしていささかの無理もなくランボーで締めくくられるヘーゲル論は、やはり前代未聞である。

＊

本書の訳出にあたり、著者ジャン゠クレ・マルタン氏との仲介にあたって頂いたのは、氏の年来の友人である杉村昌昭氏である。こうしてマルタン氏との協働作業が始まったわけだが、氏からはいつも恐ろしいほどの早さで、きわめて充実した内容の（そして時に充実しすぎだろうという長さの）返答を頂いた。また、作業にあたっては、法政大学出版局の前田晃一氏の手を煩わせた。末筆ながら謹んで感謝申し上げる次第である。

信友建志

注

*1——二〇一三年五月時点でのアドレスは以下である。http://strassdelaphilosophie.blogspot.jp/

*2——ピエール・マシュレ『ヘーゲルかスピノザか』（桑田禮彰、鈴木一策訳、新評論、一九八六）。

*3——http://philolarge.hypotheses.org/391

*4——ジャック・ドント『ヘーゲル伝』（飯塚勝久訳、未來社、二〇〇一）。

*5——モーリス・ブランショ『完本　焔の文学』（重信常喜、橋口守人訳、紀伊國屋書店、一九五八）。

*6——ヴェルナー・マルクス『ヘーゲルの「精神現象学」——序文および緒論における「精神現象学」の理念の規定』（上妻精訳、理想社、一九八一）。

*7——「フロイトの否定（Verneinung）についての、口述による評釈」。ジャック・ラカン『エクリII』（佐々木孝次、三好暁光、早水洋太郎訳、弘文堂、一九七七）に所収。

*8——ディーター・ヘンリッヒ『ヘーゲル哲学のコンテクスト』（中埜肇監訳、理想社、一九八七）。

*9——この言い方はいかにもおおざっぱだが紙幅の都合ご寛恕願いたい。大まかなイメージは次の好著から描けるはずである。ロバート・B・ピピン『ヘーゲルの実践哲学——人倫としての理性的行為者性』（星野勉監訳、法政大学出版局、二〇一三）。

*10——ジャン＝リュック・ナンシー『ヘーゲル——否定的なものの不安』（大河内泰樹、西山雄二、村田憲郎訳、現代企画室、二〇〇三）。

*11——本書二三八頁におけるヘーゲル『精神現象学』「絶対的自由と恐怖政治」からの引用を参照。

*12——ハンス＝ゲオルグ・ガダマー『ヘーゲルの弁証法』（山口誠一、高山守訳、未來社、一九九〇）。

*13——テオドール・W・アドルノ『三つのヘーゲル研究』（渡辺祐邦訳、ちくま学芸文庫、二〇〇六）。

索引

〔訳者注：原書の索引は網羅的なものではなく、当該項目が主要トピックとして論じられている箇所に限定されている。見出し語の派生語（動詞化、名詞化、形容詞化等）も1つの項目にまとめられている。上述のような理由もあり、特に無理な訳語の統一は行っていない。〕

ア行

アンティゴネー Antigone　180, 182–186
息苦しさ Ennui　150
意識／自己意識 Conscience/Conscience de soi　45–48
威信 Prestige　80–83
逸脱 Transgression　24, 25, 81, 133, 145
イメージ Image　307, 309–313
妹 Sœur　180
因果性 Causalité　249
引力 Attraction　63
美しき魂 Belle âme　248–251
永遠性 Éternité　300, 304, 306, 309, 310, 313
影響（環境の）Influence (du milieu)　120
『エンチュクロペディー』Encyclopédie　17, 235
オベリスク Obélisque　281

カ行

快感 Plaisir　68, 72, 74, 141
懐疑論 Scepticisme　93–96
骸骨 Squelette　20, 49(n)
解釈 Interprétation　23, 167
概念 Concept　20, 298, 301, 302, 311, 313, 318(n)
革命家 Révolutionnaire　146
数 Nombre　122–123
家族 Famille　176–191
神 Dieu　229, 288–293
神の死 Mort de Dieu　297
感覚的確信 Certitude sensible　32–36, 67
観察 Observation　112–114
カント Kant　11, 14, 21, 39, 40, 43, 166, 197, 239, 242, 243, 249, 284, 299
観念論 Idéalisme　107–110, 115
記憶 Mémoire　298, 302, 310
機械 Machine　137
喜劇 Comédie　287–292, 295, 340
技術 Technique　235
基体・実体・内実 Substance　34, 129, 186, 218
義務 Devoir　142, 197, 240–247
客体精神 Esprit objectif　109, 270, 280
恐怖政治 Terreur　237–238, 242

狂気 Folie　146, 186–187
享楽 Jouissance　68, 69
虚無・無・無に帰する Néant　26, 27, 61, 76
キリスト Christ　11, 97, 99, 100, 131, 163, 254, 255–257, 296
キリスト教 Christianisme　232
ギロチン Guillotine　144, 238
禁欲 Ascète　100
空間 Espace　39
偶然性 Contingence　157, 267, 340
クモ Araignée　35, 72, 175, 194, 204, 227, 260(n), 274
契機 Moment　168–173
経験・実験 Expérience　115, 171
芸術 Art　279–285
形象 Figure　168–173, 270
系譜学 Généalogie　196, 197, 252
啓蒙 Lumières　227
ゲーテ Goethe　118, 126, 139, 312
下賤な Vil　201–207
欠如 Manque　70, 71, 75
言語活動 Langage　207–211
現象 Phénomène　7, 11–15, 32
高貴な Noble　201–207
交代（止揚）Relève (Aufhebung) 312, 318(n)
狡知 Ruse　142, 151, 199
肯定 Affirmatif　154
行動 Action　135–137
幸福 Bonheur　139,　141–143
悟性 Entendement　8–9, 14, 21, 283
個体 Individu　65–66, 132
個体化 Individuation　64, 67, 68, 113, 119, 120
国家 État　184, 197, 213
骨相学 Phrénologie　130, 137

サ行

財産・所有 Propriété　188–190
再生産 Reproduction　121
罪責感 Culpabilité　185, 247
再認 Reconnaissance　74–78
作品 Œuvre　154–158
死　Mort　68, 78–82, 86, 204–206, 301–302
シェリング Schelling　62, 63 90, 118, 173, 272, 300, 302, 303, 313, 316(n)
磁気 Magnétisme　63
自己形成 Culture　194–196
自己確信 Certitude de soi　33, 36
自然法則 Lois de la nature　114, 132
失墜 Chute　325
実存 Existence　77, 88, 174
事物 Chose　40–45
事物自体 Chose même　22, 155, 157, 164
資本主義 Capitalisme　214
社会 Société　132, 133
種 Espèce　124
自由 Liberté　238, 249
宗教 Religion　273–277
主人 Maître　85–89, 202, 253
重力　Gravité　117, 242

主体 Sujet　36, 170, 246, 295, 299
主体精神 Esprit subjectif　108, 176, 269, 280
瞬間 Instantané　305
循環 Circularité　16, 312
純粋洞察 Intellection　166, 223, 224, 225, 227, 228, 231, 233–235, 237, 269, 298
情熱 Passion　151
消費・摂食 Consommation　56, 58, 69, 74, 86–88, 99–100, 110, 119, 143, 154, 232
職人 Artisan　136
深淵 Abîme　275–276
人格 Personne　189
信仰 Croyance　224–226
臣従の誓い Hommage vassalique　204–206, 217, 241
心情 Cœur　143–150, 250
信念 Foi　59, 95, 222
数学 Mathématiques　116, 306
頭蓋骨 Crâne　105, 124, 126, 127, 130, 140, 220, 303
ストア派 Stoïcisme　90–93
スピノザ Spinoza　2, 9, 23, 70, 72, 139, 271, 295,
生 Vie　62–65, 80, 297
性格 Caractère　128–131
精神 Esprit　125–128, 164–168
生成 Devenir　21, 31, 199
聖杯 Calice　3, 231, 299, 307, 308, 313
絶対者 Absolu　33, 76, 272, 307
絶対知 Savoir absolu　158, 268, 275, 284, 306, 308
善 Bien　196–201, 222
全体 Tout　9, 17, 18
葬儀 Funérailles　179, 185, 241
疎外 Aliénation　28-32
属 Genre　76, 80, 82, 85
即自／対自 En-soi/Pour-soi　33
存在 Être　30, 34, 81–82

タ行

体系 Système　2, 8, 44
ダブル・バインド Double bind　186–187
他人 Autrui　77–78
知覚 Perception　37–39
力 Force　9, 63
抽象 Abstraction　8, 35, 109, 279
彫像 Statue　284
超-人 Surhomme　257, 299
帝国 Empire　187–191
デカルト Descartes　36, 40, 46, 63, 127, 135, 139, 164, 210, 271
デュオニソス Dionysos　25, 54, 286, 307
同一化 Identification　78
同一性 Identité　78, 218, 324
陶酔・酔い・酩酊 Ivresse　54–58, 307
闘争 Lutte　78–81
道徳 Morale　12, 13, 142, 199, 201, 240–245

動物 Animal　56, 66–69, 81, 84, 87, 142
都市国家 Cité　167, 168, 172–174, 270
富 Richesse　197–200, 219
共食い Cannibalisme　77
奴隷／従僕 Esclave/Valet　85–89, 91, 202, 253

ナ行

内在化・内面化 Intériorisation　91–93, 97, 98, 100, 107, 227, 284, 293, 310
内部 Intérieur　115, 121–124
ニーチェ Nietzsche　11, 20, 23, 54, 66, 67, 92, 95, 97, 131, 142, 152, 163, 176, 219, 239, 257, 272, 286, 287, 290, 294
ニヒリズム Nihilisme　95, 163, 220, 226, 228, 232, 239,295
人間主義 Humanisme　236, 294
人間の死 Mort de l'homme　3, 297

ハ行

背信の輩 Renégat　111, 143, 146, 147, 153
墓 Tombeau　99
始まり Commencement　9, 16, 19
バッカス Bacchus　54–58
犯罪 Crime　10, 78, 81, 82, 87, 89, 94, 100, 127, 134, 140, 152, 156, 158, 174, 181, 185, 202, 205, 253, 288, 303
反復 Répétition　69, 115
光（について）Luminosité　276
彼岸 Au-delà　58–61
悲劇 Tragédie　174, 181, 185
美術館 Musée　292
否定 Négation　94–95
否定性 Négativité　24, 94, 225–227, 239, 242, 293, 294,
美徳 Vertu　148–150, 199
表面 Surface　28, 61, 115, 280
ピラミッド Pyramide　272, 278, 282–284
非有機体・非有機的 Inorganique　68, 72
ファラデーの車輪 Roue de Faraday　302, 312
不安 Angoisse　82–85
フィヒテ Fichte　108, 110, 164, 299
不快 Déplaisir　68
不幸 Malheur　96–100
侮辱 Humiliation　247
不滅性 Survivance　279, 309, 310
プラトン Platon　2, 10, 12–14, 115, 117, 176, 195, 280
フランス革命 Révolution　235
分裂 Scission　71
分類 Classification　113, 131
分裂 Déchirement　215, 217
へつらい Flatterie　202, 203, 212, 215, 216, 221, 225
弁証法 Dialectique　95, 273, 293–296
変容 Transfiguration　301
彷徨 Errance　98, 191, 192

墓地 Sépulture　179
本質 Essence　15, 166, 293, 324

マ行
見知らぬもの Étranger　30–32, 117, 297
見せかけ Apparence　12, 32, 60, 279
無限 Infini　9, 64, 122, 258
矛盾 Contradiction　27, 71
モニュメント Monument　271

ヤ行
役者 Acteur　256, 283, 285–289
有機体 Organisme　118–124
有限 Fini　257, 303
有限性 Finitude　156, 229, 234, 257, 300
赦し Pardon　251–254
欲望 Désir　63, 69–73
欲求 Besoin　69–73, 140

ラ行
力能への意志 Volonté de puissance　203
理性 Raison　106, 110–112
良心 Conviction　245–247
歴史 Histoire　151, 158, 168, 171, 268–272
レトリック Rhétorique　190, 221
労働 Travail　88, 137
『論理学』Logique　18, 19, 27

ワ行
笑い Rire　289, 292

《叢書・ウニベルシタス　993》
哲学の犯罪計画
ヘーゲル『精神現象学』を読む

2013年6月10日　初版第1刷発行

ジャン＝クレ・マルタン
信友建志 訳
発行所　財団法人　法政大学出版局
〒102-0071 東京都千代田区富士見 2-17-1
電話03(5214)5540 振替00160-6-95814
組版：HUP　印刷：平文社　製本：積信堂

ISBN978-4-588-00993-8

著　者

ジャン＝クレ・マルタン（Jean-Clet Martin）

1958年生まれ．通信教育で大学入学資格を取得し，パリ第8大学にて博士号を取得．現在はリセで哲学を教えると同時に，その活動は哲学の枠を超えて，小説を書き，絵画を論じるなど，文学や芸術の分野でも幅広い執筆活動を行っている。著書に『ドゥルーズ／変奏』（毬藻充・加藤恵介・黒川修司訳，松籟社，1997），『物のまなざし：ファン・ゴッホ論』（杉村昌昭・村澤真保呂訳，大村書店，2001），『百人の哲学者　百の哲学』（杉村昌昭・信友建志監訳，河出書房新社，2010），『フェルメールとスピノザ：〈永遠〉の公式』（杉村昌昭訳，以文社，2011），『ドゥルーズ：経験不可能の経験』（合田正人訳，河出文庫，2013）等多数．

訳　者

信友建志（のぶとも・けんじ）

1973年生まれ．京都大学人間・環境学研究科博士後期課程修了．思想史・精神分析専攻。現在は龍谷大学で非常勤講師を務める．著書に『メディアと無意識』（共著，弘文堂，2007），『フロイト＝ラカン』（共著，講談社選書メチエ，2005），訳書にエリザベート・ルディネスコ『ラカン：すべてに抗って』（河出書房新社，2012），『いまなぜ精神分析なのか：抑うつ社会のなかで』（共訳，洛北出版，2008），アントニオ・ネグリ『スピノザとわたしたち』（水声社，2011），ステファヌ・ナドー『アンチ・オイディプスの使用マニュアル』（水声社，2010），ジャン＝クレ・マルタン『百人の哲学者　百人の哲学』（共監訳，河出書房新社，2010）等多数．